# 湖南县域金融竞争力评价报告
## （2018）

长沙银行　湖南大学联合课题组　编

中国金融出版社

责任编辑：肖丽敏
责任校对：张志文
责任印制：裴　刚

**图书在版编目（CIP）数据**

湖南县域金融竞争力评价报告 . 2018（Hunan Xianyu Jinrong Jingzhengli Pingjia Baogao. 2018）/长沙银行，湖南大学联合课题组编 . —北京：中国金融出版社，2018. 9

ISBN 978 - 7 - 5049 - 9728 - 9

Ⅰ. ①湖…　Ⅱ. ①长…②湖…　Ⅲ. ①地方金融业—竞争力—评价—研究报告—湖南—2018　Ⅳ. ①F832. 764

中国版本图书馆 CIP 数据核字（2018）第 201714 号

出版
发行　**中国金融出版社**

社址　北京市丰台区益泽路 2 号
市场开发部　（010）63266347，63805472，63439533（传真）
网 上 书 店　http：//www.chinafph.com
　　　　　　（010）63286832，63365686（传真）
读者服务部　（010）66070833，62568380
邮编　100071
经销　新华书店
印刷　北京市松源印刷有限公司
尺寸　185 毫米 × 260 毫米
印张　14. 75
字数　320 千
版次　2018 年 9 月第 1 版
印次　2018 年 9 月第 1 次印刷
定价　58. 00 元
ISBN 978 - 7 - 5049 - 9728 - 9
如出现印装错误本社负责调换　联系电话（010）63263947

# 编 委 会

**课题组成员**（按姓氏拼音字母排序）:

陈　佐　　曹　飞　　曹雅婷　　段宇轩
方　敏　　高振原　　谷浩然　　黄宇漩
李佳莅　　李　维　　刘姝雯　　刘熹微
廖虹媛　　明　雷　　潘倩倩　　彭啸帆
谭思敏　　谭璟妍　　王　芍　　王兴旺
汪戴玲　　阳　旸　　闫新国　　余　诺
张鑫然　　朱桑之　　朱英博

# 序 言

　　经过长沙银行与湖南大学联合课题组全体成员的共同努力,《湖南县域金融竞争力评价报告 (2018)》终于在湖南火热的 7 月顺利出炉,其中的艰辛只有参与课题研究的同仁才有深刻的体会:因为湖南是一个农业大省,按照全口径计算应该有 123 个县域,但随着城镇化速度的加快,原来的县域有很大一部分撤县并入所在中心城市的行政区(如长沙的望城、常德的鼎城、株洲的渌口①等),即使扣去撤县并区的因素,仍然有 87 个县域(含县级市)。如此庞大的规模,要在短短的半年时间内高质量完成湖南县域金融竞争力评价,数据的获得与筛选、指标的设计与优化、模型的选取与实证都是非常大的挑战,好在研究团队的小伙伴们真的非常努力,如期完成了高水准的评价报告,更为重要的是,此报告是迄今国内第一份县域金融竞争力评价报告,可以为国内其他兄弟省区开展相关研究与评价工作提供有益的借鉴,其重要意义和现实影响力不言而喻!

　　下面就金融支持县域经济发展问题谈谈我们的看法。

　　随着新型城镇化步伐的加快,中国广大县域经济发展取得了长足的进步,尤其是"精准扶贫"政策的落实,更是吸引了各种金融资源对县域经济的加大投入。但是,不可否认的是,与中国城市经济的迅猛发展相比,广大县域经济的整体发展水平还远不尽如人意,区域性差距还相当大,金融对县域经济发展的支持力度与县域经济发展对金融的强烈需求相比,还存在巨大的缺口。究其根本原因,可能还是县域经济自身的阶段性特征与结构性特点决定的:在产业结构方面,县域经济工业化程度比较低,且结构雷同,小而全、低水平的问题突出。农业方面,具有弱质性,尤其是大部分仍以传统农业为主,产业化水平偏低,农业规模效益较差。中小企业方面,普遍规模

---

　　① 2018 年 6 月 19 日,国务院正式批复同意撤销株洲县,设立株洲市渌口区。考虑到本课题研究以 2017 年度数据为基础,本着尊重历史的原则,本书中仍将原株洲县纳入县域金融的研究范畴。

小，产品单一、科技含量和附加值较低，自身积累能力较弱，经营效益相对较差，并且容易受到国家宏观调控和市场需求变化的冲击。

由于经济转型期还没有形成具有较强竞争力的优势产业，粗加工、低技术、低附加值的经营模式仍是县域经济的主体模式，缺乏能够吸引金融机构投放资金的经济亮点。加之货币政策传导功能在县域的逐次递减效应、县域资金供求双方的信息不对称、利益风险补偿机制不健全和缺乏有效运作的县域征信体系，使得金融支持县域经济发展的能力没有得到有效的发挥。

令人振奋的是，党的十九大作出了实施乡村振兴战略的重大决策部署，这是决胜全面建成小康社会、全面建设社会主义现代化国家的重大历史任务，是新时代"三农"工作的总抓手和总纲领。乡村振兴战略是一个系统工程。贯彻落实和深入实施"乡村振兴战略"，要全面准确把握"产业兴旺、生态宜居、乡风文明、治理有效、生活富裕"的总要求和新内涵。其中，产业兴旺是重点，生态宜居是关键，乡风文明是基础，治理有效是保障，生活富裕是目标。政策支持实施乡村振兴战略的方向已经明确，作为服务乡村振兴主力军的各类金融机构，应该站在战略的高度，围绕实施乡村振兴战略的总体要求，明确支持县域经济发展的功能和定位，加快创新金融产品和服务模式，推动金融资源向县域尤其是向乡村倾斜，为实施县域经济发展和乡村振兴战略提供动力支持，肩负起重要历史责任。结合湖南实际情况，宜从以下三个方面找准切入点，积极对接乡村振兴战略的金融需求。

首先，县域金融要以支持产业兴旺助力农业变强。具体而言，就是要结合湖南省县域新型工业产业发展布局，以落地县域的省级和国家级工业园区（开发区）以及长沙县、浏阳、醴陵、平江四个"国家新型工业化产业示范基地"为依托，制订园区产业专项金融服务方案；就是要围绕湖南省农业十大品牌和国家地理标志等特色优势农产品，大力推广政府风险补偿基金、农业信用担保公司、政策性保险公司等增信模式，积极支持从事"三品一标"（无公害农产品、绿色食品、有机农产品和地理标志农产品）的产业化龙头企业等新型农业经营主体，重点支持企业基地建设、产业链整合、精深加工和"走出去"海外经营，助推湖南省特色农业向绿色化、产业化、品牌化、国际化方向发展；要着力支持大型农产品批发市场、冷链物流设施建设和全国农资流通百强企业、区域农资龙头企业、省市级以上示范物流企业发展，支持打造农产品集散、冷链物流、产品展销中心，支持农产品电子商务、物流配送等"互联网＋农业"新业态、新模式，提高农产品商品率，共同推进农村现代物流体系建设；要以湖南省新建 364 万亩高标准农田、新增 33 万亩高效节水灌溉区和重点打造的 10 个现代农业特色产业集聚区为重点，大力支持农业基础设施建设，助力"湖南优质粮油"工程顺利实施，确保粮食安全和重要农产品的供给稳定。

其次，县域金融要以扶持绿色农业带动农村变美。具体而言，就是要以长沙、株洲、湘潭、郴州等纳入国家 234 个新型城镇化综合试点地区和经济发达县域为重点，大力支持县域市政基础设施、交通基础设施和产城融合发展项目；要围绕全省 3 000 个行政村环境综合治理，重点支持农村污染土地修复、农业高效节水灌溉和退耕还林还草、天然林保护工程等农业生态项目和秸秆发电、沼气发电、煤改电、煤改气等清洁能源项目，择优支持农村水污染防治、固体废弃物和垃圾处置、公共卫生设施改造等环境治理项目，助力打造生态宜居的乡村环境；要以湖南省创建 300 个美丽乡村示范村为重点，积极支持农村安全饮水、电网改造、道路硬化、集中住房、通信设施等基础设施建设，提升农村基础设施建设标准和覆盖面，探索支持农村自然生态、历史文化和资源环境综合开发项目，改善和提升农村人居环境；要以宁乡灰汤、邵东廉桥、双峰荷叶等 16 个全国特色小镇为重点，立足资源禀赋、产业积淀和地域特征，以特色产业为核心，在特色小城镇基础设施、特色产业开发、公共服务体系、土地开发与古镇保护改造等方面加大金融支持力度；要以湖南省县域 66 个世界自然遗产、世界文化遗产和世界地质公园、国家级旅游度假区、休闲区、风景名胜区、5A 景区和国家公园、优质 4A 景区以及全省 13 条精品旅游线路开发为重点，通过收费权质押、产业基金、县域旅游贷款等产品，做好高等级景区的开发、改造、配套项目建设及贷款置换业务营销，以湖南省茶陵、衡山、安化等 30 个获得财政资金扶持的乡村旅游县域为重点，通过农家乐贷款、农民生产经营贷款等产品，大力支持休闲农业、观光农业、农家乐等优秀乡村旅游项目，推动乡村旅游产业振兴发展。

再次，县域金融要以发展普惠金融引导农民变富。具体而言，就是要以武陵山、罗霄山两大片区扶贫攻坚"十三五"规划项目为重点，加大金融精准扶贫创新力度，加强对扶贫项目的营销对接，积极支持贫困地区特色产业发展和基础设施建设，通过推广"特色产业＋贫困户"模式，增强农业产业链价值溢出，提高贫困农户分享获得，通过挖掘贫困地区资源禀赋，促进资源向生产动能转化，形成带动贫困户增收致富新增长点；要着力推广"政府增信＋贫困户"金融扶贫模式，依靠政府增信控制信贷风险，依靠银政共管确保贷款投放精准、资金使用精准、扶贫成效精准。建立精准扶贫利益联结机制，将客户扶贫带动能力作为授、用信调查的必要内容，根据带动情况落实优惠贷款条件，建立"银行让利、企业（大户）带动、贫困户受益"的利益联结机制，帮助贫困人口实现增收脱贫，做大产业精准扶贫贷款规模；要积极参与农村金融安全区建设，配合政府做好农村征信体系和农户信用档案库建设工作，探索对接政府推动创建"信用乡（镇）、信用村、信用户"治理，稳妥推进"信用乡村"农户贷款模式，与政府共同构建"守信受益、失信惩戒"的信用激励约束机制。同时，大力开展"金融知识进农村"活动，主动做好新型职业农民培训工作，在农村地区广泛宣传信用知识，强化农民金融意识、诚信意识和风险意识，切实改善农村信用生态环境。

总之，金融服务乡村振兴，既是金融服务县域经济发展的重要体现，也是深化农村金融改革的关键环节，更是中国特色社会主义新时代赋予金融系统的责任和使命。各类金融机构要立足自身特点，发挥差异化竞争优势，构建优势互补、错位发展、良性竞争、适合县域经济发展特点的农村金融服务体系，为乡村振兴提供多层次、广覆盖、可持续的金融支持。

客观而言，作为国内第一份县域金融竞争力评价报告，由于时间紧、任务重以及数据采集困难等原因，无论是指标选取还是权重设计，无论是现状描述还是政策建言，本报告都有值得进一步完善的地方。但瑕不掩瑜，经过研究团队所有成员的努力耕耘，终于能够有今天的成果，非常感谢所有参与本研究调研、论证、写作等环节的团队成员，他们是：

课题负责人：朱玉国、杨胜刚

课题协调：明雷、陈佐、高振原、李佳莅、曹飞

数据归集：明雷、朱桑之、阳旸

数据分析与建模：明雷、张鑫然、段宇轩

总报告撰写：明雷、张鑫然、段宇轩、谭思敏、潘倩倩、阳旸、李维

分报告撰写：

长沙市、郴州市：方敏、汪戴玲

岳阳市、常德市：王芍、曹雅婷

衡阳市、娄底市：谷浩然、廖虹媛

株洲市、湘西州：朱桑之、谭璟妍、王兴旺

湘潭市、永州市：黄宇漩、余诺

邵阳市、益阳市：刘姝雯、朱英博

张家界市、怀化市：刘熹微、彭啸帆

衷心感谢中国人民银行长沙中心支行、湖南省银保监局、湖南省证监局、湖南省金融办、湖南省统计局等单位领导在本课题调研及统计数据收集过程中给予的大力支持；同时感谢湖南大学社会科学处、金融与统计学院、计划财务处等单位在本成果论证、研究过程中给予的鼎力支持。此外，还要特别感谢中国金融出版社刘小平主任和肖丽敏编辑在本书出版过程中所给予的无私帮助。

热诚期待广大关心和关注中国县域金融发展的读者和各界朋友对本研究报告提出宝贵的意见和建议，以便我们在今后的进一步研究中加以修改完善。

朱玉国　杨胜刚

2018 年 9 月 5 日

# 目　　录

## 上篇　总报告

# 中篇　分报告

# 下篇　专题报告

# 插图索引

# 附表索引

# 上篇　总报告

# 一、研究背景及意义

## （一）研究背景

县域经济是以县城为中心、乡镇为纽带、农村为腹地的行政区划地区内统筹安排和优化经济社会资源而形成的开放的、功能完备的、具有地域特色的区域经济，不仅是国民经济的重要构成部分，也是国民经济最基本的生态经济和运行单元。县域金融作为县域经济的核心与战略性产业，在推动县域经济资源优化配置过程中发挥着不可或缺的作用。县域经济的发展离不开金融的支持，县域金融资源在结构和规模上的发展，会影响县域经济发展质量，而县域经济发展也会对县域金融发展起到推动作用。

近年来，党中央、国务院高度重视深化金融改革工作。党的十八大和十八届三中、四中、五中、六中全会明确了以改革创新为动力，以服务实体经济为重点，以促进融资为主线，以补齐金融短板为目标，把金融业培育成重要的支柱产业，构建适应新常态的现代金融产业体系。2016年，中国银监会提出要积极落实国家战略和宏观政策，高度重视县域金融服务，持续完善县域机构经营管理体制，进一步提升对县域经济的金融服务水平。2017年，习近平总书记在全国金融工作会议上指出，金融是国家重要的核心竞争力，是实体经济的血脉，为实体经济服务是金融的天职，是金融的宗旨，也是防范金融风险的根本举措。党的十九大进一步提出要加快完善社会主义市场经济体制，深化金融体制改革，增强金融服务实体经济的能力；同时明确提出实施乡村振兴战略，认为农业、农村、农民问题是关系国计民生的根本性问题，要加快推进农业农村现代化，深化农村集体产权制度改革，保障农民财产权益，推进乡村经济。

2016年，中国共产党湖南省第十一次代表大会通过了《中国共产党湖南省第十一次代表大会关于中共湖南省第十届委员会报告的决议》，该决议认为必须坚持问题导向，针对湖南经济社会发展的薄弱环节，精心组织实施一批专题性改革，探索建立省直管县管理体制，扩大经济发达镇经济社会管理权限，大力发展县域经济，全面壮大经济强县方阵。2017年，湖南省根据国家深化金融改革的有关精神，在《湖南省"十三五"金融业发展规划》中也提出充分发挥"一带一部"区位优势、促进"三量齐升"、推进"五化同步"，不断推动全省经济结构优化、发展动力转换、发展方式转变。规划中指出要把握"两条主线"发展路径：一是发展壮大地方金融产业，将金融业培育成全省重要的支柱产业。不断培育壮大地方金融领军企业，打造全牌照地方金融体系，拓展金融市场的深度和广度，优化金融结构，健全市场体系，规范发展区域股权交易市场，加快形成丰富多元的地方金融机构体系和多层次资本市场体系的金融发展新格局。二是强化金融支撑服务实体经济的能力，打造区域性金融中心。推进资本市场、保险改革创新，推进科技与金融融合创新，围绕重点产业和关键领域，增强金融服务功能，发挥金融促进经济发展方式转变、产业结构调整等方面的引领作用，优化信贷结构，构建适应实体经济投融资发展需求的金融支撑体系，全面提升金融服务实体经济水平。湖南省各厅局和地州市也积极响应湖南省委、省政府关于"壮大县域经济"的号召，结合湖南实际，提出"一个战略"，围绕"两个目标"，突出"三个抓手"，加强与改进县域金融服务，支持县域经济加快发展，推动形成了县域经济与县域金融相互促进、共同发展的良好局面。

## （二）研究意义

当前，湖南省县域金融正处于逐渐发展阶段，实施针对湖南省县域金融竞争力的研究具有非常重要的理论与现实意义。

首先，湖南县域金融竞争力评价报告，是目前国内首次全面、综合、深入县域金融发展问题的研究成果，是一次重要的理论创新与学术尝试。其次，湖南省县域金融竞争力的研究工作借鉴国内外先进理论与科学方法，明确县域金融竞争力的各个相关评价指标，以实体经济为中心，建立一套科学、系统全面反映湖南省县域金融竞争力的指标体系，可以多维度、多角度、客观评价湖南省各个县的金融竞争力的总体情况。再次，根据湖南全省各县市的金融竞争力评价体系，可以挖掘各个县域自身的经济优势、找到金融发展短板，为其未来的发展规划指明方向，扬长处、补短板、促融合。

本评价报告在湖南省县域金融竞争力总体评价的基础上，提出专项研究报告，从宏观的角度，研究将湖南省金融业培育成战略支柱性产业的政策建议、打造长沙区域金融中心对策、县域产业结构升级与金融发展关系等；在微观层面，研究湘西吉首地区金融竞争力情况及浏阳金融支持实体经济发展情况等。本报告点面结合，凸显了研究湖南省县域金融竞争力的重要战略意义。

## 二、国内外研究现状

20 世纪 80 年代以来，伴随和平与发展主题的确立，国家与国家之间的竞争日益体现为经济领域的竞争。在此背景下，地区与地区之间的竞争实质上就是经济实力的竞争。因此，对区域经济竞争力的研究日益受到人们的普遍关注。金融在现代经济发展中的作用日益强化，使得在区域经济竞争力研究中的相关区域金融竞争力的理论研究也就显得十分重要。大量研究表明，区域金融竞争力与区域经济综合竞争力之间具有相当高的正相关性，而且随着金融重要性的提高，使得它们之间的相关性也表现出日益增高的趋势。

县域经济在城乡经济联结中起到了桥梁和纽带的作用，在我国的国民经济体系中占有十分重要的地位。脱贫攻坚是中央确定的"十三五"时期一项重要战略任务，因此金融扶贫是当前的一项重要工作。加大县域金融对县域经济的支持力度，对于实现国家"十三五"规划的战略目标具有重要意义。因此，准确地界定金融竞争力内涵，科学地设计评价指标，对于明确一个县级地方的金融发展目标与推动县域经济发展至关重要。

## （一）县域金融竞争力的界定

金融竞争力是在竞争性和开放性市场中，一国金融业将金融资源用于转换过程，比他国金融业更为有效地向市场提供产品和服务，从而实现更多价值增值的动态系统能力（詹继生，2006）。经济全球化的高速发展使得国与国之间、一国之内各城市之间的联系日益紧密，与此同时，区域金融竞争力成为了区域竞争力的重要体现。徐璋勇、陈颖（2007）认为区域金融竞争力为该区域的金融体系在与其他区域的竞争过程中所表现出来的优势。它表现为该区域所拥有的金融资源的数量、利用金融资源的成本、获得金融资源的便利性、金融产业的整体及局部效率、金融产业的发展潜力、金融基础设施的完善程度、对外开放水平以及相关的外部金融环境。该文指出，区域金融业规模的扩张更重要的是金融业质量的提升，因此金融外部环境评估也应纳入其中。

中国幅员辽阔，各省的县域数量庞大，随着地方政府性债务管理进一步规范，地方政府和中小企业融资越来越难，县域基层主体的金融服务需求以及县域金融发展带来的经济增长需引起各方重视。陆岷峰、张惠（2011）认为县域金融竞争力内涵与外延的界定必须遵循金融竞争力一般研究规律，体现地方金融发展的固有特点：基本上可以概括为足以支撑一个县级行政区持久生存和发展的核心力量，并在金融竞争和发展的过程中与同级别的其他区域相比，其金融竞争客体足以保障微观、中观、宏观层面的金融竞争，主要表现为在集聚、控制和转化金融资源、激发市场动力和带动县域整体金融规模与金融效率的提高上所表现的优势和能力。

时任中国人民银行行长周小川（2004）最早将生态学概念引申到金融领域，反映金融内外部各因素之间相互依存、相互制约的有机的价值关系。孙灵文等（2013）指出，金融生态环境是县域金融协调发展的根基和保证，是评价县域金融是否具有竞争力的重要指标。县域金融生态竞争力表现为比其他县域能更好地实现本地区金融主体和环境良好可持续发展的能力。

综合以上学者对于金融竞争力和县域金融竞争力的相关界定，本书认为县域金融竞争力体现为，在明确并长期坚守金融服务实体经济的战略定位基础上，构建一个金融部门和其他相关部门协调发展的生态链，最终实现金融效率的可持续提高，从而推动县域经济效率的增长。

## （二）关于县域金融竞争力重要性的认识

世界经济论坛（WEF）和瑞士洛桑国际管理学院（IMD）于1994年联合发布的《1994年国际竞争力报告》中将国际竞争力定义为，一国或者一公司在世界市场上均衡地产出比其他竞争对手更多财富的能力。从1980年开始，以上两个机构每年都出版《世界竞争力年鉴》和《国际竞争力报告》。通过对全球40多个国家和地区相关指标进行测评，对每国的国际竞争力进行排序。它们从国内经济实力、国际化、政府管理要素、金融、基础设施、企业管理、科学技术、国民素质等角度来设置指标，分析各国竞争力。金融竞争力就是其中的一个重要方面，尤其是在当今这样一个金融经济高速发展的时代，对金融竞争力的研究显得更加必不可少（杨华，2013）。

对于一个区域内的企业发展来说，金融竞争力是产业竞争力的支撑，促进资源向优势产业和支柱产业的流动，推进产业的系统创新，能为企业升级创造更好的融资环境。随着产融融合不断向广度和深度发展，金融企业必定越来越多地从实体企业内部产生作用，因而金融竞争力对企业竞争力的作用越来越显著（詹继生，2006）。

对于区域内的农业经营主体来说，胡成选等（2017）从农村面临的供需矛盾来分析金融竞争力的重要性。当前县域产业金融需求主体主要是广大农户、小微企业和农民专业合作社、农业产业化龙头企业等新型农业经营主体，贷款需求和供给之间的矛盾正不断深化：农业生产的周期性明显，而银行贷款往往不能满足"短、小、频、急"的贷款需求；金融产品和服务创新不足造成产业服务出现短板；农业保险配套服务不完善，农业产业风险突出。另外，曾康霖等（2003）指出，农村地区的主要问题还体现在农村经济制度与金融制度变迁不对称，形成经济的多元性和民营性与金融的单一性和"官营性"的反差。王雅卉、谢元态（2013）也认为畸形的金融制度安排使城乡金融发展愈加不平衡，县域金融的发展严重滞后于县域经济的发展。因此，针对我国县域金融抑制而制约县域经济发展的现状及存在的问题，亟待加快深化县域金融改革。

对于社会各部门而言，王伟等（2018）认为金融竞争力的提升能够有效地推动各部门经济增长。首先，金融部门能够更加有效地为家庭、政府以及企业部门融资，从而家庭部门能够更好地跨期平滑消费，提高效用水平；其次，高生产率的企业能够获得足够的贷款支持企业的创新与发展；最后，政府部门通过外部融资改善基础设施建设，提供私人部门无法提供的公共产品，更好地提供公共产品解决市场失灵问题。

总体来看，县域金融是国民经济的重要基石，也是今后一个时期县域经济发展的主要潜力所在。而培养良好的县域金融生态竞争力，已成为发展县域金融的主要目标和手段（孙灵文等，2013）。

### （三）县域金融竞争力与县域经济发展之间的关系研究

石盛林（2011）认为，在统筹城乡一体化发展、做大做强县域经济的今天，只有厘清县域金融与经济增长之间到底是什么样的内在作用机理，金融通过什么变量作用和影响着经济，才能在此基础上有针对性地为县域经济增长提出政策建议。目前对于县域金融竞争力与县域经济发展之间的关系研究通常包括两种类型：一种是从空间的角度，研究金融机构的聚集作用和因地理分布结构带来的竞争力差异；另一种则是从指标角度研究金融竞争力和经济发展之间的相关关系。

首先，从空间的角度展开研究。周天芸、王莹（2014）运用广东县域的数据进行研究，为金融机构空间集聚的重要性及金融机构空间集聚促进经济增长提供论证。研究证实，在广东县域经济中金融机构效率提高使资金得到充分利用，对经济增长产生正向影响，但信贷量与经济增长之间负相关，且在统计上不显著。这与县域中大型金融机构存款外流、小型金融机构发展有限的现实有关，使得贷款在县域经济中并不能发挥其拉动作用。金融机构空间集聚与经济增长存在显著的倒 U 形关系，即金融机构空间集聚会促进增长，但在其他条件不变的情况下，这种增长效应会随着集聚水平的不断提高而减弱。研究还发现，广东各县域的经济增长存在显著差异，从金融机构空间集聚水平差异的角度可对此作出部分解释。化祥雨等（2016）以江苏省县域为研究对象，通过空间计量技术探讨金融空间联系与经济增长的关系，结果表明：江苏省县域经济增长产生显著的空间溢出效应和空间依赖作用，金融空间联系与经济增长呈现显著正相关关系。这表明金融能够促进经济增长，并且通过间接效应和总效应空间溢出促进其他县域和全省经济增长。高晓燕等（2013）则从更广泛的区域研究两者之间的关系，研究表明，我国东部和西部县域经济的增长与县域金融发展规模呈负相关关系，而中部呈正相关关系，东、中、西部的县域经济与县域金融发展效率都呈正相关关系，并且东部的正相关性表现得更显著。

其次，通过各项指标来研究两者之间存在的内在关系。Jin zhang 等（2012）基于 2001 年到 2006 年中国 286 个城市的数据研究了金融发展与经济增长之间的关系。从实证结果来看，大多数传统的金融发展指标与经济增长呈正相关关系。这一结果与之前大多数文献的结论相违背，作者分析其原因主要是 2001 年中国加入世界贸易组织（WTO）以来步入了正确的金融改革方向，并且实证通过了稳健性检验。王伟等（2018）对于传统的度量金融发展水平的指标做了进一步改善：区分金融发展水平的真实提高与过度金融化。研究结果表明，金融竞争力的提升能够促进经济增长且在低分位点的影响更大，而信贷的过度扩张对经济增长则有显著的负向影响且在高分位点的影响较大，即缺乏金融竞争力是导致经济增长速度较慢的重要因素，信贷过度扩张则是导致经济由高速增长大幅滑落的重要因素。

除了以上两种常见的分析方法外，也有学者通过构建模型来研究金融竞争力促进经济增长的效率问题。石盛林（2011）运用 DEA 方法分析金融要素对经济增长的有效前沿，作者发现，不同地区的县域金融影响机理有所区别。在经济较为发达的地区，贷款数量是决定经济增长的核心因素；在经济发展水平一般的地区，贷款质量与数量对于经济增长的影响同样重要；对于欠发达地区，金融密度则是决定经济增长的重要因素。

总体上看，我国县域经济与县域金融有着一定的互动关系，但互动的效果在不同地区之间呈现较大差异，未形成理想的良性互动的关系。对于不同地区的明显差异需给予政策关注，从根源上改变这一现实形成的条件，构建完善的金融体系，改善县域的金融生态环境。在与经济发展水平相适应的基础上，平衡各县域的金融机构空间集聚。

**（四）县域金融竞争力研究的评价样本、指标体系和方法**

首先，从指标构建来看，在世界经济论坛（WEF）2006 年公布的《全球竞争力报告》中，评价指标改为了基本条件、效能提升和创新因素三大类，并在这三大类下设了九项支柱指标。IMD 将国家竞争力看作一个系统，而金融竞争力是其中一个子系统。它们将金融竞争力指标分为四类：资本成本竞争力、资本市场效率竞争力、股票市场活力竞争力、银行效率竞争力。这四大指标又细分为 27 项指标。IMD 这套指标由于比较科学和权威，所以在很多国家得到了广泛应用。

其次，由伦敦金融城委托英国咨询公司 Z/Yen 为其统计制作的全球金融中心指数（GFCI）主要分为外部指数和金融专业人士的网络问卷调查结果的相关指标，与 WEF 和 IMD 的指标相比强调人才与金融领域人才的重要性。其中，外部指数涵盖了人才、商业环境、市场发展程度、基础设施、总体竞争力五个指标。金融中心评价是来自那些国际金融服务专业人士的网络问卷调查。GFCI 通过"因子评价模型"对全部特征指标和问卷调查结果进行统计分析和计算，最终得出各个金融中心的 GFCI 得分和排名。詹继生（2006）也认为应将金融人力资本竞争力作为主要因素列入指标体系。

徐璋勇、陈颖（2007）认为区域金融竞争力的评价指标应该包括金融体系竞争力指标和金融生态竞争力指标两个方面。为了反映金融竞争力的动态变化，对这两个方面又需要分别从静态和动态进行评价，以反映区域金融的现实竞争力和潜在竞争力。将指标体系分为金融体系竞争力和金融生态竞争力两个一级指标，其中金融体系竞争力又可分为金融规模竞争力和金融效率竞争力：金融规模可以从金融组织规模和金融资产规模两个方面衡量；金融效率可划分为金融整体效率和金融局部效率。金融生态竞争力用区域经济实力、区域开放程度、区域基础设施和区域信用环境 4 个指标进行评价，其中每个指标的存量用来反映现实竞争力，对应的增量用来反映潜在竞争力。

陆岷峰、张惠（2011）则将指标分为显示性指标与解释性指标。显示性指标包括金融机构年贷款总额、金融机构存款总额、金融相关率、城镇居民储蓄额、城镇居民人均储蓄额；解释性指标涵盖环境力、经济力、开放力、企业力、劳动力、设施力、科技力、文化力在内的八大一级核心指标，另外共包含 25 个二级要素指标。

孙灵文等（2013）则从金融发展竞争力、经济基础环境竞争力、金融生态环境竞争力三个方面，及动态、静态两个角度对山东省县域金融生态竞争力进行评价。金融发展竞争力下主要是从金融资本和金融效率两个层面选取了 9 项指标；经济基础环境竞争力下主要从县域经济规模、经济速度、人民生活及可持续发展四个层面选取了 14 项指标；金融生态环境竞争力下主要从政府公共服务、教育和保障两个方面选取了 5 项指标。

Murat Kasımoǧlua 等（2016）将土耳其的伊斯坦布尔金融中心与选定的 12 个金融中心（迪拜、法兰克福、中国香港、吉隆坡、伦敦、莫斯科、纽约、巴黎、上海、新加坡、东京、多伦多）从银行体系、金融市场和金融工具三个方面进行金融竞争力的比较。银行业体系下选取了 9 个指标：总资产、流动负债、国内信贷、股本回报率、存款货币银行资产、成本效率、国际银行业务、伊斯兰银行业务、银行不良贷款总额，除合约指标外，所有指标均按 GDP 的百分比计算；金融市场下则选取了 13 个指标：股票市场价值交易、股票市值、ETF 周转率、IPO 价值、商品合约、货币合约、利率合约、股票合约、指数合约、共同基金、国内债务证券、国际债务证券、场外证券交易所。

另外，从研究方法来看，梁小珍等（2011）对于区域金融中的城市金融竞争力设计了一套系统的评价方法。在评价方法中，首先建立了评价各城市金融竞争力的指标体系，从经济发展、金融发展、金融环境、人力资本、基础支持五个方面出发，建立了包含 45 个指标在内的金融竞争力评价指标体系；接着采用熵权法、灰色关联分析法、主成分分析法等对我国 21 个大中城市的金融竞争力进行了评价，再运用 Kendall 协同系数检验法对三种方法评价结果的一致性进行了检验并进行组合评价，给出了各城市金融竞争力的排名，并运用 K - 均值聚类分析法将各城市划分了层级。

陆岷峰、张惠（2011）在对原始数据进行标准化处理后，运用因子分析法对连云港四县样本的金融竞争力进行综合评价，对于相关性较高的指标浓缩后再进行因子分析。在数据通过 KMO & Bartlett 球形检验后，按照主因子的特征值必须大于 0.5，所选取的主因子对方差解释的累计百分比应达到 85% 以上的原则，选取前三个作为主因子并实行方差最大化正交旋转因子使解释更合理。最后通过计算各样本城市的因子值，并以因子贡献率为权重计算样本县域金融竞争力得分，得出各主因子得分及综合得分。孙灵文等（2013）则以层析分析法（AHP）为指导，综合运用专家打分法、调查问卷法对各项指标赋予权重，将数据标准化处理后算出各县得分结果。

国外学者对于金融竞争力的研究开展较早，Reed（1981）运用成簇分析方法比较了 76 个城市的 9 个金融和银行变量，并对金融中心进行排名，最后发现 11 个最大的金融中心具有的一些共同特征。Law（2014）等使用动态面板门限模型，寻找促进经济增长的"最优"金融发展水平，发现金融发展——经济增长中的门槛效应显著，即达到一定的阈值后，大而快速发展的金融部门反而会导致其他经济部门的高成本，金融部门增长越快，经济整体增长速度就越慢。

总的来看，本书的指标选取原则与以上文献基本相同，遵循全面统筹、层次分明、易于操作和可持续评价的原则，陆岷峰、张惠（2011）还提出应从县域金融竞争力的内涵入手，坚持科学性、系统性、实用性、层级性、通用可比性、目标导向性等原则构建县域金融竞争力的评价指标体系。从指标选取来看，本书涵盖了在上述文献中提到的金融服务水平、金融生态竞争力和金融发展水平的指标，对各县域的金融竞争力作出了较全面的判断和评价。

### （五）如何提升县域金融竞争力

综合已有研究成果来看，就如何提升县域金融竞争力的政策建议主要有以下几方面。

#### 1. 从优化各县域产业出发，丰富创新金融服务

为进一步加大金融支持县域产业发展，张军强（2017）对县域产业、县域金融支持情况以及存在的问题进行了调查，并提出建议：①各县域应发挥自身优势，集中资源做特色优势产业，提升特色产业竞争力。②多方位探索完善银行风险补偿机制：一是加强

农村信用体系建设，增强农户信用意识，不断扩大信用贷款占比；二是创新信贷产品，丰富农户担保模式，扩大农村抵质押品范围，降低银行放贷风险，提升放贷意愿。③合理匹配信贷产品和产业发展需求，针对金融支持产业发展暴露出的贷款额度小、期限短等问题，根据不同产业发展所需信贷需求创新金融产品，合理匹配信贷资源。

提升县域金融竞争力，要立足于丰富金融服务主体，健全县域金融协作机制；注重金融服务创新，丰富农村金融产品，适应县域产业发展的新趋势和新变化；发展普惠金融，促进县域金融服务均等化，积极探索保障金融机构农村地区存款主要用于农业农村的实现方式；完善县域金融监管体制，守住风险底线，不断增强依法行政能力，提升基层监管机构公信力，指导金融机构更好地依法合规经营（胡成选等，2017）。

**2. 强化政府干预正向溢出效应，优化金融生态环境**

基于 2004—2012 年山东省 90 个县的数据，分析了政府干预对县域金融发展的影响，并通过分析政府干预在县域间的溢出效应揭示了地方政府之间的金融竞争关系。从直接效应看，政府干预在县域内部对金融发展产生了正向溢出，表明县级政府的金融政策对本县金融发展具有促进作用；从间接效应看，政府干预在县域之间对金融发展产生了负向溢出，意味着县级政府的金融政策降低了其他县域的金融发展水平。以上研究结果说明：当前阶段地方政府干预仍然是促进金融发展的重要因素，各级地方政府应维护金融市场公平竞争环境，为金融市场发展提供良好的外部环境，放大政府干预在区域内和区域间的正向溢出效应；有必要加快关于金融市场改革与发展的顶层制度设计。中央政府应该统筹协调金融市场制度建设，例如，构建全国统一的征信系统、进一步推进产权制度改革等，避免地方政府在此类政策上"各自为政"和"事倍功半"（冯林等，2016）。

化祥雨等（2016）在对江苏省县域研究结论中表明：一方面，各级政府部门应积极推动金融全省发展，在重点发展苏南地区金融同时，加强苏南、苏中、苏北之间金融合作与交流，促进金融势能空间集聚、金融一体化，紧密的金融联系能增强金融系统并提高金融发展水平，是推动经济发展的重要动力之一；另一方面，在致力于加强各县域金融联系的同时，也需要积极防范金融风险，加强金融监管，确保不发生区域性系统性金融风险。陆岷峰、张惠（2011）认为县域金融竞争力的提升首要就是立足于县域发展的内外部环境，对县域金融进行基本分析评价，找出县域金融竞争力的优势与劣势所在，并不断地深化与发扬金融发展优化与机会，规避弥补金融发展的劣势与威胁，综合提高县域金融竞争力的各方面影响因素，促进县域经济与金融的耦合协调发展。

**3. 完善非银机构配套服务体系，提高县域金融服务水平**

在经济欠发达县域地区构建一个以商业银行、农信社、政策性银行为核心，保险等非银行金融机构相配套的金融体系。建立和完善以合作金融为基础，商业性金融、政策性金融分工协作的农村金融体系，进一步提高农村金融服务水平，增加对农业的投入，促进贸、工、农综合经营，促进城市一体化发展，促进农业和农村经济的发展和对外开放（曾康霖等，2003）。另外，王雅卉、谢元态（2013）认为县域金融是县域经济发展的中枢，高效的县域金融市场是提供充盈的资金以支持县域经济发展的坚强后盾。应做到深化县域金融制度改革，明确各金融主体职能、创新县域金融制度，保障县域金融资源供给、完善政府服务体系，营造良好县域金融环境、扩大县域金融有效需求，保障县域金融可持续发展。

石盛林（2011）针对县域的具体情况以及所处的发展阶段制定差异化的金融发展政策。注重金融对经济增长的内生作用，努力建设有效率、多层次的金融服务体系。加快城乡金融一体化发展，实现金融资源由城市向县域扩散，增强县域金融集聚能力。另外，通过对连云港四县金融发展的优势与劣势、面临的机会与威胁的分析，并在此基础上构建包含利用机会发挥优势战略、利用机会克服劣势战略、发挥优势克服威胁战略和规避威胁减轻劣势战略，通过多方合作减少发展阻力、加强金融监管、引进高端科技与人才，提高县域金融竞争力并持续向上（陆岷峰、张惠，2011）。

## 三、湖南省县域金融发展概况

### （一）湖南省县域金融发展的现实成效

#### 1. 县域经济基础发展现状

湖南省县域经济发展取得较好成绩，基础设施和综合实力明显增强。一是县域经济规模增速较快。2017 年全省 87 个县域地区生产总值为 20 898.23 亿元，比 2011 年增加了 9 676.86 亿元，年均增长率达到 14.37%。二是县域经济对全省贡献率增强。2017 年全省 87 个县域地区经济对全省经济总量的贡献率为 60.42%，相比 2011 年，增加了超过 3 个百分点。三是扶贫工作有力推进。2017 年全省 87 个县域地区农村人均可支配收入水平达到全省平均水平，超过城镇人均可支配收入相对水平与速度。四是消费水平提升。全体居民人均生活消费支出与县域消费贷款余额增加，经济与金融发展潜力巨大。五是固定资产投资规模进一步扩大。2017 年全省 87 个县域地区固定资产投资规模 17 546.12 亿元，相比 2011 年增加了 11 978.27 亿元，平均增速约为 35.86%，超过全省固定资产投资规模增速。

#### 2. 县域金融规模和结构发展现状

湖南省县域金融规模总体保持平稳发展，结构发展日益平衡。一是金融机构存贷款规模显著提高。2017 年全省 87 个县域地区主要金融机构存款余额 6 108.91 亿元，贷款余额 3 185.50 亿元。二是金融基础设施与服务体系建设成效明显，金融生态环境得到优化。2017 年全省 87 个县域地区的银行机构、证券业机构和保险业机构分别达到 478 家、92 家和 1 059 家，银行、证券和保险实现网点布局 6 138 个、95 个和 1 346 个。三是金融机构从业人员数量增加。2017 年全省 87 个县域地区的银行和保险业机构人数分别达到 5.73 万人和 21.64 万人。银行、证券与保险作为现代金融业的三大支柱，规模和结构的发展对维护金融体系的稳定和维护金融安全起着重要的作用，也对促进经济发展、社会进步和改善人民生活水平至关重要。

## （二）湖南省县域金融发展的差距

### 1. 县域金融发展不平衡性明显

金融发展失衡会影响经济整体健康发展，加剧结构矛盾性。湖南省县域金融发展存在地区的不平衡性。一是表现在县域金融机构信贷投放强弱分明，"大存差"的分布格局明显。存贷比可以说明一个地区经济与金融的活跃程度，比值较高相对越活跃，因为贷款资金对县域经济发展的支持，可以减少存款资金大面积滞留和闲置，缓解金融机构负担，优化金融资源配置。2017 年全省 87 个县域地区平均存贷比为 0.48，作为全国经济百强县的长沙县、宁乡县、浏阳市的存贷比均超过了 0.60，都远高于全省平均水平，其中浏阳市更是高达 0.78，而相对落后的县域，如新晃县、沅陵县、会同县等，均低于平均水平。二是表现在县域金融机构定位与金融结构不尽合理。县域金融资金的需求主要集中在农村经济、重点项目建设和中小企业发展上，但是 2017 年全省 87 个县域地区主要金融机构服务"三农"水平平均仅为 4.7%，而不同县的最高与最低水平之间差距接近 7 倍；县域小微企业贷款余额 1 898.3 亿元，相对浙江省小微企业贷款余额 2 万多亿元，规模差距十分明显，而且不同县的最高水平与最低水平之间差距接近 63 倍，金融机构对县域经济发展的投融资作用尚未完全发挥出来。

### 2. 县域金融基础建设相对滞后

金融基础设施对经济发展、金融稳定、社会安定有着十分重要的作用。首先，湖南省县域金融基础设施构成较单一。与银行业和保险业的机构家数、网点数相比较，证券业发展明显滞后，导致筹资渠道狭窄、金融业务单一、金融产品创新不强。其次，城市化进程对县域金融发展支持有限。2017 年全省 87 个县域地区平均城市化水平约为 43.84%，明显低于全国 57.35% 的水平，城镇人口尚未超过农村人口，成为县域金融基础建设的重要短板。最后，金融潜在风险仍然存在。虽然 2017 年全省 87 个县域地区金融机构不良贷款率平均仅为 2.97%，但是少数地区仍然出现了高于 10% 的不良贷款率，对当地金融业与地方经济形成较大风险。因此，亟须抓好金融风险防控，落实地方金融监管职责，强化制度性金融基础设施建设。

### 3. 县域金融支持经济能力有待提升

金融的使命是服务实体经济，不能脱离实体经济，本身也不能存在短板与弱项。当前湖南省县域金融自身发展的短板以及信贷投入不充分，难以满足实体经济对于金融的有效需求，导致工业对经济产出作用较弱、贡献度较低。2017 年全省 87 个县域地区主要金融机构存款余额、贷款余额仅占全省总规模的 13.1%、10.0%，难以满足湖南省经济发展需要，致使工业总产值对全省经济增长的贡献率约为 24.43%，低于全省 33% 的水平；县域小微企业贷款余额 1 898.3 亿元，金融机构科技服务行业贷款投放 4.1 亿元，金融机构教育行业贷款投放 77.9 亿元，平均各县分别仅为 21.82 亿元、0.05 亿元和 0.90 亿元，与沿海经济发达省份县市相比，仍有一定差距，存在很大的提升空间。

### （三）湖南省县域金融发展的优势与制约

**1. 发展优势**

政策大力支持。近年来，党中央、国务院高度重视深化金融改革工作，党的十八大和十八届三中、四中、五中、六中全会明确了以改革创新为动力，以服务实体经济为重点，以促进融资为主线，以补齐金融短板为目标，把金融业培育成重要的支柱产业，构建适应新常态的现代金融产业体系。湖南省也先后颁布相关金融政策法条，积极落实国家战略和宏观政策，支持深化金融的战略地位，高度重视县域金融服务，持续完善县域机构经营管理体制，成为县域金融发展的重要支撑。

经济作为基础。2017 年湖南省 GDP 总量 34 590.56 亿元，增长 8.0%，增长幅度与上年持平，高于全国平均水平 1.1 个百分点。城镇居民人均可支配收入 33 948 元，增长 8.5%；农村人均可支配收入 12 936 元，增长 8.4%。同时，省会城市长沙 GDP 总量也在 2017 年突破万亿大关，达到 10 535.5 亿元。湖南省的实体经济运行稳中向好，存量保持一定的增长幅度，为金融改革、金融创新提供了一个良好的环境，也成为县域金融发展的重要支撑。

市场面向好。湖南省金融系统着力服务实体经济、防控金融风险、深化金融改革，全省金融业运行保持了稳中有进的良好态势。货币信贷市场平稳快速发展，截至 2017 年 12 月末，湖南省银行业金融机构各项存款余额 4.67 万亿元，比年初新增 4 732.6 亿元，同比增长 11.3%，增速居全国第 5 位；全省小微企业贷款余额同比增长 30.1%，快于全部贷款增速 14.4 个百分点；全省已设立金融扶贫服务站 6 923 家，实现对省内所有贫困村的全覆盖。进一步拓展直接融资渠道，共实现直接融资 3 444.59 亿元，如上市公司再融资 542.50 亿元，企业债券融资 421.2 亿元，定向工具融资 448.60 亿元，信托融资 800.99 亿元等。金融改革创新稳步推进，金融环境日益改善。湖南省积极促进融资担保行业、民间融资机构、区域性股权市场、私募股权投资行业、小额贷款公司、金融支持精准扶贫、普惠金融、绿色金融的发展，当前，湖南省有 11 个地市州启动了金融精准扶贫示范区创建工作。

**2. 发展制约**

区位交通制约。湖南省东、西、南三面山地环绕，多丘陵，逐渐向中部及东北部倾斜，形成向东北开口不对称的马蹄形。湖南地处长江中游，是中部重要的交通枢纽，大部分区域处于洞庭湖以南，高速公路方面，基本形成了以"五纵六横"高速公路为主骨架的公路网络；水运方面，基本形成以洞庭湖为中心、"一纵五横十线"高等级航道网为骨架，长沙港、岳阳港为主枢纽的内河水运体系。但是，县域层面交通建设仍存在明显的不平衡性。东部长株潭地区是湖南省经济发展的支柱，具有较为全面的工业体系和较完善的基础设施；而中西部地区，虽然有较好的资源优势，但公路、铁路等运输网络的不完善，使得开发资源存在成本高、收益率低下等问题，如湖南湘西地处山区，这里交通相对不便，经济相对落后。

　　高端人才制约。人才的合理流动，是经济发展和科技进步的客观需要，也是社会经济发展的需要。目前，湖南省人才队伍不仅数量不足，而且分布不合理，在城市和经济发达的地方相对集中，而边远、贫困地区人才匮乏。近年来，湖南省科技、金融人才大批流失，大量向东南沿海开放城市流动。因此湖南省应颁布相关人才引进等优惠政策，为流入的人才提供如租房、保险、创业等的优惠政策，不仅为这些高端人才提供与沿海城市一样相对公平的竞争环境，而且为他们提供高效率的工作环境，充分发挥人才的工作、创新能力。

　　金融供给制约。银行业作为我国金融体系的主体，一定程度上存在金融供给手段单一、信贷配置效率不高的问题。单靠市场手段难以解决上述问题，需要强化监管的引领作用，推动银行业的结构性改革，从多个方面着力优化银行业供给要素配置，引导金融供给向金融服务薄弱环节流动，解决实体经济转型升级的金融需求和银行业服务供给之间的矛盾。针对当前对大中型企业、重资产行业企业等客户的金融供给过剩，对个人、小微企业金融供给不足，制造业企业、科技企业亟须有针对性金融供给的情况，应该通过构建多层次、广覆盖的银行业格局，提升对各类型金融服务需求的响应能力。

　　县域产业供给制约。从全省来看，全省区域经济发展不平衡、不协调的问题没有根本改变，县域经济仍然是全省经济的短板，有竞争力、有特色、有创新的县域产业供给较少。而县域经济发展的供给制约因素，主要是结构不优，同质化突出，缺乏特色主导产业的支撑。县域产业是县域经济发展的支撑，区域经济的竞争取决于产业的竞争，而产业的竞争关键在于有特色、有比较优势。如浏阳市，立足农业和鞭炮烟花传统产业基础，发挥省会城市东大门优势，一方面加大传统特色产业技术改造和品牌提升，另一方面重点打造国家级浏阳经开区，培育战略新兴产业，连续多年主要经济指标增速稳居全省前列。实践证明，凡是有特色的县，其县域经济发展质量就高、效益就好、实力就强。因此，发展县域特色产业，需要打破县域经济发展同质化格局，培育发展特色产业产品，以做大做强特色支柱产业，从而提升县域经济质量效益。

# 四、湖南省县域金融竞争力指标体系构建及说明

## （一）县域金融竞争力的内涵

　　县域金融竞争力是指在县域行政单位内，各类金融部门和企业有机结合而形成的综合性竞争力，集中表现为将金融资源进行转化，能够有效地向市场提供产品和服务的能力（詹继生，2006）。它由竞争主体、竞争客体和竞争结果3个基本要素构成。金融竞争力的竞争主体指的是参与比较和评价金融竞争力的县域单位；金融竞争力的客体即能够影响和决定金融竞争力的各种要素，包括人口因素、经济因素、社会因素、自然条件等，这些要素彼此间相互作用，共同影响县域行政单位的金融竞争力水平；金融竞争力的结果是研究和分析金融竞争力所得出的结论与评价，包括接受评级的县域单位间的金

融竞争力的分级相对排名与分数（许涤龙，2007）。

## （二）指标体系构建原则

合理选择评价指标是进行科学、有效、全面评价的基础。构建合理的金融竞争力指标体系，应坚持以数据的可得性、相关性、一致性、全面性和及时性作为指标遴选的标准。

### 1. 可得性

统计数据必须有安全可靠的来源，在有条件的情况下，最好能拥有多种不同的数据来源渠道，以便对原始数据的准确性和真实性进行对比和检验。同时，数据应该通过适当的方式进行收集和处理。此外，数据也应当具备如误差小等必要的统计条件，应该能够满足依指标体系需求进行调整的需要。

### 2. 相关性

本书中所指的数据相关性包括三方面内涵：第一，选取的各级经济数据应与研究的金融竞争力密切相关；第二，各分级指标内部应该存在某种并列关系，其经济含义间应具有互斥性的逻辑关系；第三，各分级指标之间应该存在某种从属关系，即某类三级指标在经济意义上应严格从属于某二级指标，而这个二级指标在逻辑上又完全从属于某一级指标，该一级指标则是金融竞争力的一个子集。基于此原则选取经济指标，构建的金融竞争力指标体系则会是一个逻辑严谨的有机系统，而非经济指标的简单堆砌。只有选取具有较高相关性的县域金融竞争力指标，以此构造出体现区域特色的湖南省县域金融竞争力指标体系，才能形成一个有效的、可信度高的科学评级体系。

### 3. 一致性

一致性的含义即金融竞争力的度量指标应具有口径和时间上的一致性。口径上的一致性指同一指标在不同县域进行统计时，应当采用相同的定义与衡量标准；时间上的一致性指同一指标在不同县域收集的统计数据应属于同一时期。只有统计指标满足口径一致性和时间一致性，不同县域的指标才具有横向可比性，据此测算出各个县域金融竞争力的比较和排名才有意义。

### 4. 全面性

课题组认为，一个地区的金融竞争力是该地区经济金融发展水平在金融实力及辐射力上的集中体现，重点反映了金融服务于实体经济的能力以及实现程度、金融业所处的发展环境、金融业当前发展水平及未来增长潜力。金融竞争力涉及多种经济金融指标，并在其共同作用下动态调整。因此，金融竞争力研究指标的选定要具有全面性，既要考虑金融发展存量，又要兼顾金融发展质量；既要包括金融业服务领域的多样性，又要考虑金融业所处的多要素生态环境；既要分析金融业当前发展程度，又要预测金融业未来发展态势。

### 5. 及时性

各个县域的经济金融状况是时刻变化的，相应的金融竞争力则是随着地区经济金融的不断发展而动态调整。因此，用于衡量金融竞争力的统计指标应在满足上述原则的基础上，尽可能地采用最新的数据，以更精准地捕捉县域金融竞争力的最新动态。鉴于统计数据的更新具有一定的滞后性，本书对县域金融竞争力的研究所采用的数据包括部分2016 年及最新的 2017 年统计数据。

## （三）相关指标说明

依据上述关于县域金融竞争力的定义，县域金融竞争力集中表现为有效地向市场提供产品和服务的能力，它依存于一定的竞争环境，同时具有自身独特的发展成果。因此，结合相关原则，本书将县域金融竞争力指标划分为 3 个层级。第一层级即体现县域的金融服务竞争力（A）、金融生态竞争力（B）和金融发展竞争力（C）。其中，一级指标——金融服务竞争力（A），划分出 3 个二级指标，分别为机构人员规模（A1）、资金规模（A2）、服务效率（A3）；一级指标——金融生态竞争力（B），划分出 3 个二级指标，分别为政府部门（B1）、机构部门（B2）、居民部门（B3）；一级指标——金融发展竞争力（C），划分出 2 个二级指标，分别为发展水平（C1）和发展潜力（C2）。在8 个二级指标下再细分出 40 个三级指标（见表 1 – 1）。

表 1 – 1　　　　　　　　　湖南省县域金融竞争力指标体系

| 一级指标 | 二级指标 | 三级指标 | 单位 |
|---|---|---|---|
| 金融服务竞争力（A） | 机构人员规模（A1） | 银行业机构家数（A11） | 家 |
| | | 证券业机构家数（A12） | 家 |
| | | 保险业机构家数（A13） | 家 |
| | | 银行业机构网点数（A14） | 个 |
| | | 证券业机构网点数（A15） | 个 |
| | | 保险业机构网点数（A16） | 个 |
| | | 银行业机构从业人数（A17） | 人 |
| | | 保险业机构从业人数（A18） | 人 |
| | 资金规模（A2） | 银行机构存款余额（A21） | 万元 |
| | | 银行机构储蓄余额（A22） | 万元 |
| | | 银行机构贷款余额（A23） | 万元 |
| | | 县域主要金融机构存款余额（A24） | 万元 |
| | | 县域主要金融机构利润额（A25） | 万元 |
| | | 县域主要金融机构贷款余额（A26） | 万元 |
| | 服务效率（A3） | 银行机构存贷比（A31） | 百分比 |
| | | 存款占财政收入比重（A32） | 百分比 |
| | | 贷款占财政收入比重（A33） | 百分比 |
| | | 人均银行存款（A34） | 元/人 |
| | | 人均银行机构发放贷款（A35） | 元/人 |
| | | 主要金融机构服务三农水平（A36） | 百分比 |
| | | 金融机构不良贷款率（A37） | 百分比 |

续表

| 一级指标 | 二级指标 | 三级指标 | 单位 |
|---|---|---|---|
| 金融生态竞争力（B） | 政府部门（B1） | GDP（B11） | 亿元 |
| | | 财政收入（B12） | 万元 |
| | | 财政支出（B13） | 万元 |
| | 机构部门（B2） | 固定资产投资（B21） | 亿元 |
| | | 工业总产值（B22） | 亿元 |
| | | 规模以上工业企业利润总额（B23） | 万元 |
| | | 规模以上工业企业资产总计（B24） | 万元 |
| | 居民部门（B3） | 人均GDP（B31） | 元 |
| | | 人均可支配收入（B32） | 元 |
| | | 全体居民人均生活消费支出（B33） | 元 |
| | | 年末常住人口总数（B34） | 万人 |
| | | 社会消费品零售总额（B35） | 亿元 |
| 金融发展竞争力（C） | 发展水平（C1） | 金融行业法人单位数（C11） | 个 |
| | | 房地产行业法人单位数（C12） | 个 |
| | | 县域小微企业贷款余额（C13） | 万元 |
| | | 县域消费贷款余额（C14） | 万元 |
| | 发展潜力（C2） | 城市化水平（C21） | 百分比 |
| | | 金融机构科技服务行业贷款投放（C22） | 万元 |
| | | 金融机构教育行业贷款投放（C23） | 万元 |

注：金融机构不良贷款率（A37）为逆指标，其余指标均为正指标。

## 1. 金融服务竞争力（A）

县域金融竞争力是一个地区经济金融发展水平在金融实力及辐射力上的集中体现。就一级指标而言，金融服务竞争力指的是金融业服务于实体经济的实现程度及影响力，对金融服务于实体经济水平的衡量能够反映出金融业在推动经济增长中所发挥的作用，这也正是金融竞争力最重要的体现。

金融业服务于实体经济的能力体现在对经济总量和经济效率的提升。类比生产力与生产要素的关系，金融服务竞争力可以看作金融业对于实体经济的服务能力，即生产力，此生产力的实现需要同时具备存量生产要素和增量生产要素。对于存量生产要素，本书选取机构人员规模和资金规模这两个二级指标，类似生产要素中的劳动力和资本；对于增量生产要素，本书选取服务效率这个二级指标，将其作为增量或效益型生产要素考核。金融服务竞争力这一生产力则是在具备机构人员规模和资金规模两个存量生产要素和一个服务效率增量生产要素的前提下创造出来的。

基于上述分析，本书将金融服务竞争力（A）划分为机构人员规模（A1）、资金规模（A2）和服务效率（A3）3个二级指标。

（1）机构人员规模（A1）

机构人员规模包括机构数量和机构从业人员数量。具体而言，机构人员规模指在县域行政单位中，主要金融机构，即银行、证券和保险机构的家数和网点数，以及机构从业人数。本书中共选取 8 个三级指标来考察县域行政单位机构人员规模情况，分别为银行业机构家数（A11）、证券业机构家数（A12）、保险业机构家数（A13）、银行业机构网点数（A14）、证券业机构网点数（A15）、保险业机构网点数（A16）、银行业机构从业人数（A17）和保险业机构从业人数（A18）。

机构人员规模可以分为机构家数、机构网点数、从业人数三类。其中，机构家数包括银行业机构家数（A11）、证券业机构家数（A12）、保险业机构家数（A13）；机构网点数包括银行业机构网点数（A14）、证券业机构网点数（A15）、保险业机构网点数（A16）；从业人数包括银行业机构从业人数（A17）和保险业机构从业人数（A18）。

以证券业为例说明机构家数和机构网点数的区别：机构家数指的是在某县域行政单位中，不同证券公司的家数之和；机构网点数指各个证券公司在该县域行政单位开设的营业网点（营业部）个数之和。由于同一家证券公司可以在该县域行政单位开设多个营业网点，因此在某县域行政单位中，证券业机构家数应小于或等于证券业机构网点数。例如，长沙县共 8 家不同的证券公司，各个证券公司的营业网点数均为 1 个，因此长沙县的证券业机构家数和证券业机构网点数均为 8 个。再如，浏阳市共有 5 家不同的证券公司，因此该地证券业机构家数为 5 家，而证券业机构网点数为 6 个，这是由于该地的 5 家证券公司中，存在证券业机构网点数不止 1 个的证券公司。

值得说明的是，就县域行政单位而言，由于信托业的发展水平有限，机构人员规模中的三类指标均未包含信托业情况。此外，本书选取银行业和保险业机构从业人数作为三级指标，而未包含证券业机构从业人数，主要是基于对这三种业态生产要素密集情况的考虑。县域金融机构开展的银行业和保险业业务主要为劳动力密集型，因此，银行业和保险业机构从业人数可以较为准确地衡量县域行政单位机构人员规模；而证券业作为资本密集型产业，在县域行政单位的机构从业人数并不能较好地反映证券业的发展程度，以致不能有效地测算机构人员规模这个二级指标，所以并未将证券业机构从业人数考虑在内。

（2）资金规模（A2）

资金规模指的是在县域行政单位中，主要银行业金融机构所拥有或者控制的资金总额，常见的包括资产和负债。本书共选取 6 个三级指标来度量县域行政单位资金规模，分别为银行机构存款余额（A21）、银行机构储蓄余额（A22）、银行机构贷款余额（A23）、县域主要金融机构存款余额（A24）、县域主要金融机构利润额（A25）和县域主要金融机构贷款余额（A26）。

按照统计口径的不同，将资金规模划分为银行机构和县域主要金融机构 2 个统计对象进行度量。本书中所指的银行机构涵盖各县域"四大行"即中国工商银行、中国农业银行、中国银行和中国建设银行，以及邮政储蓄银行和农村商业银行。县域主要金融机构指各县域农村商业银行。其中，银行机构资金规模包括银行机构存款余额（A21）、银行机构储蓄余额（A22，即居民存款）和银行机构贷款余额（A23）；县域主要金融机构资金规模包括县域主要金融机构存款余额（A24）、县域主要金融机构利润额（A25）和县域主要金融机构贷款余额（A26）。

考虑到"四大行"及农村商业银行在湖南省县域地区金融服务中占据主导地位，因此，在选取银行机构这一"广口径"来分析县域行政单位资金规模的基础上，另外单独选取县域农村商业银行的资金规模数据进行重点分析。

（3）服务效率（A3）

服务效率是指县域主要银行业金融机构服务资源投入与服务效果产出的比率，用以衡量主要银行机构服务于实体经济的有效性。本书中共选取 7 个三级指标进行衡量，分别为银行机构存贷比（A31）、存款占财政收入比重（A32）、贷款占财政收入比重（A33）、人均银行存款（A34）、人均银行机构发放贷款（A35）、主要金融机构服务三农水平（A36）和金融机构不良贷款率（A37）。

同样按照统计口径大小来划分，将服务效率分成银行机构、县域农村商业银行和人均服务效率 3 个研究对象。银行机构的含义同上，其服务效率的三级指标包括银行机构存贷比（A31）、存款占财政收入比重（A32）、贷款占财政收入比重（A33）以及金融机构不良贷款率（A37）。计算公式分别如下：

银行机构存贷比（A31）＝银行机构贷款余额（A23）/银行机构存款余额（A21）

存款占财政收入比重（A32）＝银行机构存款余额（A21）/财政收入（B12）

贷款占财政收入比重（A33）＝银行机构贷款余额（A23）/财政收入（B12）

金融机构不良贷款率（A37）是对"四大行"以及邮政储蓄银行和农村商业银行的综合度量。

县域农村商业银行的服务效率三级指标为主要金融机构服务三农水平（A36），计算公式如下：

主要金融机构服务三农水平（A36）＝县域主要金融机构贷款余额（A26）/财政收入（B12）

人均服务效率三级指标分为人均银行存款（A34）和人均银行机构发放贷款（A35），计算公式分别如下：

人均银行存款（A34）＝银行机构存款余额（A21）/年末常住人口总数（B34）

人均银行机构发放贷款（A35）＝银行机构贷款余额（A23）/年末常住人口总数（B34）

银行机构服务效率的三级指标体现了县域行政单位的主要银行机构整体服务于实体经济的有效性及实现程度；县域农村商业银行的三级指标则突出了农村商业银行在将县域金融实力转化为实体经济生产力时所发挥的作用；人均服务效率的三级指标衡量了县域金融服务竞争力的平均发展水平和发展程度。

需要说明的是，本书选取存款占财政收入比重（A32）和贷款占财政收入比重

（A33）两个指标作为服务效率的三级指标，两个指标的计算中均选用财政收入而非GDP。如此选取指标的主要原因在于财政收入较GDP而言，能更为准确地反映县域的真实经济水平。此外，三级指标主要金融机构服务三农水平（A36）中的主要金融机构指的是以农商行为代表的农村金融机构。

### 2. 金融生态竞争力（B）

若要对县域金融竞争力作出较为全面的评价，则离不开对该县域金融生态的考察与度量。金融生态是对金融的生态特征和规律的系统性抽象，本质上反映了金融业内外部各因素之间相互依存、相互制约、有机的价值关系。金融生态竞争力指的是县域行政单位与其所处的外部金融环境形成的有机关系能够为金融发展提供支持与保障的相对能力，包括与金融机构实现利益和规避风险息息相关的法律法规、政府部门、社会信用体系、会计与审计准则、中介服务体系等多方面的内容。

金融生态是个仿生概念。2004年12月，在"经济学50人论坛"上，周小川首次提出"改进金融生态"，并运用它对中国金融运行中的深层次体制和机制矛盾作了深入分析。自从周小川将生态学概念系统地引申到金融领域，我国金融界在金融生态方面从理论研究到实践活动都作出了十分有益的推进。正如周小川所言："金融生态"是一个比喻，它指的主要不是金融机构的内部运作，而是金融运行的外部环境，也就是金融运行的一些基础条件。如果把金融看作社会经济系统中的子系统，则金融生态就是由金融子系统和与之相关联的其他系统所组成的生态链。健全的金融生态链能够为金融业的可持续发展营造良好的外部环境，增强金融竞争力，进而助推新常态下的经济发展。

本书中的金融生态竞争力着重从经济角度分析，并按照影响县域金融发展的社会主体划分，分为政府部门（B1）、机构部门（B2）和居民部门（B3）3个二级指标。

（1）政府部门（B1）

政府部门指各县域的行政机关，依照国家法律设立并享有行政权力、担负行政管理职能。县域政府部门作为金融生态环境中经济金融秩序的制定者与维护者，是金融生态环境中的核心组成要素之一。政府部门的经济金融影响力主要表现为该县域行政单位的GDP与财政收支。因此，本书所研究的县域政府部门共选取GDP（B11）、财政收入（B12）和财政支出（B13）3个三级指标进行考核。

（2）机构部门（B2）

机构部门指所有的非政府部门，主要包括非金融企业部门与金融机构部门。作为社会再生产过程中"生产"的主要创造者，机构部门在金融生态以及社会经济中发挥着不可替代的作用。本书选用固定资产投资（B21）、工业总产值（B22）、规模以上工业企业利润总额（B23）和规模以上工业企业资产总计（B24）4个三级指标来衡量机构部门的金融生态竞争力。

（3）居民部门（B3）

居民部门是由县域所有常住居民住户组成的部门，主要经济职能是从事消费活动，在社会再生产过程中主要发挥"消费"职能。基于此，本书选取与居民消费密切相关的经济指标作为居民部门的金融生态竞争力来考察，包括总量指标和人均指标。总量指标包括年末常住人口总数（B34）和社会消费品零售总额（B35）2 个三级指标；人均指标由影响居民收入，进而影响消费水平的人均 GDP（B31）和人均可支配收入（B32），以及基于总量指标计算的全体居民人均生活消费支出（B33）3 个三级指标构成。计算公式如下：

全体居民人均生活消费支出（B33）＝社会消费品零售总额（B35）/年末常住人口总数（B34）

**3. 金融发展竞争力（C）**

金融发展竞争力主要衡量的是县域行政单位中金融业的整体发展水平以及可持续发展潜力，是对金融竞争力本身的发展状况以及未来发展能力与态势的考核。

若某县域金融发展竞争力明显领先于其他县域行政单位，而金融服务竞争力和金融生态竞争力却低于其他县域，则说明尽管该县域当前金融服务于实体经济能力不突出，且金融生态环境不够理想，但是该县域行政单位具备较强的潜在发展能力及可持续性，今后则会较快通过金融发展竞争力效应带动金融服务竞争力和金融生态竞争力，进而增强综合金融竞争力，最终将金融实力转化为经济增长的推动力。

本书中的金融发展竞争力主要从县域金融当前的发展程度和未来金融的发展预期来考察。因此，金融发展竞争力指标分为发展水平（C1）和发展潜力（C2）2 个二级指标。发展水平体现了县域金融业当前发展状况以及程度，是对现状的评价；发展潜力反映的是该地区未来的金融发展能力以及可能性。

（1）发展水平（C1）

发展水平反映的是县域行政单位金融业所达到的规模和发展的程度。基于湖南省县域发展特征，本书选取法人单位数和贷款规模 2 个研究对象来衡量发展水平。法人单位数包括金融行业法人单位数（C11）和房地产行业法人单位数（C12）。考虑到小微企业贷款情况和消费贷款情况能够较为准确地反映金融对经济的支持作用，即对于较难获取资金的小微企业以及对拉动经济增长"三驾马车"之一的消费的扶持力度，贷款余额选择县域小微企业贷款余额（C13）和县域消费贷款余额（C14）2 个三级指标。

（2）发展潜力（C2）

发展潜力即县域金融可能具有而尚未实现的能力，反映的是潜在的发展实力与可能性。发展潜力与先进的生产生活方式以及对促进发展的经费投入密切相关，如城市化水平的高低会影响发展潜力，同时，对科技服务行业和教育行业的资金投入会推动科技进步，培养更多高素质人才，进而带来发展潜力的提高。基于此，本书选取城市化水平（C21）、金融机构科技服务行业贷款投放（C22）和金融机构教育行业贷款投放（C23）3 个三级指标来衡量县域行政单位的发展潜力。

## 五、数据处理与研究方法

### （一）数据来源

本书中的原始数据主要来源于《湖南省统计年鉴—2017》《湖南省国民经济和社会发展统计手册—2018》和中国人民银行长沙中心支行、中国证券监督管理委员会湖南监管局、原中国保险监督管理委员会湖南监管局以及原中国银行业监督管理委员会湖南监管局等单位所提供的相关统计文件，整理并统计出湖南省县域金融竞争力报告中的原始数据，并基于原始数据值和三级指标的相关定义和公式，准确获取到所需的三级指标数据。

### （二）数据预处理

**1. 缺失值处理**

数据收集过程中，某些县域的相关指标有数值缺失或者有明显的错误。本报告共3 480个数据，其中缺失值及有误数据共计16个，占总数据的0.46%，对于总数据的影响较小，所以本报告借鉴多位专家和学者的经验，运用统计学的方法进行缺失值的处理。如果是数值型的缺失值，则取此变量相对其他所有变量的占比来估算并补齐缺失值，这样减少对于最终的排名结果影响。如麻阳县的原始数据明显有误，与现实情况不吻合，因此在数据处理过程中，通过对某些指标的所占准确值的比重来推断原始数据，从而减少因错误值对总体结果产生的误差。

**2. 数据的归一化**

数据的归一化，简单来说，就是将数据映射到区间 [0，1]。本书中由于指标的数据存在异常值和较多噪声，且具有不同的数量单位，其变化区间也处于不同的数量级，所以将其进行归一化操作。这样既可以去除数据之间的单位限制，消除特征数据之间的影响，又能增强原始数据之间的可比性，以便不同的数据之间进行融合，减少对于统计和分析结果的误差。

所以在合成指标之前，要对数据进行归一化处理。本书将数据分为两类，即正指标和逆指标。在进行40个三级指标原始值归一化过程中，经过项目小组多次讨论研究，认为金融机构不良贷款率（即A37）为逆指标，其余则是正指标。

（1）正指标数据预处理方式

对于此类指标进行归一化处理，计算方法如式（1）所示。

$$y = \frac{x - x_{\min}}{x_{\max} - x_{\min}} \tag{1}$$

（2）逆指标数据预处理方式

对于此类指标进行归一化处理，计算方法如式（2）所示。

$$y = \frac{x_{\max} - x}{x_{\max} - x_{\min}} \qquad (2)$$

### （三）指标合成的基本方法

本书在指标合成中，按赋权方法分为两类，第一类称为客观赋权法，第二类称为主观赋权法。在此次指标合成中，根据不同指标的性质选取了不同的赋权方法。

**1. 主观赋权法**

对于一级指标（如 A、B、C），本书采用主观赋权的方法。主观赋权法是根据决策者主观上对各指标或者属性的重视程度来确定权重，其原始数据所对应的权重由专家根据经验主观判断而得到。

在 2017 年全国金融工作会议上，习近平总书记提出如何做好金融工作的重要原则，第一条就是金融要"回归本源，服从服务于经济社会发展"。实体经济是立国之本，是社会发展的基础，而金融行业的本质是服务于实体经济，提供最佳金融服务和产品。异常激烈的行业竞争，给中国金融行业提升服务水平的时间和空间都很有限，如何有效地进行客户服务是金融行业在未来发展中需要着重考虑的问题。金融服务竞争力对于金融机构的战略化调整具有理论和实践意义，不仅会驱动金融机构的产业化升级，而且对于各县域来说是反映金融竞争能力强弱不可或缺的一部分。本报告结合项目组专家的经验判断和成员们的深入探讨，认为金融应回归本源，增强自身服务竞争力，所以主观赋予一级指标金融服务竞争力（A）更多的权重，即 50%。

同时，时任中国人民银行行长周小川曾提到，金融生态是借用生态学的理论，为理解金融体系的运行及其同社会环境之间的相互依存、彼此影响的动态关系，提供了新的科学视角。但是金融体系绝非独立地创造金融产品和金融服务的系统，它的运行更加广泛地涉及其赖以活动区域的政治、经济、文化、法治等基本环境因素。因此，高标准的金融生态竞争力是县域良好的外部金融环境的基本体现，是促进金融整体发展中不可或缺的影响因素，也是解释县域金融竞争力的重要部分，所以相对于金融服务竞争力的权重值，主观对于一级指标金融生态竞争力（B）赋予 30% 权重。

金融发展竞争力的强弱从当前的发展水平和未来的发展潜力得以展现，这是一段动态长期的过程。其中直接影响到未来发展潜力的是当前对于先进的技术和高水平的人才的投入程度，也就是未来金融行业的技术和人才支撑，那么在当前指标中具体表现为金融机构对于科技服务行业和教育贷款投放的规模。因此，对一级指标金融发展竞争力（C）赋予 20% 的权重。

**2. 客观赋权法**

对于二级指标和三级指标（如 A1、B1），本书采用客观赋权的方法。客观赋权法主要是根据原始数据之间的关系来确定权重，既不依赖于人的主观判断，也不增加决策分析者的负担，其决策或评价结果具有较强的数学理论依据。

基于三级指标的可获得性和二级指标的相关性，其值均为客观反映数值。为了避免主观因素的影响，采用客观赋权法。由于对客观赋权法的取舍有主观的影响，所以本文采用变异系数、熵值、相关系数和 CRITIC 四种赋权方法的简单算术平均值。

根据本书选取指标的特性，合成指标的基本思路如下。

第一步，根据预处理后所得出的归一化数据，利用变异系数、熵值、相关系数和 CRITIC 四种客观赋权方法对 40 个三级指标分别进行合成，其次将所得的权重进行算术平均，再将平均后的权重分别与三级指标的值计算，最终合成并获得 8 个二级指标的值；

第二步，对二级指标进行同样的合成处理，合成 3 个一级指标的值；

第三步，运用主观赋予的一级指标权重与一级指标的值进行合成计算，得到每个县域所对应的综合结果。

接下来分别对数据处理中所涉及的四种客观赋权方法进行介绍。

（1）变异系数法赋权

变异系数法赋权是利用数据分布的集中趋势和离散特征进行赋权的一种方法。首先计算各要素的均值和方差，对于第 $j$ 个要素，其均值和方差的计算方法为

$$\begin{cases} \overline{X}_j = \dfrac{1}{m} \sum_{i=1}^{m} X_{ij} & (i = 1, 2, \cdots, n) \\ S_i^2 = \dfrac{1}{m-1} \sum_{i=1}^{m} (X_{ij} - \overline{X}_j)^2 & (i = 1, 2, \cdots, n) \end{cases} \tag{3}$$

则各指标的变异系数为

$$V_j = \frac{S_j}{X_j} \tag{4}$$

式（4）中：变异系数使用的是标准差。

然后对得到的变异系数进行归一化处理，即得到各指标的权重：

$$W_j = \frac{V_j}{\sum_{j=1}^{n} V_j} \tag{5}$$

（2）熵值法赋权

熵值法赋权是利用信息熵对各个指标进行赋权。首先，各指标同度量化，计算第 $j$ 项指标下第 $i$ 个单位指标值的比重 $p_{ij}$：

$$p_{ij} = \frac{x_{ij}}{\sum_{i=1}^{n} x_{ij}} \tag{6}$$

然后，计算第 $j$ 项指标的熵值 $e_j$：

$$e_j = -\frac{1}{\ln n} \sum_{i=1}^{n} p_{ij} \ln p_{ij} \tag{7}$$

最后，计算第 $j$ 项指标的差异性系数 $g_j$ 并进行归一化处理。

$$w_j = \frac{g_j}{\sum\limits_{j=1}^{m} g_j} \quad (j = 1,2,\cdots,m) \tag{8}$$

$$g_j = 1 - e_j \tag{9}$$

由前述的标准化的计算方法可知，每个时间序列数据标准化之后都在 [0，1] 之间，显然不能带入上述公式计算。为此，本文采用的做法是，若比重 $P_{ij} = 0$，则 $\ln P_{ij}$ 在计算过程中无意义，所以将数据处理为 $P_{ij}$ 无限接近于 0 的正数，如 0.00001。

（3）相关系数法赋权

相关系数法是通过相关系数矩阵的结构关系对各个指标进行赋权。首先，计算相关系数矩阵：首先将原始数据标准化。假设用于综合评价的指标体系包含 $m$ 个指标，其相关系数矩阵 $R$ 为

$$R = \begin{pmatrix} 1 & r_{12} & r_{13} & \cdots & r_{1m} \\ r_{21} & 1 & r_{23} & \cdots & r_{2m} \\ r_{31} & r_{32} & 1 & \cdots & r_{3m} \\ \cdots & \cdots & \cdots & \cdots & \cdots \\ r_{m1} & r_{m2} & r_{m3} & \cdots & 1 \end{pmatrix} \tag{10}$$

然后，按列求和：计算每列中 $(1 - |r_{im}|)$ 的和，可得到反映每个指标与其他指标信息重复程度的行向量为

$$\sum (1 - |r_{i1}|), \sum (1 - |r_{i2}|), \cdots, \sum (1 - |r_{im}|) \tag{11}$$

最后，上述向量归一化即可得权重：

$$W_i = \frac{\sum (1 - |r_{ij}|)}{\sum \sum (1 - |r_{ij}|)} \tag{12}$$

（4）CRITIC 法赋权

CRITIC 法赋权是各个指标的客观权重确定就是以信息量和独立性来综合衡量的。设 $H_j$ 表示第 $j$ 个评价指标所包含的信息量和独立性的综合度量，则 $H_j$ 可表示为

$$H_j = S_j \sum_{i-1}^{n} (1 - r_{ij}) \quad (j = 1,2,\cdots,n) \tag{13}$$

$H_j$ 越大，第 $j$ 个评价指标所包含的综合信息量越大，该指标也就相对越重要，所以第 $j$ 个指标的客观权重 $W_j$ 为

$$W_j = \frac{H_j}{\sum\limits_{i-1}^{n} H_j} \quad (j = 1,2,\cdots,n) \tag{14}$$

这四种方法得到的权重确定后，再通过算术平均得到每个指标的最终权重。

（5）四种方法比较

变异系数法和熵值法是根据信息量进行赋权，如果一个评价指标在评价对象之间的差异程度大，则体现评价对象的信息量越多，所以赋给较大的权重。而相关系数法是根

据指标之间的相关性赋权的，若该指标与其他所有指标的相关性弱，则独立性越强，故赋予较大的权重。CRITIC 法是将信息量和相关性均考虑进去。

### （四）各指标汇总权重测算结果与简要分析

根据指标权重测算方法，得到相应的指标权重结构，下面以 8 个二级指标权重为例进行简要分析。

表 1-2　　　　　　　　　　　　　指标权重测算结果

| 一级指标 | 二级指标 | 变异系数法 | 熵值法 | 相关系数法 | CRITIC 法 | 均值 |
|---|---|---|---|---|---|---|
| 金融服务竞争力 | 机构人员规模 | 0.4128 | 0.4402 | 0.2585 | 0.2958 | 0.3518 |
| | 资金规模 | 0.4561 | 0.5039 | 0.2679 | 0.3314 | 0.3898 |
| | 服务效率 | 0.1311 | 0.0559 | 0.4735 | 0.3729 | 0.2584 |
| 金融生态竞争力 | 政府部门 | 0.3291 | 0.3122 | 0.2646 | 0.2726 | 0.2946 |
| | 机构部门 | 0.4670 | 0.5234 | 0.3222 | 0.2793 | 0.3980 |
| | 居民部门 | 0.2039 | 0.1644 | 0.4132 | 0.4481 | 0.3074 |
| 金融发展竞争力 | 发展水平 | 0.4697 | 0.4667 | 0.5000 | 0.5528 | 0.4973 |
| | 发展潜力 | 0.5303 | 0.5333 | 0.5000 | 0.4472 | 0.5027 |

据表 1-2 赋值结果可知，对于同一指标权重，变异系数法和熵值法权重结果相近，而相关系数法与 CRITIC 法权重值相似。正如以上所提到的变异系数法和熵值法是根据信息量进行赋权，而相关系数法和 CRITIC 法则都是根据指标间的相关系数进行赋权的。为避免单一方法对指标权重造成偏差，据相关文献资料和专家研究后决定，本报告中的指标权重采用四种方法的赋权结果的简单算术平均值。

在金融服务竞争力中，贡献最大的二级指标是资金规模，占比影响最小的是服务效率，机构人员规模和资金规模两者的权重之和占金融服务竞争力总权重的 3/4 左右，并且机构人员规模与资金规模所占比重大体相当，只有不到 0.03 的差距。所以，从以上分析来看，资金规模和机构人员规模大小是直接影响金融服务竞争力的重要因素，也代表经济学中的资本、劳动力等基本生产要素的重要性。

在金融生态竞争力中，机构部门所占权重最大，达到 39.8%，远超过政府部门和居民部门所占比重，可见机构部门是体现金融生态竞争力的中坚力量，即金融机构是促进金融生态进行规范适度竞争的桥梁；再将政府部门和居民部门相比，两者之间的权重基本持平，均占金融生态竞争力总体比重的 30% 左右，两者权重之和可达到总体的约 60%，政府部门和居民部门同样在金融生态竞争力中发挥着不可或缺的作用。

在金融发展竞争力中，发展水平和发展潜力两指标权重差距不大，均占 50% 的比重，所以现有的发展水平和未来的发展潜力两者在同等比重上既决定了金融发展竞争力的程度，同时金融发展竞争力也是各个县域金融竞争力在将来的有力表现。

# 六、湖南省县域金融竞争力结果及简要分析

## （一）二级指标县域排名

表 1－3　　　　　　　　金融服务竞争力二级指标前 30 名排名

| 排名 | 机构人员规模 | | 资金规模 | | 服务效率 | |
|---|---|---|---|---|---|---|
| | 市县名称 | 所属市州 | 市县名称 | 所属市州 | 市县名称 | 所属市州 |
| 1 | 长沙县 | 长沙 | 长沙县 | 长沙 | 吉首市 | 湘西 |
| 2 | 浏阳市 | 长沙 | 浏阳市 | 长沙 | 临澧县 | 常德 |
| 3 | 宁乡市 | 长沙 | 宁乡市 | 长沙 | 永顺县 | 湘西 |
| 4 | 吉首市 | 湘西 | 湘潭县 | 湘潭 | 韶山市 | 湘潭 |
| 5 | 邵东县 | 邵阳 | 邵东县 | 邵阳 | 古丈县 | 湘西 |
| 6 | 湘潭县 | 湘潭 | 醴陵市 | 株洲 | 桑植县 | 张家界 |
| 7 | 湘乡市 | 湘潭 | 新化县 | 娄底 | 长沙县 | 长沙 |
| 8 | 醴陵市 | 株洲 | 湘乡市 | 湘潭 | 宁乡市 | 长沙 |
| 9 | 汨罗市 | 岳阳 | 隆回县 | 邵阳 | 浏阳市 | 长沙 |
| 10 | 耒阳市 | 衡阳 | 衡阳县 | 衡阳 | 洪江市 | 怀化 |
| 11 | 隆回县 | 邵阳 | 祁阳县 | 永州 | 新化县 | 娄底 |
| 12 | 新化县 | 娄底 | 安化县 | 益阳 | 中方县 | 怀化 |
| 13 | 桃江县 | 益阳 | 澧县 | 常德 | 龙山县 | 湘西 |
| 14 | 安化县 | 益阳 | 桃源县 | 常德 | 冷水江市 | 娄底 |
| 15 | 澧县 | 常德 | 衡南县 | 衡阳 | 溆浦县 | 怀化 |
| 16 | 平江县 | 岳阳 | 耒阳市 | 衡阳 | 慈利县 | 张家界 |
| 17 | 南县 | 益阳 | 攸县 | 株洲 | 桂东县 | 郴州 |
| 18 | 衡阳县 | 衡阳 | 吉首市 | 湘西 | 江华县 | 永州 |
| 19 | 祁阳县 | 永州 | 洞口县 | 邵阳 | 安乡县 | 常德 |
| 20 | 溆浦县 | 怀化 | 常宁市 | 衡阳 | 汝城县 | 郴州 |
| 21 | 武冈市 | 邵阳 | 汉寿县 | 常德 | 湘潭县 | 湘潭 |
| 22 | 汉寿县 | 常德 | 祁东县 | 衡阳 | 汉寿县 | 常德 |
| 23 | 攸县 | 株洲 | 慈利县 | 张家界 | 安化县 | 益阳 |
| 24 | 桃源县 | 常德 | 茶陵县 | 株洲 | 临湘市 | 岳阳 |
| 25 | 祁东县 | 衡阳 | 桂阳县 | 郴州 | 邵东县 | 邵阳 |
| 26 | 华容县 | 岳阳 | 平江县 | 岳阳 | 隆回县 | 邵阳 |
| 27 | 新邵县 | 邵阳 | 桃江县 | 益阳 | 炎陵县 | 株洲 |
| 28 | 双峰县 | 娄底 | 涟源市 | 娄底 | 安仁县 | 郴州 |
| 29 | 涟源市 | 娄底 | 双峰县 | 娄底 | 南县 | 益阳 |
| 30 | 石门县 | 常德 | 石门县 | 常德 | 平江县 | 岳阳 |

由二级指标的权重测算结果可知，资金规模和机构人员规模的大小共同反映了金融服务竞争力近似占金融竞争力75%的贡献度。长沙市3个县域在机构人员规模和资金规模中位居前列，这也决定了这3个县域在金融服务竞争力中位列前茅。就服务效率这一指标来看，长沙市的3个县域失去了绝对性的优势，仅分别位于第7、8、9名，可见在服务效率这一指标上长沙市的3个县域还具有进步的空间。

以部分县域为描述单位，湘西自治州的吉首市在机构人员规模和服务效率两项指标中分别处于第4名和第1名的位置，而在资金规模指标中却失去了优势。株洲市的醴陵市、邵阳市的邵东县、湘潭市的湘潭县和湘乡市等多个县域都存在机构人员规模和资金规模位居前列，但服务效率却未入围前20名，可见服务效率这一指标是某些县域在重视资本和劳动力的发展的同时，最容易忽视的。

以所属市州为单位进行描述，就机构人员规模这一指标而言，张家界市与郴州市均未有县域入围前30名；资金规模方面，仅有所属市州为怀化市的县域未位于前30名榜单；就服务效率这一指标，14个市州均有县域位于前30名，从侧面反映服务效率在全省相对于其他指标发展较为均衡。

按区域进行划分，湖南省可分为四个区域，即长株潭地区，包括长沙市、湘潭市以及株洲市，环洞庭湖地区，包括岳阳市、常德市和益阳市；湘南地区，包括衡阳市、郴州市、永州市以及娄底市；大湘西地区，包括湘西自治州、怀化市、张家界市和邵阳市。

长株潭地区（11个）：长沙县、宁乡县、浏阳市、株洲县①、攸县、茶陵县、炎陵县、醴陵市、湘潭县、湘乡市、韶山市。

环洞庭湖地区（17个）：岳阳县、华容县、湘阴县、平江县、汨罗市、临湘市、安乡县、汉寿县、澧县、临澧县、桃源县、石门县、津市市、南县、桃江县、安化县、沅江市。

湘南地区（29个）：衡阳县、衡南县、衡山县、衡东县、祁东县、耒阳市、常宁市、桂阳县、宜章县、永兴县、嘉禾县、临武县、汝城县、桂东县、安仁县、资兴市、祁阳县、东安县、双牌县、道县、江永县、宁远县、蓝山县、新田县、江华县、双峰县、新化县、冷水江市、涟源市。

大湘西地区（30个）：邵东县、新邵县、邵阳县、隆回县、洞口县、绥宁县、新宁县、城步县、慈利县、桑植县、武冈市、中方县、沅陵县、辰溪县、溆浦县、会同县、麻阳县、新晃县、芷江县、靖州县、通道县、洪江市、吉首市、泸溪县、凤凰县、花垣县、保靖县、古丈县、永顺县、龙山县。

以所属区域来看，如图1-1所示，环洞庭湖地区机构人员规模指标最为领先，湘南地区的资金规模的绝对值最为雄厚，而大湘西地区服务效率指标则在四个区域内处于领先地位。就区域发展来看，长株潭地区三个指标最为均衡，大湘西地区三个指标差距

---

① 国务院于2018年6月19日正式批复，同意撤销株洲县，设立株洲市渌口区。由于撤县设区是在本课题进行过程中批复的，本报告仍然沿用其原有名称"株洲县"，并且在研究中将株洲县作为县域看待。

相对来说最为明显，主要表现为机构人员规模和资金规模两个指标跟不上服务效率的发展。从所占比例来看，如图1-2所示，所属地区为长株潭地区的前30名县域就资金规模来说最为雄厚，环洞庭湖地区仍处于机构人员规模领先的地位，而大湘西地区在服务效率上展现出了优势，湘南地区相对于自身来说，资金规模发展更好。

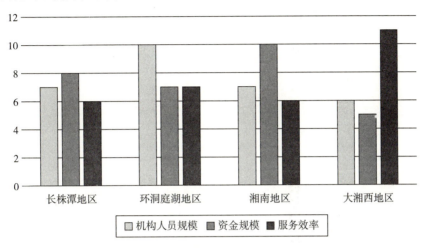

**图1-1 以所属区域为单位的金融服务竞争力二级指标前30名县域数**

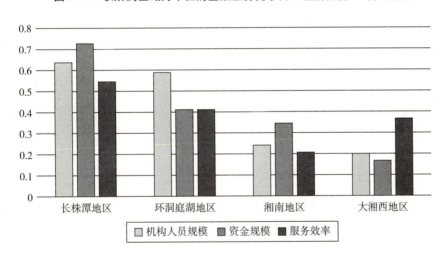

**图1-2 金融服务竞争力二级指标前30名县域占各区域县域的比例**

**表1-4 金融生态竞争力二级指标前30名排名**

| 排名 | 政府部门 | | 机构部门 | | 居民部门 | |
|---|---|---|---|---|---|---|
| | 市县名称 | 所属市州 | 市县名称 | 所属市州 | 市县名称 | 所属市州 |
| 1 | 长沙县 | 长沙 | 长沙县 | 长沙 | 长沙县 | 长沙 |
| 2 | 浏阳市 | 长沙 | 宁乡市 | 长沙 | 浏阳市 | 长沙 |
| 3 | 宁乡市 | 长沙 | 浏阳市 | 长沙 | 宁乡市 | 长沙 |
| 4 | 醴陵市 | 株洲 | 醴陵市 | 株洲 | 醴陵市 | 株洲 |

续表

| 排名 | 政府部门 | | 机构部门 | | 居民部门 | |
|---|---|---|---|---|---|---|
| | 市县名称 | 所属市州 | 市县名称 | 所属市州 | 市县名称 | 所属市州 |
| 5 | 耒阳市 | 衡阳 | 湘乡市 | 湘潭 | 耒阳市 | 衡阳 |
| 6 | 湘潭县 | 湘潭 | 资兴市 | 郴州 | 攸县 | 株洲 |
| 7 | 资兴市 | 郴州 | 桂阳县 | 郴州 | 邵东县 | 邵阳 |
| 8 | 桂阳县 | 郴州 | 汨罗市 | 岳阳 | 汨罗市 | 岳阳 |
| 9 | 攸县 | 株洲 | 攸县 | 株洲 | 冷水江市 | 娄底 |
| 10 | 邵东县 | 邵阳 | 邵东县 | 邵阳 | 湘乡市 | 湘潭 |
| 11 | 常宁市 | 衡阳 | 耒阳市 | 衡阳 | 衡阳县 | 衡阳 |
| 12 | 衡南县 | 衡阳 | 永兴县 | 郴州 | 资兴市 | 郴州 |
| 13 | 湘乡市 | 湘潭 | 岳阳县 | 岳阳 | 衡南县 | 衡阳 |
| 14 | 永兴县 | 郴州 | 冷水江市 | 娄底 | 桂阳县 | 郴州 |
| 15 | 桃源县 | 常德 | 湘阴县 | 岳阳 | 韶山市 | 湘潭 |
| 16 | 新化县 | 娄底 | 桃源县 | 常德 | 湘潭县 | 湘潭 |
| 17 | 衡阳县 | 衡阳 | 涟源市 | 娄底 | 湘阴县 | 岳阳 |
| 18 | 涟源市 | 娄底 | 湘潭县 | 湘潭 | 沅江市 | 益阳 |
| 19 | 汨罗市 | 岳阳 | 华容县 | 岳阳 | 桃源县 | 常德 |
| 20 | 澧县 | 常德 | 衡阳县 | 衡阳 | 澧县 | 常德 |
| 21 | 宜章县 | 郴州 | 衡南县 | 衡阳 | 常宁市 | 衡阳 |
| 22 | 平江县 | 岳阳 | 祁东县 | 衡阳 | 祁阳县 | 永州 |
| 23 | 祁阳县 | 永州 | 沅江市 | 益阳 | 衡东县 | 衡阳 |
| 24 | 湘阴县 | 岳阳 | 澧县 | 常德 | 桃江县 | 益阳 |
| 25 | 祁东县 | 衡阳 | 双峰县 | 娄底 | 吉首市 | 湘西 |
| 26 | 安化县 | 益阳 | 平江县 | 岳阳 | 华容县 | 岳阳 |
| 27 | 衡东县 | 衡阳 | 临湘市 | 岳阳 | 汉寿县 | 常德 |
| 28 | 隆回县 | 邵阳 | 祁阳县 | 永州 | 祁东县 | 衡阳 |
| 29 | 石门县 | 常德 | 宜章县 | 郴州 | 永兴县 | 郴州 |
| 30 | 冷水江市 | 娄底 | 桃江县 | 益阳 | 津市市 | 常德 |

　　金融生态竞争力中，机构部门是其所占比重最大的二级指标，政府部门和居民部门所占比重相当。以部分县域机构部门为主线进行分析，郴州市的永兴县，其政府部门和机构部门均为前20名，而在居民部门这个二级指标中却未进入前20名。岳阳市的岳阳县仅机构部门位于前20名，而政府部门和居民部门均没有跟上机构部门发展的水平，所属市州都为岳阳市的湘阴县、华容县也是如此。可见，表1-4的某些县域在抓准所占比重最大的二级指标，即机构部门的同时，也需同步重视政府部门和居民部门的成

长，才能促使县域金融生态竞争力往更健康、更良性的方向发展。

以所属市州为分析对象，就政府部门这一指标来看，湘西自治州、张家界市和怀化市均未有前 30 名县域；而机构部门中，湘西自治州、怀化市以及张家界市中未有县域进入前 30 名行列；就居民部门而言，张家界市和怀化市未有县域进入此指标的前 30 名。金融生态竞争力的二级指标中，湘西自治州、张家界市和怀化市中县域与其余各市县域相比具有较大差距，可见在金融生态竞争力中存在短板。

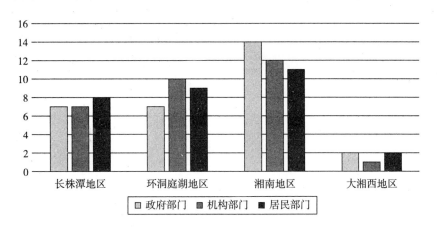

图 1-3  以所属区域为单位的金融生态竞争力二级指标前 30 名县域数

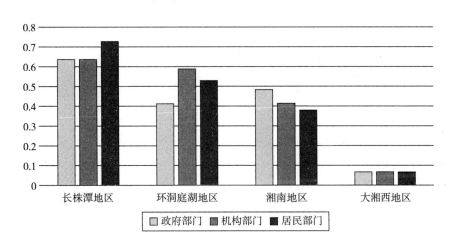

图 1-4  金融生态竞争力二级指标前 30 名县域占各地区县域数的比例

以所属区域为描述单位，如图 1-3 所示，湘南地区在政府部门、机构部门以及居民部门这三个指标中占据绝对优势，这与湘南地区的县域总数大有直接关系。从比例来看，如图 1-4 所示，长株潭地区还是占据优势，且发展相对其他地区更为均衡，环洞庭湖地区中的政府部门指标相对其他略逊一等，而湘南地区在比例上其指标不占优势，大湘西地区尽管县域数量最多，却仍然与其他三个区域相比差距较大，每个金融生态竞争力的二级指标中均只有 1~2 个县域进入前 30 名。

表 1 – 5 金融发展竞争力二级指标前 30 名排名

| 排名 | 发展水平 | | 发展潜力 | |
|------|----------|----------|----------|----------|
| | 市县名称 | 所属市州 | 市县名称 | 所属市州 |
| 1 | 长沙县 | 长沙 | 长沙县 | 长沙 |
| 2 | 宁乡市 | 长沙 | 浏阳市 | 长沙 |
| 3 | 吉首市 | 湘西 | 吉首市 | 湘西 |
| 4 | 浏阳市 | 长沙 | 宁乡市 | 长沙 |
| 5 | 耒阳市 | 衡阳 | 韶山市 | 湘潭 |
| 6 | 邵东县 | 邵阳 | 攸县 | 株洲 |
| 7 | 新化县 | 娄底 | 永兴县 | 郴州 |
| 8 | 湘潭县 | 湘潭 | 湘阴县 | 岳阳 |
| 9 | 湘乡市 | 湘潭 | 湘乡市 | 湘潭 |
| 10 | 涟源市 | 娄底 | 湘潭县 | 湘潭 |
| 11 | 常宁市 | 衡阳 | 冷水江市 | 娄底 |
| 12 | 攸县 | 株洲 | 南县 | 益阳 |
| 13 | 醴陵市 | 株洲 | 凤凰县 | 湘西 |
| 14 | 冷水江市 | 娄底 | 澧县 | 常德 |
| 15 | 隆回县 | 邵阳 | 新化县 | 娄底 |
| 16 | 衡南县 | 衡阳 | 邵东县 | 邵阳 |
| 17 | 汨罗市 | 岳阳 | 津市市 | 常德 |
| 18 | 江华县 | 永州 | 永顺县 | 湘西 |
| 19 | 平江县 | 岳阳 | 保靖县 | 湘西 |
| 20 | 宁远县 | 永州 | 华容县 | 岳阳 |
| 21 | 祁阳县 | 永州 | 新邵县 | 邵阳 |
| 22 | 湘阴县 | 岳阳 | 涟源市 | 娄底 |
| 23 | 桃源县 | 常德 | 醴陵市 | 株洲 |
| 24 | 澧县 | 常德 | 汨罗市 | 岳阳 |
| 25 | 安化县 | 益阳 | 资兴市 | 郴州 |
| 26 | 衡阳县 | 衡阳 | 桃江县 | 益阳 |
| 27 | 桃江县 | 益阳 | 衡南县 | 衡阳 |
| 28 | 凤凰县 | 湘西 | 茶陵县 | 株洲 |
| 29 | 石门县 | 常德 | 耒阳市 | 衡阳 |
| 30 | 韶山市 | 湘潭 | 株洲县 | 株洲 |

　　在金融发展竞争力这个指标中，发展水平和发展潜力的所占权重基本一致。以县域为单位进行简要分析，衡阳市的耒阳市、娄底市的涟源县以及衡阳市的常宁市等多个湘

中（南）地区的县域相对在发展水平指标上表现更为良好，而湘潭市的韶山市、郴州市的永兴县以及岳阳市的湘阴县等多个县域均在发展潜力指标上位列前茅。只有同时均衡发展这两个指标才能决定金融竞争力在将来能够达到的高度。

以各县域所属市州为单位进行分析（见表1－5），就发展水平这一指标而言，张家界市、怀化市和郴州市未有县域进入前30名；而从发展潜力指标看，张家界市、怀化市以及永州市未有前30名县域。综合来看，张家界市和怀化市两者在金融发展竞争力这一指标上相对其他区域存在明显差距。

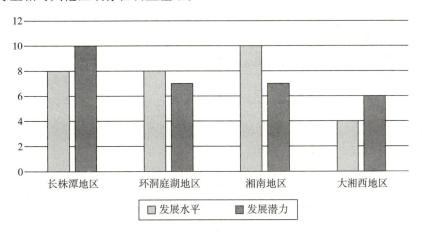

图1－5　以所属区域为单位的金融发展竞争力二级指标前30名县域数

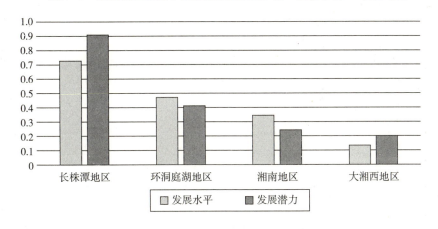

图1－6　金融发展竞争力二级指标前30名县域占各地区县域的比例

以所属区域而言，整体来看，四个区域大湘西地区在此指标上相对落后，而其他三个区域的金融发展竞争力指标表现较为均衡。具体就发展水平指标来看，湘南地区中有较多县域进入前30名行列，大湘西地区在前30名县域中发展水平最为落后；就发展潜力指标而言，长株潭地区处于领先地位，而大湘西地区相对较差。从所占比例来看，湘南地区的优势被削弱，主要是县域数较多，但四个区域发展水平和发展潜力差距都相对均衡，仅大湘西地区其发展水平指标不及发展潜力指标。

## （二）一级指标县域排名

表 1 - 6　　　　　　　　全省县域金融竞争力一级指标前 30 名排名结果

| 排名 | 金融服务竞争力 | | 金融生态竞争力 | | 金融发展竞争力 | |
|---|---|---|---|---|---|---|
| | 市县名称 | 所属市州 | 市县名称 | 所属市州 | 市县名称 | 所属市州 |
| 1 | 长沙县 | 长沙 | 长沙县 | 长沙 | 长沙县 | 长沙 |
| 2 | 浏阳市 | 长沙 | 浏阳市 | 长沙 | 浏阳市 | 长沙 |
| 3 | 宁乡市 | 长沙 | 宁乡市 | 长沙 | 吉首市 | 湘西 |
| 4 | 吉首市 | 湘西 | 醴陵市 | 株洲 | 宁乡市 | 长沙 |
| 5 | 湘潭县 | 湘潭 | 耒阳市 | 衡阳 | 湘乡市 | 湘潭 |
| 6 | 邵东县 | 邵阳 | 攸县 | 株洲 | 湘潭县 | 湘潭 |
| 7 | 新化县 | 娄底 | 湘乡市 | 湘潭 | 邵东县 | 邵阳 |
| 8 | 湘乡市 | 湘潭 | 资兴市 | 郴州 | 新化县 | 娄底 |
| 9 | 隆回县 | 邵阳 | 邵东县 | 邵阳 | 攸县 | 株洲 |
| 10 | 安化县 | 益阳 | 桂阳县 | 郴州 | 耒阳市 | 衡阳 |
| 11 | 醴陵市 | 株洲 | 汨罗市 | 岳阳 | 涟源市 | 娄底 |
| 12 | 祁阳县 | 永州 | 湘潭县 | 湘潭 | 韶山市 | 湘潭 |
| 13 | 澧县 | 常德 | 衡南县 | 衡阳 | 冷水江市 | 娄底 |
| 14 | 衡阳县 | 衡阳 | 衡阳县 | 衡阳 | 湘阴县 | 岳阳 |
| 15 | 桃源县 | 常德 | 桃源县 | 常德 | 醴陵市 | 株洲 |
| 16 | 汉寿县 | 常德 | 冷水江市 | 娄底 | 汨罗市 | 岳阳 |
| 17 | 临澧县 | 常德 | 永兴县 | 郴州 | 衡南县 | 衡阳 |
| 18 | 耒阳市 | 衡阳 | 湘阴县 | 岳阳 | 常宁市 | 衡阳 |
| 19 | 慈利县 | 张家界 | 常宁市 | 衡阳 | 澧县 | 常德 |
| 20 | 桃江县 | 益阳 | 澧县 | 常德 | 永兴县 | 郴州 |
| 21 | 溆浦县 | 怀化 | 涟源市 | 娄底 | 凤凰县 | 湘西 |
| 22 | 平江县 | 岳阳 | 祁阳县 | 永州 | 南县 | 益阳 |
| 23 | 冷水江市 | 娄底 | 沅江市 | 益阳 | 永顺县 | 湘西 |
| 24 | 衡南县 | 衡阳 | 祁东县 | 衡阳 | 平江县 | 岳阳 |
| 25 | 南县 | 益阳 | 岳阳县 | 岳阳 | 桃江县 | 益阳 |
| 26 | 常宁市 | 衡阳 | 华容县 | 岳阳 | 江华县 | 永州 |
| 27 | 攸县 | 株洲 | 平江县 | 岳阳 | 祁阳县 | 永州 |
| 28 | 双峰县 | 娄底 | 桃江县 | 益阳 | 隆回县 | 邵阳 |
| 29 | 洞口县 | 邵阳 | 衡东县 | 衡阳 | 新邵县 | 邵阳 |
| 30 | 涟源市 | 娄底 | 汉寿县 | 常德 | 宁远县 | 永州 |

　　以所属市州进行统计，金融服务竞争力这一指标中，仅郴州市这一市州中未有县域入围前 30 名；金融生态竞争力指标中，湘西自治州、张家界市、怀化市没有进入前 30

名，而这 3 个市就区域划分都属于大湘西地区；就金融发展竞争力指标而言，张家界市和怀化市中未有县域入围此指标的前 30 名。综合 3 项一级指标来看，长沙市的 3 个市县占领了前 3 名，但在金融发展竞争力这一指标中，湘西的吉首市在名次上超过宁乡市，首次位居第 3 名。所属市州为张家界市的县域均未进入金融生态竞争力和金融发展竞争力指标前 30 名。3 个一级指标中，以县域为单位，普遍存在着金融竞争力发展不平衡的现象。

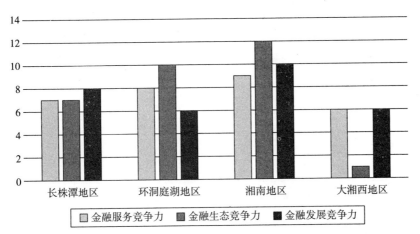

图 1-7 以所属区域为单位的金融竞争力一级指标前 30 名县域数

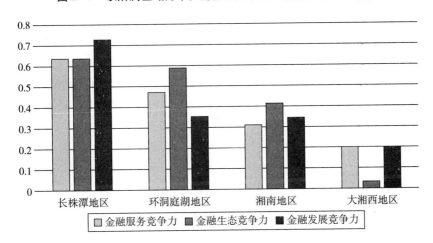

图 1-8 金融竞争力一级指标前 30 名县域所占各区域县域数的比例

如图 1-8 所示，湘南地区借助自身县域总数见多的优势表现出了相对较好的发展态势，就所占比例来看，湘南地区前 30 名县域相对较多，环洞庭湖地区和湘南地区相差不大，大湘西地区表现落后。同时就长株潭地区来说三项指标相差不大，环洞庭湖地区在金融发展竞争力水平上相对较低，湘南地区则是整体差距较小，相对来说金融服务竞争力稍显弱态，而大湘西地区的金融生态服务力呈"凹陷"特征，所以金融生态竞争力指标是大湘西地区的短板。

## （三）湖南省县域金融竞争力综合排名结果

### 1. 描述性统计

表 1 - 7　　　　　　　　　　总分及一级指标描述性统计

| | 总分 | 金融服务竞争力 | 金融生态竞争力 | 金融发展竞争力 |
|---|---|---|---|---|
| 平均值 | 0.209 | 0.257 | 0.168 | 0.152 |
| 25 百分位 | 0.14 | 0.182 | 0.073 | 0.076 |
| 中位值 | 0.186 | 0.226 | 0.143 | 0.115 |
| 75 百分位 | 0.242 | 0.293 | 0.205 | 0.177 |
| 最小值 | 0.078 | 0.112 | 0.016 | 0.02 |
| 最大值 | 0.864 | 0.849 | 0.876 | 0.885 |
| 标准差 | 0.127 | 0.126 | 0.143 | 0.132 |
| 偏度 | 3.155 | 2.826 | 3.001 | 2.963 |
| 峰度 | 12.315 | 9.952 | 11.398 | 11.979 |

　　根据对于87个县域的综合排名研究结果得出，湖南省县域金融竞争力方面，不仅仅各个县域之间发展不均衡，同时某些县市的金融竞争力下的不同指标也出现不均衡发展的现象。

　　以县域金融竞争力的综合结果的平均值为参照，有32个县域金融竞争力水平高于全省87个县域的平均值，同时低于平均值的有55个县域，可见湖南省县域金融竞争力水平差距明显，金融竞争力处于高水平的县市得分远远高于金融竞争力相对较弱的县市。

　　由表1-7可知，湖南省县域金融竞争力的得分的中位值小于平均值且偏度大于0，其频数分布表现为非对称分布，呈现右偏分布，因此位于均值右边的县域比位于左边的要少，直观表现为右边的尾部相对于左边的尾部要长，因为有少数变量值很大，由总分分布推断应是长沙市的长沙县、浏阳市和宁乡市的得分是数值较大的离群数据，从而导致右侧尾部拖得很长。峰度值大于3，比正态分布峰要陡峭，说明87个县域金融竞争力综合得分不呈现正态分布，表现出尖峰厚尾的分布。这也说明了各个县域的金融竞争力水平不一，发展不均衡，有少数的县域其金融竞争力总体水平高于平均值，反之，多数县域的金融竞争力水平低于总体县域的平均值。同理可见，根据相关统计描述，金融服务竞争力、金融生态竞争力和金融发展竞争力都呈现出尖峰厚尾的分布。

### 2. 湖南省县域金融竞争力综合指标分布

　　从湖南省各个县域所处的地理位置来看，深色区域代表县域金融竞争力水平高，颜色越浅则代表金融竞争力水平越弱，空白部分则属于市州区域，本报告不将其考虑在内。

　　整体来看湖南省金融竞争力水平呈现出发展及其不均衡的现象。东部和中部地区金融竞争力相对来说更强，尤以长株潭地区最为明显，南部和东部地区发展差距较小，并

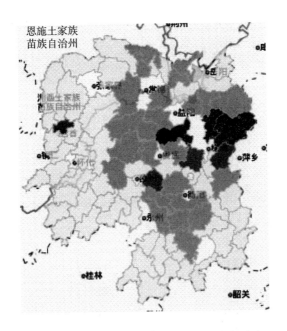

图1-9 湖南省县域金融竞争力综合指标分布

同处于较低的水平，湘西的吉首市除外。同时，以长沙市的县域为中心，湖南省县域金融竞争力呈现出金融竞争力强的地区集中发展并带动周边地区县域金融竞争力水平提高的现象。

可见，在解决湖南省金融竞争力水平呈现出发展及其不均衡的问题时，可将湖南省进行地区划分，并找到每个地区的中心点，利用地区中心点的县域带动周边县域金融竞争力的发展，激发相对金融竞争力较弱的县域潜力，从而达到湖南省县域金融竞争力同步、均衡发展的目的。

**3. 湖南省县域金融竞争力排名**

表1-8 湖南省县域金融竞争力前30名总分及排名

| 排名 | 市县名称 | 所属市州 | 总分 |
|------|----------|----------|------|
| 1 | 长沙县 | 长沙 | 0.864210 |
| 2 | 浏阳市 | 长沙 | 0.743165 |
| 3 | 宁乡市 | 长沙 | 0.681418 |
| 4 | 吉首市 | 湘西 | 0.415106 |
| 5 | 湘潭县 | 湘潭 | 0.363037 |
| 6 | 邵东县 | 邵阳 | 0.357689 |
| 7 | 醴陵市 | 株洲 | 0.351536 |
| 8 | 湘乡市 | 湘潭 | 0.332484 |
| 9 | 新化县 | 娄底 | 0.307172 |
| 10 | 耒阳市 | 衡阳 | 0.302662 |

续表

| 排名 | 市县名称 | 所属市州 | 总分 |
|---|---|---|---|
| 11 | 攸县 | 株洲 | 0.279721 |
| 12 | 澧县 | 常德 | 0.267987 |
| 13 | 祁阳县 | 永州 | 0.261710 |
| 14 | 冷水江市 | 娄底 | 0.256269 |
| 15 | 隆回县 | 邵阳 | 0.256268 |
| 16 | 衡阳县 | 衡阳 | 0.251291 |
| 17 | 衡南县 | 衡阳 | 0.250212 |
| 18 | 汨罗市 | 岳阳 | 0.250051 |
| 19 | 桃源县 | 常德 | 0.248395 |
| 20 | 涟源市 | 娄底 | 0.246177 |
| 21 | 安化县 | 益阳 | 0.243332 |
| 22 | 常宁市 | 衡阳 | 0.242125 |
| 23 | 平江县 | 岳阳 | 0.239024 |
| 24 | 桃江县 | 益阳 | 0.238295 |
| 25 | 汉寿县 | 常德 | 0.232718 |
| 26 | 桂阳县 | 郴州 | 0.227999 |
| 27 | 湘阴县 | 岳阳 | 0.226339 |
| 28 | 南县 | 益阳 | 0.221325 |
| 29 | 华容县 | 岳阳 | 0.220507 |
| 30 | 祁东县 | 衡阳 | 0.219120 |

从总分及排名来看，长沙市的市县平均分远远高于其他县域水平，且从第11名株洲市的攸县到第30名衡阳市的祁东县，各县域的总分相对于前10名呈现大幅度减少的趋势，可见位于中部排名的县域之间金融竞争力水平只存在些微的差距。

从所属区域来看，县域金融竞争力的综合排名中，湘南地区和环洞庭湖地区均有10个县域综合竞争力入围前30名，而长株潭地区则有7个县域进入前30名，大湘西地区县域个数相对落后，仅有3个县域入围。

从所属市州来看，长沙市3个市县的金融竞争力综合水平相对于其他市州的市县遥遥领先，其总分远超同省其他县域；同时相对同省其他市县，湘西仅吉首市名列前茅。衡阳市在前30名县域中占据市县个数的绝对值最多，高达5个；相比较而言，郴州、湘西以及永州均只有一个市县入围前30名，张家界市和怀化市均没有市县进入前30名，这与前面所分析的一级指标和二级指标中张家界市和怀化市的落后情况一致。

表 1 - 9　　　　湖南省县域金融竞争力第 31 名至第 60 名排名

| 排名 | 市县名称 | 所属市州 |
|---|---|---|
| 31 | 临澧县 | 常德 |
| 32 | 双峰县 | 娄底 |
| 33 | 韶山市 | 湘潭 |
| 34 | 慈利县 | 张家界 |
| 35 | 石门县 | 常德 |
| 36 | 资兴市 | 郴州 |
| 37 | 沅江市 | 益阳 |
| 38 | 溆浦县 | 怀化 |
| 39 | 洞口县 | 邵阳 |
| 40 | 永兴县 | 郴州 |
| 41 | 临湘市 | 岳阳 |
| 42 | 宁远县 | 永州 |
| 43 | 江华县 | 永州 |
| 44 | 武冈市 | 邵阳 |
| 45 | 新邵县 | 邵阳 |
| 46 | 茶陵县 | 株洲 |
| 47 | 永顺县 | 湘西 |
| 48 | 宜章县 | 郴州 |
| 49 | 衡东县 | 衡阳 |
| 50 | 东安县 | 永州 |
| 51 | 岳阳县 | 岳阳 |
| 52 | 邵阳县 | 邵阳 |
| 53 | 道　县 | 永州 |
| 54 | 龙山县 | 湘西 |
| 55 | 安乡县 | 常德 |
| 56 | 株洲县 | 株洲 |
| 57 | 洪江市 | 怀化 |
| 58 | 凤凰县 | 湘西 |
| 59 | 桑植县 | 张家界 |
| 60 | 津市市 | 常德 |

从所属区域来简要分析，在第二梯队第 31 名至第 60 名中仅公布其排名，不公布其综合分数。在此梯队中，长株潭地区的县域明显减少，仅有 3 个县域；紧接着是环洞庭湖地区、湘南地区以及大湘西地区，此梯队县域分别有 7 个、9 个、11 个。从侧面反映了长株潭地区县域发展处于领先地位，其次是环洞庭湖地区，这两区域的综合金融竞争力不仅差距较小，而且基本处于靠前位置。

从所属市州看，常德市、永州市和邵阳市均有 4 个县域入围，娄底市、湘潭市和衡阳市在此分表中所占名额较少，均只有 1 个县域。与上述前 30 名县域所属市州相比较，所在张家界市的 2 个县域均在此排名分表中，分别占第 34 名和第 59 名的位置。而前 30 名中未出现的怀化市，首次出现的溆浦县占据第 38 名。

表 1-10 湖南省县域金融竞争力未上榜名单（按县域名称首字母排序）

| 市县名称（所属市州） |
| --- |
| 安仁县（郴州）、保靖县（湘西）、辰溪县（怀化） |
| 城步县（邵阳）、古丈县（湘西）、桂东县（郴州） |
| 衡山县（衡阳）、花垣县（湘西）、会同县（怀化） |
| 嘉禾县（郴州）、江永县（永州）、靖州县（怀化） |
| 蓝山县（永州）、临武县（郴州）、泸溪县（湘西） |
| 麻阳县（怀化）、汝城县（郴州）、双牌县（永州） |
| 绥宁县（邵阳）、通道县（怀化）、新晃县（怀化） |
| 新宁县（邵阳）、新田县（永州）、炎陵县（株洲） |
| 沅陵县（怀化）、芷江县（怀化）、中方县（怀化） |

从所属区域来看，综合金融竞争力表现最好的是环洞庭湖地区，未有县域在此梯队，县域总体差距较小，金融竞争力都较为均衡；长株潭地区仅有株洲的炎陵县处于最后这一梯队，其余基本属于湘南地区和大湘西地区，这两区域的县域金融竞争力在全省县域中处于相对落后的状态。

从所属市州来看，此分表中，不公布其排名情况，但仅从县域的数量上来说，所属市州为怀化市和湘西市的县域分别有 9 个和 4 个，说明怀化市和湘西市中大部分县域金融竞争力的水平较低，存在金融短板。同时所属市州为长沙市、湘潭市、常德市、株洲市、岳阳市、益阳市以及张家界市的县域在此分表中都未出现，从侧面也反映出 7 个市州以自身为主体，各个县域之间的金融竞争力水平差距较小。

## 七、政策建议

### （一）打造金融核心圈，发挥金融龙头作用

根据湖南省的县域金融竞争力实际情况，要实现湖南省整体金融竞争力提升，助力经济发展的战略目标，金融核心圈的建设和发展是非常重要的一环。根据湖南省的县域金融竞争力总体排名，长株潭地区的金融实力和竞争力排名情况在全省处于领先地位，从县域金融竞争力排名来看，排名全省前 15 名的"金融强县"中，有 7 个属于长株潭地区，比例几乎过半，体现了长株潭地区在金融实力方面领先。如何发挥领头地区的龙头作用，对凝聚全省金融力量，吸引省外乃至国外资源有重要的影响，对实现湖南省金融实力的进一步提高意义重大。

**1. 以长沙为龙头，打造湖南金融中心**

在湖南省县域金融竞争力排行榜中的前三甲长沙县、浏阳市和宁乡市均属于长沙市所辖县市，既可以反映出长沙市全省领先的金融实力，也可以从中发现长沙这一省内金融中心对毗邻县市强大的金融辐射能力。因此在金融核心圈的建设中，首先必须明确长沙金融中心的地位，围绕长沙作为金融龙头进行战略部署。

2017年1月发布的《湖南省"十三五"金融业发展规划》中明确提出，长沙市区拥有芙蓉路金融街和沿江金融聚集带这"一主一副"两大金融发展聚集区，拥有金融后台园区和科技金融结合创新园区这样专门发展金融业的产业园区，在未来发展中应该以此为基础进行金融产业布局。同时，湖南省唯一省级金融中心——滨江金融中心的发展也是长沙市区金融实力发展的重要一环。目前，滨江金融中心已落户银行类、证券类、保险类、资产管理类金融机构近20家。包括长沙银行、三湘银行、吉祥人寿、长银五八消费金融法人总部，民生银行、浦发银行、广发银行省级分行，开源证券、江海证券、国联证券、安信证券、渤海信托省分公司或营业部，天地人律师事务所、融邦律师事务所等配套机构。此外，还有40多家意向落户金融机构正在密切跟进中。2017年7月26日，湘江基金小镇正式在湖南金融中心挂牌，私募基金行业踊跃响应。目前，已完成商事登记和正在办理对接的各类基金、基金管理公司近50家，资金管理规模突破500亿元。根据最新发布的"中国金融中心指数"（CFCI），长沙市排名第19位，是2009年该指数发布以来首次进入排名榜前20位。应当在长沙市区优秀的布局基础上，加强金融中心定位，同时结合周边金融竞争力靠前的县市，共同发力，将长沙金融中心的影响力不断扩大。

**2. 把握长株潭试验区的发展机遇，实现"1+1+1>3"**

除长沙地区在金融竞争力方面处于绝对领先地位外，株洲与湘潭的金融实力及后续发展对于湖南省金融核心圈的建设也是至关重要的。在金融竞争力排行榜的前15位中，湘潭市与株洲市的金融辐射能力依然处于领先地位。此外，作为中部六省城市中全国城市群建设的先行者，自从获批全国资源节约型和环境友好型社会建设综合配套改革试验区以来，长株潭城市群的经济一体化不断发展，被《南方周末》评价为"中国第一个自觉进行区域经济一体化实验的案例"。如何加强三座城市之间的联系，将三个城市及辖区相对优势的金融实力利用起来，对于长株潭城市群的未来发展是很重要的，因此应当以金融发展为契机，助力长株潭城市群成为我国中部崛起的"引擎"之一。

株洲市与湘潭市这两座发展潜力巨大、发展后劲充足的城市，要发挥金融业对实体经济的支持作用。首先，对于株洲市"动力之都"的定位，加大对中车集团等优势企业特别技术聚集类企业的金融支持，可以显著提高金融服务效率，更好地实现金融与经济共同发展互相促进。依托株百天元城这一城市金融发展中心，与"悦湖国际""高科·总部一号"等金融基地的发力，可以推动株洲朝着湖南省金融次中心的目标发展。其次，为湘潭市先进矿山装备制造产业集群提供金融支持也是打造金融核心圈的重要举措之一，这一部署可以加强园区科技金融互动，引导"两型"驱动的绿色和科技金融发展，对于提高金融核心圈的金融发展层次、创新金融服务模式有重大意义。《湖南省"十三五"金融业发展规划》中也明确指示，湘潭城乡建设集团、产业集团、地产集团等三家政府主导的投融资平台和湘潭县、湘乡市、韶山市等下辖县市的金融发展，也是湖南省金融发展规划中的重点关注对象，湘潭市作为金融中心发展的区位条件不足，但在普惠金融和绿色、旅游等特色金融方面却有巨大的发展潜力，应当有针对性地加以利用。

与同样是中部地区区域金融中心的武汉市相比，长沙市在"中国金融指数"排行中处于落后地位，但配合株洲金融次中心的建设和湘潭特色金融的发展，发挥长株潭城市群"3＋5"模式所带来的优势，对于湖南省金融核心圈建设的意义重大。不同于武汉城市群"1＋8"的单中心模式，长株潭城市群作为多中心城市群，能更好地发挥互补互助的作用。同时由于三个中心城市之间距离较短，随着交通线路、手段的规划和发展，已逐渐形成一个半小时的经济圈，能够更好地解决招商引资经济发展的产业支撑问题，能够大规模地集聚产业、集聚要素，这对打造湖南省金融核心圈是非常重要的，也为湖南省经济发展提供金融支持提供了非常好的条件。因此，打造湖南省金融核心圈，要抓住"1＋1＋1＞3"的原则，在长株潭城市群的建设基础上发展，走出湖南省金融经济发展的特色。

## （二）关注省内金融发展短板，推动金融助力实体经济

### 1. 把握"一带一路"机遇，充分利用政策红利

由于发展的基础不同，湖南省湘西地区的金融竞争力一直处于落后位置，这一点在金融竞争力排行榜中也有所体现。目前，排名落后的 26 个县市中，有大量县市属于湘西地区与怀化市。湘西地区工业发展进度落后，企业数量和规模处于相对劣势地位，进而再创造金融需求、利用金融支持发展经济方面也有所落后，整体处于不利的循环之中。对待这一地区，不能粗暴地注资和推动成立金融机构，而是要考虑地域特点，利用政策环境。

"一带一路"向西开放，将给湖南带来对内开放与对外开放叠加的"红利"。推进湘西地区融入亚欧大陆桥，向西对接"丝绸之路经济带"，是发展湘西地区金融实力、补足湖南省金融竞争力短板的大好时机。在湖南省"一带一路"倡议的带动下，省内企业向周边国家"走出去"、外国企业"走进来"的步伐将加快，而这一进程往往伴随着信贷需求的急剧上升，如何利用政策环境在湘西创造更高的金融需求，打造更好的金融发展环境，是湖南省未来一段时间应当考虑的重点之一。

### 2. 确立农村金融定位，大力发展特色金融

湖南省西部金融竞争力落后地区，具有城镇化比例较低、农业产业占比较高、农村人口较多等鲜明特点，因此应该因地制宜开展金融助农工作，推动金融助力农村发展，发展特色金融。

在湘西地区，农村金融是金融体系的重要组成部分，更是支持"三农"和县域经济

发展的重要力量。如何进一步提升农村金融服务的能力和水平，实现农村金融与"三农"县域经济的共赢发展，是促进该地区金融竞争力发展的重要发展主题。

首先，要大力推动农村基础金融服务全覆盖。政府通过财政补贴、税收优惠、涉农代理项目倾斜等政策，鼓励国有银行和大中型商业银行在偏远乡镇和行政村开展农村基础金融服务工程，借助电子机具和现代网络，让农民足不出村就能办理查询、取款、转账、缴费等金融业务，增加农民办理金融业务的便利性。鼓励银行、证券、保险等金融机构在县域增设机构和网点，并不断优化网点布局，增强网点服务功能，让广大农民与城市居民一样能拥有平等享受现代金融服务的机会和权利。同时要注重保护农村金融消费者权益，畅通农村金融消费者诉求渠道，妥善处理金融消费纠纷，继续开展送金融知识下乡、进村等活动，提高农村金融知识普及教育的有效性和针对性，增强广大农民金融风险识别、保护的意识和能力。

其次，要解决"抵押难、贷款难"问题。由于县域中小企业和农民普遍缺少抵押财产，"抵押难"成为县域金融发展面临的最大难题。政府相关部门要加快推进农村产权改革，针对土地承包经营权、农房产权、宅基地用益物权、林权等权益，加快产权颁证进度，加快农村产权交易市场建设，大力培育土地评估、资产评估等中介组织，并建立健全相关配套的制度和法律，为银行创新贷款担保方式创造条件。各级财政则应该加快落实银行信贷政府增信模式的推动，鼓励各级政府针对当地支柱产业设立信贷风险补偿基金，鼓励财政出资成立政策性融资担保公司，鼓励政策性保险公司为涉农贷款提供履约保证保险，鼓励各级财政涉农补贴资金用于银行贷款质押，通过政府增信模式，解决抵押难题。同时，银行等金融机构要加快服务"三农"产品和模式的创新，向总行争取信贷政策，创新贷款担保方式，积极投身农村金融改革试点，加大对县域经济发展的支持和服务力度。

再次，要加大金融精准扶贫力度。湘西州辖 7 个县 1 个市，即泸溪、凤凰、古丈、花垣、保靖、永顺、龙山 7 个县和吉首市 1 个县级市。除了州府吉首市外，其他的为国家级贫困县，攻坚脱贫任务重，压力大。金融精准扶贫需要进一步加强银政联动合作，切实改进对建档立卡贫困群体的金融服务和金融扶持。第一步先要实现信息对接，确保金融扶贫的精准性。目前政府建档立卡贫困户信息与银行金融扶贫信息尚未有效对接，银行无法精准识别信贷支持对象是否为贫困户，银行的金融扶贫工作也得不到政府及相关部门的认可。政府应联合人民银行和相关部门，出台全省金融精准扶贫方案，明确各金融机构的职责分工，并尽快开发金融扶贫信息系统，实现银政扶贫信息联网对接。在信息对接到位之后，还需要加大产业扶贫信贷投放，带动贫困户脱贫。以贫困地区茶叶、烤烟、油茶、生猪等特色农业和旅游、水电等资源开发作为扶贫贷款投放切入点，以特色产业贷款和农户贷款为主打产品，重点支持纳入扶贫产业项目的龙头企业和新型农业经营主体，通过发展产业、安排就业、定价收购等方式辐射和带动一批贫困户脱贫。这些政策的设想，还需要县域内的金融机构协同作战。当前信用社、农业银行、邮政储蓄银行、农业发展银行等众多金融机构均加大金融扶贫力度，加快在贫困县建立扶贫惠农服务站，重复建设将带来资源浪费和无序竞争，可由人民银行牵头进一步加强金融机构合作，充分利用各行在贫困地区已布放的惠农服务点，合作共建金融扶贫站。同时在重大扶贫项目建设、移民搬迁、光伏扶贫等领域，加强银团贷款、公司和个人贷款等业务合作，形成合力确保金融扶贫取得实效。

最后，要结合美丽乡村和旅游产业发展政策，大力支持城市森林、城市绿地、国土绿化、天然林保护等城乡生态基础设施项目，大力支持风景名胜区、森林公园提质升级及公共休闲、旅游观光等项目。湘西大地名胜诸多，发展旅游业，完善产业结构，是促进金融和经济双赢发展的最优选择，也是湘西脱贫致富的最优选择，应当大力发展特色金融和绿色金融，充分利用县域相对优势，形成湘西地区的发展特色，摘掉金融短板的帽子。

### （三）警惕地方债务堆积，防范系统性金融风险

目前，总报告和分报告中的数据显示，各个县域下辖县市基本都有自身的发展特色或优势，我们在报告正文中也对此提出了相关建议，这些具有发展潜力的领域是各个县市提高金融竞争力的动力之一。但县域金融竞争力的发展不仅取决于自身的发展潜力，也会受到现实环境和条件的制约，其中，地方政府债务问题，就是掣肘地方金融实力发挥的重要因素之一。

一方面，地方债务堆积会压缩地方政府的财政空间，从而难以发挥全部的金融实力；另一方面，地方债务问题的浮现往往基于地方社会诚信环境的建设，承担债务较多的地方政府与债权单位往往存在一定的矛盾和纠纷。因此，可以说债务问题越大，地方就越难以在金融竞争力方面有所提高。为了缓解债务压力对湖南省各县域金融竞争力发展的影响，也为了给各县域金融竞争力发展创造良好的环境，需要我们对地方债务情况有所了解，有所警惕，同时根据各地实际情况，有所布局，有所行动。

地方政府的负债情况与地方未来的发展空间息息相关，负债繁多特别是隐性负债的膨胀会给地方金融的稳定和经济的发展带来诸多弊端，也是系统性风险的促成因素之一，是湖南省各市州及各县市必须严格盯防、出台切实办法的重点防控领域。

目前，湖南省的地方政府负债状况还在可控范围之内。根据 2016 年各市州财政局与城投公司发布的评级报告，湖南省的主要城市政府的平均负债率（债务余额/GDP 总额）为 21.9%，远低于 60% 的国际平均警戒线，其中负债率最高的张家界市达到了 43.2%，负债率较低的衡阳市与常德市不足 15%。但与其他省份相比，湖南省的地方政府负债率在全国各省份中排名在第 14 位；邻近的江西省负债率为 21.5%，排名在第 15 位；湖北省负债率为 15.8%，排名在第 24 位；河南省的负债率为 13.7%，排名在第 29 位；广东省负债率为 10.5%，排名则在第 32 位。与相邻省份的地方债务负债率相比，湖南省的地方债务压力值得重视和关注。

湖南省作为全国首个推出政府性债务综合报告制度的省份，必须借助政策优势，在防范地方债务风险方面做好部署，争取成为全国防治地方债务堆积，加强地方政府债务

公开披露的良好典范。为此，首先要督促还未公开债务的主要城市政府和城投公司加快加紧公布，确保政府对全省债务情况的了解。其次，地方政府债务的报告，需要加紧加快从主要城市这一层级，推广到各个县域，细化数据来源，便于后续的政策调整和监督。

# 中篇　分报告

本部分通过分市（州）对金融竞争力以及三级指标进行排名，从而对湖南省除市辖区以外的 87 个县域进行系统评价，并且根据各县域的优势与劣势指标排名以及社会发展不同领域的实际情况，有针对地提出对策建议。值得注意的是，对各县金融竞争力综合排名以及三级指标的分指标排名中的前 60 名，我们给出了具体的排序，60 名以后的则标注为未上榜。在分析讨论中，排名 1~30 名为上游，31~60 名为中游，60 名以后为下游，我们又按照每 10 名划分一个层次的标准将上中下游排名分别划分为三个层次，例如，排名第 42 名的指标处于中游第二层次。本部分在对各地基本情况的描述中的数据除单独标注外，全部来源于各市、县 2017 年国民经济与社会发展统计公报以及各市、县统计年鉴。

# 一、长沙市所辖县域金融竞争力评价分析

长沙市作为湖南省省会城市，地处湖南省东部，湘江下游长浏盆地西边。长沙市是全国两型社会建设综合配套改革试验区核心城市，湖南省政治、经济、文化、科教和贸易中心，也是国务院首批公布的历史文化名城之一。

长沙市经济体量正在稳步增长，质量得到有效提升，结构保持不断调整，凸显其在湖南省经济的首位作用。2017 年长沙市 GDP 总量突破万亿元，达到 10 535.51 亿元，同比上升 9%，其中第一产业增加值 379.45 亿元，增长 3.0%，第二产业增加值 4 998.26 亿元，增长 7.7%，第三产业增加值 5 157.80 亿元，增长 10.9%；按常住人口计算，人均 GDP 为 135 388 元。长沙市金融业立足于"金融服务于实体"的政策方针，正在着力解决金融补短板问题，金融发展体现出提质稳量的基本态势。截至 2017 年末全市金融业实现增加值 686.06 亿元，同比增长 8.5%；金融业增加值占长沙市 GDP 总量的 6.5%，同比增长 0.4%；金融业对全市经济增长贡献率达到 5.4%，同比增长 2.4%。

2017 年末，长沙市常住人口 791.81 万人，城镇化率为 77.59%。长沙市辖区总面积为 11 819 平方公里，囊括芙蓉、天心、岳麓、雨花、望城 6 个市内主城区以及长沙县、宁乡市、浏阳市共 3 个县域，并打造了长沙高新区、长沙经开区、宁乡经开区、浏阳经开区、望城经开区、湘江新区等多个国家级开发区。本研究只针对除长沙市区内 6 个主城区外的 3 个县域进行分析。

## （一）2017 年长沙市辖县金融竞争力整体状况分析

2017 年长沙市所辖县域金融综合竞争力及各项一级指标排序如表 2-1 所示。从整体上看，长沙市所辖 3 个县域金融综合竞争力在湖南省 14 个地州市中位居榜首，其中长沙县、浏阳市、宁乡市分别位居全省各县域金融综合竞争力排名的第 1 名、第 2 名、第 3 名，均处于全省上游区域的第一层次，可见长沙市在县域金融综合竞争力上处于绝对领先地位。

从一级指标来看，3个县域的金融服务竞争力、金融生态竞争力和金融发展竞争力均居于上游区域的第一层次。其中长沙县各项一级指标均排名第1名；浏阳市各项一级指标均排名第2名；宁乡市除了金融发展竞争力排名第4名以外，其他一级指标均排名第3名。可见长沙市所辖的3个县域在一级指标体系下没有出现某项明显弱势指标，竞争力强度均衡。

表2-1　　　　　　　2017年长沙市辖县金融竞争力及各项一级指标排序

| 项目 | 金融竞争力 | 金融服务竞争力 | 金融生态竞争力 | 金融发展竞争力 |
|---|---|---|---|---|
| 长沙县 | 1 | 1 | 1 | 1 |
| 浏阳市 | 2 | 2 | 2 | 2 |
| 宁乡市 | 3 | 3 | 3 | 4 |

2017年长沙市辖县金融竞争力3项一级指标下的8项二级指标分布特征如表2-2和图2-1所示。从各项二级指标的平均排名来看，3个县各项二级指标排名均值基本稳定在第2名和第3名之间，均处于上游区域的第一层次。其中平均排名最低的是金融服务竞争力指标下的服务效率，平均排名第8位，与其他各项二级指标排名均值存在一定差距，但仍居于上游区域的第一层次。可以看出，细化至二级指标之后，长沙市县域金融各项排名只有一项指标处于相对弱势，但综合87个县域，其仍处于绝对优势。

表2-2　　　　　　2017年长沙市辖县金融竞争力及各项二级指标排序

| 项目 | 金融服务竞争力 | | | 金融生态竞争力 | | | 金融发展竞争力 | |
|---|---|---|---|---|---|---|---|---|
| | 机构人员规模 | 资金规模 | 服务效率 | 政府部门 | 机构部门 | 居民部门 | 发展水平 | 发展潜力 |
| 长沙县 | 1 | 1 | 7 | 1 | 1 | 1 | 1 | 1 |
| 浏阳市 | 2 | 2 | 9 | 2 | 3 | 2 | 4 | 2 |
| 宁乡市 | 3 | 3 | 8 | 3 | 2 | 3 | 2 | 5 |
| 均值 | 2.0 | 2.0 | 8.0 | 2.0 | 2.0 | 2.0 | 2.3 | 2.7 |
| 极差 | 2 | 2 | 2 | 2 | 2 | 2 | 3 | 4 |
| 方差 | 1.0 | 1.0 | 1.0 | 1.0 | 1.0 | 1.0 | 2.3 | 4.3 |
| 标准差 | 1.0 | 1.0 | 1.0 | 1.0 | 1.0 | 1.0 | 1.5 | 2.1 |

从各项二级指标的差异性来看，各指标极差与标准差基本稳定在1与2之间，数值相对偏低。3个县位次排名差异最大的是金融发展竞争力水平下的发展潜力，排名最高的长沙县和最低的宁乡市在该指标上的极差为4，标准差为2.1；其次是发展水平，发展水平最高的长沙县和最低的浏阳市在该指标上的极差为3，标准差为1.5。但这两项指标的差异在14个地州市中已经处于最低水平。可见长沙市这3个县域的金融发展各项指标水平大体相当，仅有小幅差距，没有明显弱势项，发展态势稳定健康。

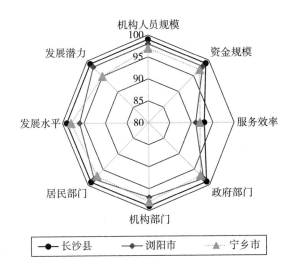

图 2 - 1　长沙市县域金融竞争力及各项二级指标比较

### （二）2017 年长沙市辖县金融竞争力亮点优势分析

首先，长沙市各县域在各项一级指标上排名都十分靠前，表现亮眼。得益于长沙市各县域毗邻省会长沙市，在市区经济辐射作用与人口纵深效应的影响下，区位优势与规模优势相比其他县域更加明显，集中表现在三级指标中各金融机构数量、从业人员规模与存贷款余额都显著高于其他县域，为金融服务竞争力的优势排名打下了坚实的基础。

其次，长沙各县域三级指标中浏阳市、宁乡市常住人口数排名分别为第 1 名与第 2 名，自身人口基数较大，且从政府部门、机构部门、居民部门三个二级指标的分项指标来看，地区生产总值、工业生产总值、人均支出、社会消费品零售总额排名都极为突出，可以看出长沙、浏阳、宁乡 3 个县域自身拥有庞大的经济体量，且在长期的发展过程中培养出了当地独特的支柱产业，同时积累了一定的产业优势，因此县域内 3 个部门均拥有较高的经济效益，为金融生态竞争力排名靠前提供了有力的支撑。

最后，长沙各县域发展水平指标下的县域消费贷款余额排名均在前 3 名，金融、地产业人数排名均在前 10 名，发展潜力指标下城市化水平、金融机构对科技研究贷款投放水平均处于前 10 名，表明长沙市各县域金融内生动能较强，县域本身较高的城市化水平、居民较强的信贷消费观念带动科技、教育产业不断发展，提高了房地产、金融机构进驻率，为金融发展竞争力排名靠前提供了内在驱动力。

### （三）2017 年长沙市金融竞争力分县域指标分析

1. 长沙县位于湖南省东部偏北、湘江下游东岸，临近湖南省省会长沙市区，县域总面积 1756 平方公里，总人口 92 万人，下辖 18 个镇（街）。2017 年全县生产总值 1431.1 亿元，按平均常住人口计算，人均生产总值为 14.4 万元。长沙县地处长株潭"两型社会"综合配套改革试验区的核心地带，具有广阔的发展空间。近年来县域经济显现出稳定健康的发展态势，在全省率先实现全面小康，同时在 2017 年全国县域经济基本竞争力、中国中小城市综合实力百强排名中均跃居第 6 位，连续多年稳居中西部第 1 位。

长沙县金融综合竞争力在全省 87 个县域中排名第 1 位，处于上游区域的第一层次。从一级指标来看，长沙县金融服务竞争力、金融生态竞争力、金融发展竞争力排名均居于第 1 位。3 个分项竞争力均处于上游区域的第一层次，在全省各县域金融竞争力中均具有绝对竞争优势，且没有弱势指标存在。长沙县是湖南省各县域中竞争力优势最为显著、各金融项竞争力指标最为均衡的县域。具体从金融服务竞争力二级指标来看，长沙县机构人员规模、资金规模指标均排名第 1 位，处于上游区域的第一层次。服务效率指标排名第 7 位，虽然在全省排名仍处于上游区域的第一层次，但也是长沙县金融服务竞争力中相对弱势的一项二级指标，有待进一步提升。从金融生态竞争力二级指标来看，长沙县政府部门、机构部门以及居民部门指标均排名第 1 位，处于上游区域的第一层次，在全省各县域金融生态竞争力中占有绝对优势，没有弱势指标存在。就金融发展竞争力二级指标来看，金融发展水平以及发展潜力指标也均排在第 1 位，处于上游区域的第一层次，无弱势指标存在。整体来看，长沙县各指标基本处于强势地位，个别指标稍弱，但仍处于上游区域第一层次。

2. 浏阳市位于湖南省东北部，处于湘赣的边界地带，西部毗邻省会长沙，是省会长沙市的副中心和湘赣边区域性中心城市。浏阳市县域总面积 5 007 平方千米，总人口 149.1 万人，下辖 3 乡 25 镇 4 街道，并有多达 34 个的少数民族，流动人口约 5 000 人，截至 2017 年，全市生产总值为 1 365.1 亿元。近年来，借力于交通的发展，浏阳市的经济发展迅猛，在增强浏阳经济竞争力的同时，其县域经济也呈现健康飞速发展的态势，并在 2017 年全国县域经济基本竞争力排名第 16 位，成为湖南省四大上榜县域之一。

从一级指标上来看，浏阳市金融服务竞争力、金融生态竞争力、金融发展竞争力排名均居于第 2 位。3 个分项竞争力指标均处于上游区域的第一层次，在全省各县域金融竞争力中均占有绝对竞争优势，且无弱势指标存在，其得分与排名大体一致。可见，除长沙县外，浏阳市是湖南省各县域中竞争力优势最为显著、各金融项竞争力指标最为均衡的县域。具体从金融服务竞争力二级指标来看，浏阳市机构人员规模、资金规模指标均排在第 2 位，处于上游区域的第一层次。服务效率指标排名第 9 位，虽然在全省排名仍处于上游区域的第一层次，但却是浏阳市金融服务竞争力中相对弱势的一项二级指标。从金融生态竞争力二级指标来看，浏阳市政府部门和居民部门指标均排在第 2 位，而机构部门指标则排在第 3 位，虽然仍处于上游区域的第一层次，在全省各县域金融生态竞争力中占有绝对优势，但是相对于其他二级指标来说较为弱势。就金融发展竞争力二级指标来看，发展潜力指标排在第 2 位，基本符合综合排名，而金融发展水平指标排在第 4 位，对比发展潜力指标，是相对弱势的一项二级指标，仍有进一步提升的空间。整体来看，浏阳市各指标基本占据绝对优势，二级指标虽稍逊于长沙县，但仍处于上游区域的第一层次。

3. 宁乡市位于湘中北部地区，地处省会长沙的西部偏北，2017 年撤县建市。宁乡市县域总面积 2 906 平方公里，现辖区包括 25 个乡镇、4 个街道、220 个村、54 个社区，同时拥有 1 个国家级经济开发区和 1 个省级经济开发区。截至 2017 年末，宁乡市的常住人口为 128.22 万人，全年实现地区生产总值（GDP）1 224.45 亿元。宁乡市的经济发展迅速，在 2017 年全国县域经济基本竞争力排名中其位于第 31 位，经济发展呈现良好态势。

从一级指标上来看，宁乡市金融服务竞争力、金融生态竞争力排名均排在第 3 位，而金融发展竞争力排名则居于第 4 位。三个分项竞争力指标均处于上游区域的第一层次，在全省各县域金融竞争力中具有较强的竞争优势，且不存在弱势指标。可见，除长沙市其他两县域外，宁乡市是湖南省各县域中竞争力优势最为显著、各金融项竞争力指标最为均衡的县域。具体从金融服务竞争力二级指标来看，宁乡市机构人员规模、资金规模指标均排在第 3 位，处于上游区域的第一层次。服务效率指标排在第 8 位，从全省排名来看依然处于上游区域的第一层次，却是宁乡市金融服务竞争力中相对弱势的一项二级指标，想要突破瓶颈还存在一定难度。从金融生态竞争力二级指标来看，宁乡市的机构部门指标排在第 2 位，而政府部门以及居民部门指标则均排在第 3 位，3 项指标仍处于上游区域的第一层次，在全省各县域金融生态竞争力中占据绝对优势地位，只是相对于其他两个二级指标来说相对较弱。就金融发展竞争力二级指标来看，金融发展水平指标排在第 2 位，比较符合实际排名情况，而发展潜力指标排在第 5 位，虽然在全省排名仍处于上游区域的第一层次，却是金融发展竞争力中相对较弱的一项二级指标，还有一定的提升空间。整体来看，宁乡市各指标基本都处于优势地位，个别二级指标稍弱，但仍处于上游区域的第一层次。

### （四）长沙市金融竞争力发展对策建议

#### 1. 利用县域金融外生推动力

在长沙市县域金融评价体系中，"市县互动""区县一体"理念在县域金融竞争力的提升过程中扮演着十分重要的角色。着力强化县域与市区融合程度，提升县域与市区人口的纵深力度，打造市县发展"一张蓝图"来有效提升县域金融综合竞争力是发展县域金融的关键点之一。在此基础上结合县域内实际金融需求提升金融机构数量，拓宽企业、私人融资渠道以满足企业、人口渗透进入所带来的金融服务需求。

（1）深化区位优势

长沙县、浏阳市、宁乡市与省会长沙市市区紧密相连，尤其是离城区最近的长沙县，其南部接壤长沙市雨花区，西部毗邻长沙市开福区。从外生驱动力分析 3 个县排名均靠前的原因，以长沙县为例，首先得益于其地理位置特点，长沙都市圈对长沙县具有显著的外部辐射带动效用，在市区内经济、金融体量相对饱和，企业土地成本高速增长等外部效应的推动下各类大型企业（三一、中联、可口可乐等）、综合商贸圈（通程商业广场、华润万象汇、新城吾悦广场等）必然会逐步渗透至长沙县境内，有效提升了长沙县金融生态竞争力。相比于长沙县，浏阳市与宁乡市受到长沙市区的外部辐射带动效应相对长沙县较低，但作为长沙市管辖范围内的县域，它们相对于其他县域依然能够借力省会城市发展获得一定程度的经济金融资源。浏阳市依托长江经济带、长江中游城市群等战略规划的实施以及长沙东部开放型经济走廊、湘赣开放合作试验区两大战略平台的搭建，推动了自身的 GDP 产出、各项贷款投放量等指标，进而有效提升了金融服务竞争力与金融生态竞争力。宁乡市则依托株潭城市群以及环洞庭湖生态经济圈，着力开展"两型"社会综合配套改革试验，加快经济发展步伐，进一步提升其金融竞争力。因此，进一步利用区位优势，加强市区金融辐射力度是有效提升长沙县域金融竞争力的方法之一，三县需对能有效利用区位优势的战略政策继续坚定不移地实施与推进。

（2）强化规模优势

由于长沙市本身人口基数较大，3 个县域自身人口规模也显著高于其他地级市所辖县域，同时县域占地面积也相对较大。在综合考虑工作、家庭、子女等因素的前提下，长沙各县域也会成为市区人口另一个住宅选择标的，市县间具有一定程度的人口相互纵深效应。这一现象会使县内常住人口增多，进而推动金融机构、房地产企业、学校等单位进入，导致 GDP 产出与房地产、教育等行业贷款投放量增多，从而显著提升县内金融服务竞争力、金融生态竞争力、金融发展竞争力。因此，长沙各县域应把握住市县融合过程中所带来的规模优势，进一步提升自身的金融体量与服务效率。

**2. 提升县域金融内生动能**

从省级层面来看，借助市区辐射带动效应与人口纵深效应所带来的区位优势及规模优势是长沙县域金融竞争力水平的优势条件，也是省内其他地州市发展县域金融的借鉴榜样。但要"跳出湖湘"与全国其他地区县域进行比较还须不断提升其县域金融内生动力。

（1）持续积累产业优势

从自身经济金融发展水平分析 3 个县排名均靠前的原因，长沙县作为长沙市"一主两次"与"一主两副"城市总体规划中的城市次中心与商业副中心之一，其自身也具备较强的经济金融内生动能。作为老牌工业强县，长沙县以其工程机械、汽车及零部件、电子信息三大支柱产业闻名全国，其中就有中南汽车世界、星沙汽配市场坐落于此。同时作为湖南地区交通要地，武广高铁、沪昆高铁贯穿境内，公路网络呈现"八纵十六横"分布格局，省内航空要道黄花机场也设立于县内。近年来，又有长沙黄花综保区、长沙临空经济示范区核心区、国家级长沙经济技术开发区相继落地县内。相对于长沙县，浏阳市与宁乡市自身经济金融动力也十分不俗，浏阳市县域内囊括了以国家级浏阳经济开发区、制造产业基地、两型产业示范园为主的七大产业园区，电子信息、生物医药、鞭炮烟花为主的八大支柱产业。这些支柱产业的高速发展对金融服务竞争力与金融生态竞争力的提升有显著作用。因此 3 个县应进一步提升其支柱产业的生产创造能力，不断积累产业优势，并在产业转型升级的过程中发展出新的优势产业。

（2）加大金融服务覆盖面积

综合考虑金融服务竞争力中的服务效率指标，长沙市所含 3 个县域排名相较于其他指标相对偏低，表明其金融覆盖率与人均金融服务享受程度不够。长沙县金融机构主要集中于星沙地区，宁乡市金融机构主要坐落在金洲大道延边，浏阳市金融机构则大幅集中于市区周边，落后地区的金融机构覆盖率非常低，金融机构数量以及其服务效率明显低于与县域内经济发达地区或与长沙市主城区接轨区域。因此，当下急需进一步平衡金融机构网点分布，提升金融机构服务落后区域人民群众的能力，同时提升金融产品满足县域人民多元化需求的能力，加大产品创新，尤其是对中小企业与贫困人群，鼓励企业进行直接融资，切实开展土地经营权抵押、农村宅基地抵押、应收账款融资、资产证券化等新型融资方式的投放与普及。

（3）落实金融服务于乡村振兴

长沙县县内各金融机构落实履行"金融精准扶贫"理念，通过构建自己的小额贷款专业团队发行服务于中小微企业及个人的金融产品。浏阳市在政府工作报告中多次强调引进各种金融机构，鼓励金融机构在境内开设分支机构及小微机构，携手多种金融机构为精准扶贫、"三农"问题提供金融支撑，如政府部门通过"万企帮万村"行动联合中国农业发展银行为中小企业提供融资平台；浏阳市农村商业银行对农户进行了覆盖面达到96.8%的信用调查，深入乡村中，为农户的核心竞争力、知识产权等建立了核心的评价体系，方便农户在以后的融资中有据可循。宁乡市农村商业银行同样通过深入的农村调研，结合农户经济状况、生活爱好等精准评价服务对象信用等级，专注为农户提供"有感情""有情怀""有温度"的融资服务。这些措施都切实增加了金融机构数量、小微企业贷款投放量与金融机构服务"三农"力度，是长沙市县域金融服务竞争力排名稳居第一的有力佐证。因此，在现有基础上丰富地方金融机构业务体系以及政金企合作力度用以解决贫困人群、农民群体的资金需求，提升县域金融普惠性，并建议政府财政部门针对银行涉农贷款、金融机构定向费用等方面设立更加完善的风险补偿机制，加强政府部门对各县域提供农村金融服务的金融机构的扶持力度，为其提供相应的税收优惠政策与补贴政策，做大做强真正服务于农村的金融机构，为金融机构树立起服务于实体经济的信心。鼓励涉农企业在政府的扶持下在资本市场进行直接融资，拓宽农村投融资渠道。加大农村"四权"融资推广力度，并以政府机构牵头打造专业团队建立起专门进行农户"四权"抵押的交易市场，同时加强政府部门对农村融资平台的监管，提升农户融资平台的有效性，为农户提供正规、安全的融资平台。降低金融机构对县域内休闲农业、农村旅游产业的融资成本，为"美丽乡村"建设提供雄厚的资金支持，加大金融支持乡村振兴的广度与深度。

（4）推动本地金融机构上市发展

长沙市各县域目前已经有多家企业在新三板、股交所挂牌，境内囊括蓝思科技、尔康制药、熊猫金控、盐津铺子等多家上市企业，这些企业的发展对政府财政收入、GDP产出等多项金融生态竞争力指标具有一定程度的提升作用，奠定了长沙县域金融环境竞争力与金融发展竞争力的优势排名基础。但是目前长沙市本土金融机构上市数量仍然较少，而做大做强本土金融机构是进一步提升地方金融实力的重要抓手，推出一个在资本、人才、技术方面均具备带头作用的金融上市"领头羊"机构是十分重要的。因此，要进一步提升长沙县域金融竞争力应着力于将长沙银行等本土金融机构做大做强，提升长沙银行上市后公司治理能力，在此基础上继续提取出一批具有足够潜力的金融机构启动上市准备，打造本土上市平台，助力本土企业通过资本市场进行融资，辅助县域金融竞争力持续攀升。

（5）金融和房地产行业的健康发展

以长沙市梅溪湖地区房价快速上涨为起点，长沙市区整体房价在2017年增长迅猛，并以较快的速度蔓延至分布在城区周边的各县域。自3项调控房价政策颁布之后，长沙市及各县域许多楼盘仍出现"排队抢房"现象，新房入市一片哄抢。针对以上情况，政府部门应重点关注新房市场供不应求的问题，配合各金融机构加大向存量土地开发资金的投放量，降低住房刚性需求群体融资成本，促进存量房产在合理的价格内销售增速，防止某些房地产开发商意图规避调控政策刻意占用存量土地不进行开发现象以及房地产销售企业囤积现有建成商品房捂盘惜售等现象的发生。同时，县域内各金融机构应联合房地产销售部门对"炒房客""买房团"等群体进行全面资格审核，阻断其购房融资渠道，进一步杜绝炒房、囤房等扰乱房地产价格市场的投机行为出现，为房地产行业健康发展提供有力的政策基础。

（6）防范金融风险发生

在长沙市县域范围内非法融资及政府债务违约等现象仍然存在，因此县域范围内应加强整治非法融资以及各种新型的涉众金融犯罪行为，对融资性担保公司和小额贷款公司开展日常监管，切实防范经营中的各类金融风险。政府部门也需要加强对政府债务问题的认知，提出解决方案以维护自身的公信力，着力打造诚信政府，降低系统性金融风险发生的可能性。

## 二、岳阳市所辖县域金融竞争力评价分析

岳阳市位于湖南省东北部，素称"湘北门户"，东侧毗邻江西省铜鼓、修水县和湖北省通城县，南接湖南省浏阳市、长沙市、望城县，西接湖南省沅江县、南县、安乡县，北接湖北省赤壁市、洪湖市、监利县、石首县。岳阳是国家首批沿江对外开放城市、长江沿岸亿吨级大港城市，辖区内城陵矶港是长江八大深水良港之一。岳阳市拥有国家级经济开发区 1 个、国家级循环经济产业园 1 个、国家首批低碳工业试点园区 1 个、工业占 GDP 比重达 46% 以上，城市综合实力居全国地级城市第 57 位。岳阳先后被评为国家历史文化名城、中国优秀旅游城市、国家卫生城市、国家园林城市、全国绿化模范城市、全国文明城市和全国宜居城市百强。

2017 年岳阳市全市生产总值 3 258.03 亿元，总量居全省第二，比上年增长 7.0%。其中，第一产业增加值 362.35 亿元，增长 3.6%；第二产业增加值 1 424.93 亿元，增长 5.3%；第三产业增加值 1 470.75 亿元，增长 10.1%，第三产业成为岳阳市经济发展的新动能。2017 年末全市金融机构本外币各项存款余额 2 600.17 亿元，同比增长 19.4%，金融机构本外币各项贷款余额 1 318.28 亿元，同比增长 28.7%。

岳阳市全市总面积 15 087 平方公里，占全省总面积的 7.05%。岳阳市现辖岳阳楼区、云溪区、君山区 3 个区，湘阴县、岳阳县、华容县、平江县 4 个县，代管汨罗市、临湘市 2 个县级市，设有岳阳经济技术开发区（国家级）、城陵矶临港产业新区、南湖新区和屈原管理区 4 个行政管理区。2017 年末全市常住人口 573.33 万人，比上年末增加 5.22 万人，其中城镇常住人口为 327.98 万人，城镇化率为 57.21%。

### （一）2017 年岳阳市辖县域金融竞争力整体状况分析

2017 年岳阳市辖县域金融竞争力及各项一级指标排序如表 2 - 3 所示。从整体上看，得益于岳阳市整体经济基础雄厚，金融环境良好，在本次全省 87 个县域金融竞争力排名中，岳阳市辖县金融竞争力总体表现亮眼，所辖县皆榜上有名。尤其是汨罗市、平江县、湘阴县、华容县，皆跃居全省上游水平。具体而言，岳阳市辖县金融竞争力最强县为汨罗市，位居全省第 18 位，处于全省上游水平第二层次；平江县、湘阴县、华容县 3 个县域分别位居全省第 23 位、第 27 位、第 29 位，皆处于全省上游水平第三层次。岳阳下辖县域临湘市、岳阳县分别位居全省第 41 位、第 51 位，分别处于全省中游水平第二层次、中游水平第三层次。

表 2 - 3 2017 年岳阳市辖县金融竞争力及各项一级指标排序

| 项目 | 金融竞争力 | 金融服务竞争力 | 金融生态竞争力 | 金融发展竞争力 |
|---|---|---|---|---|
| 汨罗市 | 18 | 33 | 11 | 16 |
| 平江县 | 23 | 22 | 27 | 24 |
| 湘阴县 | 27 | 47 | 18 | 14 |

续表

| 项目 | 金融竞争力 | 金融服务竞争力 | 金融生态竞争力 | 金融发展竞争力 |
|---|---|---|---|---|
| 华容县 | 29 | 32 | 26 | 31 |
| 临湘市 | 41 | 39 | 36 | 46 |
| 岳阳县 | 51 | 未上榜 | 25 | 53 |

从一级指标上看，岳阳市金融生态竞争力与金融发展竞争力表现突出，而金融服务竞争力次之。具体而言，在金融生态竞争力与金融发展竞争力方面，岳阳市下辖6个县域中，至少有一半冲入全省县域排名的上游水平，尤其是在金融生态竞争力方面，有5个县域跃居全省上游水平（汨罗市第11位、湘阴县第18位、岳阳县第25位、华容县第26位、平江县第27位）。而在金融服务竞争力指标排名中，仅平江县处于全省上游水平第三层次，位居全省第22位，其余5个县域处于全省中下游水平。

2017年岳阳市辖县域金融竞争力3项一级指标下的8项二级指标分布特征如表2-4和图2-2所示。

表2-4　　　　2017年岳阳市辖县金融竞争力各项二级指标排序

| 项目 | 金融服务竞争力 | | | 金融生态竞争力 | | | 金融发展竞争力 | |
|---|---|---|---|---|---|---|---|---|
| | 机构人员规模 | 资金规模 | 服务效率 | 政府部门 | 机构部门 | 居民部门 | 发展水平 | 发展潜力 |
| 汨罗市 | 9 | 47 | 未上榜 | 19 | 8 | 8 | 17 | 26 |
| 平江县 | 16 | 26 | 30 | 22 | 26 | 34 | 19 | 45 |
| 湘阴县 | 37 | 53 | 54 | 24 | 15 | 17 | 23 | 9 |
| 华容县 | 26 | 35 | 35 | 34 | 19 | 26 | 50 | 20 |
| 临湘市 | 42 | 58 | 24 | 48 | 27 | 36 | 48 | 40 |
| 岳阳县 | 52 | 未上榜 | 未上榜 | 36 | 13 | 32 | 47 | 51 |
| 均值 | 30.3 | 47.0 | 46.2 | 30.5 | 18.0 | 25.5 | 34.0 | 31.8 |
| 极差 | 43 | 37 | 45 | 29 | 19 | 28 | 33 | 42 |
| 方差 | 221.6 | 166.3 | 302.5 | 99.3 | 46.7 | 100.6 | 209.3 | 217.1 |
| 标准差 | 14.9 | 12.9 | 17.4 | 10.0 | 6.8 | 10.0 | 14.5 | 14.7 |

从平均排序看，8项二级指标有2项位居全省上游水平，6项二级指标处于全省中游水平。具体来看，金融生态竞争力下的机构部门、居民部门指标表现突出，分别处于全省上游水平第二层次、第三层次。金融服务竞争力下的机构人员规模、金融生态竞争力下的政府部门、金融发展竞争力下的发展水平、发展潜力4项2级指标皆处于全省中游水平的第一层次。然而，金融服务竞争力下的资金规模、服务效率指标表现较为平淡，皆处于全省中游水平的第二层次，这也是导致在本次全省金融竞争力排名中岳阳市金融服务竞争力指标表现平淡的主要原因。

从二级指标差异性看，岳阳市辖县二级指标排序在县域间分布相对均衡。具体而言，金融服务竞争力下的服务效率指标在各个县域排名上差异最大，极差达到45，方差

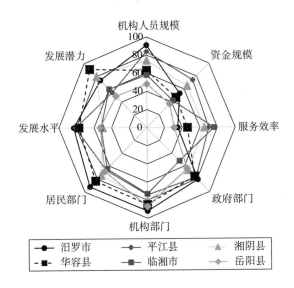

图 2-2　岳阳市县域金融竞争力及各项二级指标比较

达到 302.5；金融生态竞争力下的机构部门指标在各县域排名上差异最小，极差仅为 19，方差仅为 46.7。表明岳阳市金融服务效率指标在县域间分布相对失衡，而机构部门指标在县域间分布相对均衡。

### （二）2017 年岳阳市辖县金融竞争力亮点优势分析

党的十八大以来，岳阳市金融系统主动适应经济发展新常态，以供给侧结构性改革为主线，紧紧围绕新增长，做大做强金融产业，支持实体经济发展，在全市金融业保持稳定较快发展的同时，金融服务经济社会发展的能力不断增强。数据显示，岳阳市信贷投放从 2012 年的 586.67 亿元，快速增长到 2017 年的 1 318.28 亿元，增长率高达124.71%，体现出金融对经济支持力度的持续扩大。2017 年市委市政府出台"四个十条"之"金融十条"，从加快金融机构引进、加大有效信贷投放、丰富多层次资本市场、防范地方金融风险等方面明确了具体政策措施，进一步支持和促进了岳阳市县域金融竞争力的持续增强。具体体现在：在本次全省 87 个县域金融竞争力评比中，金融生态竞争力表现亮眼，金融发展竞争力强劲。从金融生态竞争力指标来看，岳阳市下辖 6 个县域有 5 个县域冲入全省上游水平，其中处于全省上游水平第二层次的有 2 个县域，处于全省上游水平第三层次的有 3 个县域，虽然临湘市未能冲入全省上游水平，但仍处于全省中游水平第一层次，岳阳市下辖各个县域金融生态竞争力皆处于全省中上游水平，是推动岳阳市金融生态竞争力位居全省上游水平的重要原因。在金融发展竞争力指标方面，岳阳市下辖 6 个县域亦是全部榜上有名，其中有 3 个县域冲入全省上游水平，3 个县域处于全省中游水平。

从二级指标看，岳阳市金融生态竞争力下的政府部门、机构部门、居民部门指标皆表现强劲，下辖县域 3 个二级指标全部上榜，尤其是机构部门指标表现突出，下辖 6 个县域全部冲入上游水平。金融发展竞争力下的 2 个二级指标皆有 3 个县域处于全省上游水平，3个县域处于全省中游水平。近年来，岳阳市政府始终把金融工作纳入全市经济工作的大格局中谋划，先后建立了金融生态环境建设、信用体系建设、民间借贷风险防范处置、金融扶持等工作机制，为各县域金融发展提供了良好支撑。

### （三）2017年岳阳市金融竞争力分县域指标分析

1. 汨罗市位于岳阳市南部，地处洞庭湖畔，因汨罗江而得名，东起三江镇山阳村的山阳寨，西至芦苇场的石湖包，南起川山坪镇鹿峰村的陈家湾，北至白塘镇汨岳村的汨岳界。汨罗生态资源丰富，砂金、高岭土、花岗岩等20多种矿产星罗棋布，其中汨罗江砂金储量居长江以南各县域之首。近年来全市围绕"千亿园区"目标，发展了先进制造业为主的高新技术产业，推动了长沙经济开发区汨罗产业园的基础设施建设和产业落地，实现了汨罗市经济社会持续快速协调发展，率先进入全省小康县域行列。全市总面积1 562平方公里，2017年末全市户籍总人口67.15万人。2017年生产总值378.7亿元，同比增长6.3%。其中，第一产业增加值43.6亿元，同比增长4.2%；第二产业增加值210.8亿元，同比增长5.0%；第三产业增加值124.3亿元，同比增长9.6%。2017年末，全市金融机构各项存款余额223.7亿元，同比增长23.3%，各项贷款余额107.5亿元，同比增长54.9%。

在此次全省87个县域金融竞争力排名中，汨罗市排名第18位，处于全省上游水平第二层次，是岳阳市金融竞争力最强县。从一级指标上来看，汨罗市金融生态竞争力、金融发展竞争力排名均居于全省上游水平第二层次，其中金融生态竞争力位列全省第11位，跻身全省前列，是金融竞争力一级指标中最具优势的指标，金融发展竞争力位列全省第16位。与以上两个指标相比，汨罗市的金融服务竞争力在一定程度上影响了汨罗市金融竞争力排名，汨罗市金融服务竞争力位列全省第33名，处于全省中游水平第一层次，可见，汨罗市在金融服务竞争力方面亟待进一步提升。跟踪到二级指标的排名情况可以看到，汨罗市金融服务竞争力处于相对弱势地位，其原因是资金规模和服务效率这两个二级指标表现欠佳，其中服务效率在本次全省排名中未上榜，金融机构资金规模也表现平淡，在本次全省排名中位居第47位，处于全省中游水平的第二层次。可见，该县在扩大机构人员规模的同时，还应注重其服务效率的提高，并扩大资金规模。金融生态竞争力下的二级指标在本次全省排名中均跃居全省上游水平，尤其是机构部门和居民部门指标表现亮眼，在本次全省金融竞争力排名中均位居第8位，均处于全省上游水平第一层次，可见，汨罗市金融生态环境良好。

2. 平江县位于岳阳市东南部，与湘、鄂、赣三省交界，毗邻长沙市。平江是全国著名的革命老区县，国家重点扶持县。近年来平江县按照"对接长株潭、融入长株潭"的定位，着力打造长株潭周边重要的绿色食品基地、生态休闲基地、汽车及工程机械零部件基地。平江工业园被工信部授予"国家新型工业化产业示范基地"，获评"中国最具发展潜力工业园区""中国最佳投资环境工业园区"。全县总面积4 125平方公里，2017年末全县常住总人口98.48万人。2017年全县实现地区生产总值267.91亿元，同比增长 8.3%。其中，第一产业增加值 47.75 亿元，同比增长 4.5%；第二产业增加值 111.74 亿元，同比增长 7.5%；第三产业增加值 108.42 亿元，同比增长 11.3%。2017 年末，全县金融机构本外币各项存款余额 271.44 亿元，同比增长 17.51%，各项贷款余额 142.19 亿元，同比增长 40.66%。

在全省 87 个县域金融竞争力排名中，平江县排名第 23 位，处于全省上游水平第三层次，是岳阳市金融竞争力第二强县。从一级指标来看，平江县金融服务竞争力、金融生态竞争力、金融发展竞争力分别位居全省第 22 名、第 27 名、第 24 名，三个分项竞争力指标均处于全省上游水平第三层次，一级指标排名差距不大，相对而言无弱势指标存在。从二级指标看，平江县是岳阳市下辖 6 个县域中金融竞争力分项指标最为均衡的县域，具体从金融服务竞争力二级指标来看，平江县机构人员规模位居全省第 16 名，处于全省上游水平第二层次，是平江县最具优势的指标，资金规模和服务效率指标在全省排名分别为第 26 名、第 30 名，均处于全省上游水平第三层次。从金融生态竞争力二级指标来看，平江县政府部门以及机构部门指标与一级指标排名基本一致，而居民部门略微次之。就金融发展竞争力二级指标来看，发展水平指标位列全省第 19 位，在二级指标中有相对优势，但是发展潜力指标排在全省第 45 位，处于中游水平第二层次，也是平江县所有二级指标中表现最差的，是制约平江县金融发展竞争力的一个最主要因素，因此，该县城市化水平及金融机构贷款向科技创新、教育行业的投放额度还有待提升。

3. 湘阴县位于岳阳市西南部，处于湘资两水尾闾、南洞庭湖滨。湘阴县是长株潭城市群全国"两型社会"综合配套改革试验区滨湖示范区、湖南省承接产业转移试点县、湖南省最具投资吸引力县、现代装备制造业配套基地、绿色农产品生产供应和加工基地、港口物流基地和休闲旅游服务基地。全县总面积 1 581.5 平方公里，2017 年末全县户籍总人口 78.6 万人。2017 年，全县生产总值 360.6 亿元，同比增长 5.1%。其中第一产业增加值 56.43 亿元，同比增长 4.6%；第二产业增加值 190.83 亿元，同比增长 4.7%；第三产业增加值 113.35 亿元，同比增长 6.2%。2017 年末，全县金融机构各项存款余额 152.6 亿元，同比增长 7.3%，金融机构各项贷款余额 99.2 亿元，同比增长 16.4%。

在此次全省 87 个县域金融竞争力排名中，湘阴县排名第 27 位，处于全省上游水平第三层次，是岳阳市金融竞争力第三强县。具体来看，一级指标中，金融服务竞争力位列 87 个县域中第 47 位，处于中游水平第二层次，与其他一级指标相比排名差距较大；金融生态竞争力和金融发展竞争力排名分别位列全省第 18 名和第 14 名，仅次于全市排名第一的汨罗市，均处于全省上游水平第二层次，具有相对优势，也是湘阴县金融竞争力排名靠前的原因所在。从二级指标排名情况来看，资金规模和服务效率这两个指标处于全省中游水平第三层次，排名均在全省 50 名之后，处于明显弱势位置，金融机构资金规模小、服务效率低下是制约湘阴县金融竞争力的主要因素。二级指标中的政府部门、机构部门、居民部门三个分指标排名皆比较靠前，说明当地的财政收入与支出、本地区生产总值、固定资产投资等情况较好，金融生态环境良好。金融发展竞争力的二级指标中，发展水平位居全省第 23 位，处于全省上游水平第三层次；发展潜力则是湘阴县所有二级指标中最具优势的指标，冲入全省上游水平第一层次，位列全省第 9 名，说明湘阴县金融竞争力具有较大的提升和发展空间。

4. 华容县位于岳阳市西北部，北倚长江，南滨洞庭湖。东与岳阳市君山区交界，西与益阳市南县相邻，南连国营北洲子农场，北接湖北省石首市，东北与湖北省监利县隔江而望。华容县先后被评为"全国文明县城""国家卫生县城""国家现代农业示范区""中国棉纺织名城""全国科技进步先进县"。2017 年全县生产总值 327.6 亿元，同比增长 7%。其中，第一产业增加值 66.99 亿元，同比增长 2.4%；第二产业增加值 144.19 亿元，同比增长 7.5%；第三产业增加值 116.41 亿元，同比增长 8.7%。2017 年末，全县金融机构各项存款余额 226.52 亿元，同比增长 18%；金融机构各项贷款余额 97.43 亿元，同比增长 10.3%。

在此次全省 87 个县域金融竞争力排名中，华容县排名第 29 位，处于全省上游水平的第三层次，是岳阳市县域金融竞争力第四强县。在一级指标方面，华容县的金融服务竞争力、金融发展竞争力分别位列全省 87 个县域中第 32 名和第 31 名，均处于中游水平的第一层次；华容县的金融生态竞争力则相对较强，在全省 87 个县域中排名 26 位，位居全省上游水平第三层次，是华容县县域金融竞争力的优势指标。从二级指标看，华容县机构部门指标表现最好，位居全省第 19 位，处于全省上游水平第二层次，这也是推动华容县金融生态竞争力指标冲入全省上游水平的主要动力。发展水平指标是华容县在本次全省县域金融竞争力排名中表现最差的指标，位居全省第 50 位，处于中游水平第二层次，这也是导致华容县金融发展竞争力指标坠入全省中游水平的主要原因。

5. 临湘市位于岳阳市东北部，北临长江，西傍洞庭，东南蜿蜒罗宵山的余脉，处于武汉、长沙经济文化辐射的中心地带，是湖南的北大门。临湘市区位独特，交通便捷，有长江岸线 38.5 公里，京广复线、武广高铁、107 国道、京港澳高速和杭瑞高速穿境而过，依托便利的交通，临湘成为鄂南、湘北、赣西区域的物流次中心。临湘物质矿产资源丰富，是全国有名的"竹器之乡""茶叶之乡""浮标之乡""有色金属之乡"，境内拥有矿藏 30 多种，被国务院定为中国成熟型资源城市，尤其是儒溪虎形山，仅探明的钨储量就高达 21 万吨以上，潜在经济价值达 1 000 多亿元。2017 年全市生产总值 255.65 亿元，同比增长 7.5%。其中，第一产业增加值 32.81 亿元，同比增长 4.1%；第二产业增加值 134.68 亿元，同比增长 7.0%；第三产业增加值 88.17 亿元，同比增长 9.3%。2017 年末，全市金融机构各项存款余额 159.37 亿元，增长 19.5%；金融机构各项贷款余额 94.27 亿元，同比增长 42%。

在此次全省 87 个县域金融竞争力排名中，临湘市位列全省第 41 名，处于全省中游水平第二层次，是岳阳市县域金融竞争力较差的县域之一。从一级指标看，临湘市金融服务竞争力、金融生态竞争力在全省 87 个县域中分别排名第 39 位和第 36 位，均处于全省中游水平第一层次；临湘市的金融发展竞争力则相对较弱，在本次全省排名中位列第 46 位，处于全省中游水平第二层次。从二级指标看，服务效率是临湘市本次县域金融排名中表现最好的指标，在全省排名第 24 位，处于全省上游水平第三层次；然而，资金规模在本次全省县域金融排名中位居第 58 名，处于中游水平第三层次，是临湘市本次县域金融排名最差的指标。临湘市金融发展竞争力下的发展水平、发展潜力二级指标分别位居全省第 48 位、第 40 位、分别处于全省中的水平第二层次、第一层次。可见，临湘市小微企业贷款余额少、金融机构贷款投向教育、高新技术行业规模小，城镇化水平偏低导致临湘市金融发展水平与发展潜力指标较为落后，进而影响了临湘市金融发展竞争力一级指标的排名。

6. 岳阳县位于岳阳市南部，东与湖北省通城县、东南与湖南省平江县接壤，南与汨罗市、沅江市毗邻，西为县境东洞庭湖，北与岳阳市区、临湘市交界。岳阳县是一个农业大县，先后被评为"全国粮食生产先进县""全国生猪百强县""全国水产品生产重点县""全国蔬菜产业重点县"和"全省楠竹基地示范县"。岳阳县是武汉、长株潭、成渝三大综合改革试验区和"长三角""泛珠三角"两大经济圈的重要节点和交通循环次中心。2017 年全县生产总值 315.08 亿元，同比增长 7.5%。其中第一产业增加值54.42 亿元，同比增长 2.4%；第二产业增加值 145.33 亿元，同比增长 7.2%；第三产业增加值 115.33 亿元，同比增长 10.7%。2017 年末，全县金融机构各项存款余额175.29 亿元，同比增长 25.8%，全县金融机构各项贷款余额 85.68 亿元，同比增长 40.4%。

在全省 87 个县域金融竞争力排名中，岳阳县位列全省第 51 名，处于全省中游水平第三层次。从一级指标看，金融生态竞争力指标表现最好，位居全省第 25 位，处于全省上游水平第三层次；金融服务竞争力指标表现最差，在本次全省县域金融竞争力排名中未能上榜；金融发展竞争力指标位居全省第 53 位，处于全省中游水平第三层次。从二级指标看，岳阳县机构部门指标在全省金融竞争力排名中表现最好，位居全省第 13位，处于全省上游水平第二层次，也是推动岳阳县金融生态竞争力指标冲入全省上游水平的主要动力。然而，岳阳县资金规模、服务效率指标未能在本次县域金融排名中上榜，这是导致岳阳县金融服务竞争力指标未能上榜的主要原因。岳阳县的金融服务竞争力未能跟上其金融生态竞争力，未来应进一步加强金融服务建设，发挥岳阳县的特色和优势。此外，岳阳县发展水平、发展潜力指标也表现平淡，分别位居全省第 47 位、第51 位，分别处于全省中游水平的第二层次、第三层次，这是导致岳阳县金融发展竞争力在全省表现平平的主要原因。

## （四）岳阳市金融竞争力发展对策建议

### 1. 加大金融政策扶持力度，拓宽投融资渠道

鉴于岳阳市整体经济实力雄厚，在全省占据着举足轻重的地位，但金融业对全市生产总值的贡献度显著偏低（2016 年岳阳市金融业增加值仅占全市生产总值的 1.25%，而 2016 年湖南省全省金融业增加值占全省生产总值的 4.01%，岳阳市金融业增加值占生产总值比重低于全省 2. 76 个百分点），金融总量与经济总量不相匹配的现状，建议

认真贯彻落实岳阳市委市政府发布的"四个十条"之"金融十条"。建立健全激励约束机制，大力推进全市金融业改革发展工作和相关金融政策落实；完善金融机构激励政策，加大引进银行、保险、证券等金融机构来岳阳地区设立分支机构的力度；按照"培育一批、改制一批、申报一批"的发展思路，每年确定一定数量企业重点扶持培育，支持企业通过资本市场直接融资，拓宽其融资渠道。

**2. 优化金融服务体系，提升金融服务效率**

鉴于岳阳市辖县金融服务效率低、银行机构存贷款规模小，建议当地政府通过出台金融产品相关补贴、优惠政策，激励当地金融机构以科技手段提高信贷资金的配置效率；引导金融机构加强金融产品创新，丰富本地区金融市场产品，满足不同层次居民需求，提高本地区金融服务效率。

**3. 培育县域金融市场，优化金融生态环境**

鉴于在此次县域金融竞争力排名中，岳阳市所辖6个县的金融服务竞争力下的资金规模和服务效率二级指标均至少有一半以上的县域在全省87个县域排名中处于中下游水平，汨罗市、岳阳县两个县域服务效率指标在本次县域金融竞争力评比中未能上榜，建议政府出台各项地方投融资政策、中小企业融资担保政策等维护金融部门的利益；由政府金融办牵头，以县乡政府为中间桥梁搭建企业与银行之间的信用合作模式；商业银行与工商部门合作建设企业及个人信用信息数据库，加大非财务信息的采集力度，为促进银企合作创造良好的环境；建立起金融市场准入与退出、金融产品创新等的宽松经营环境，逐步培育县域金融市场，优化县域金融生态环境。

**4. 引导金融服务于"三农"，加大金融支持乡村振兴战略力度**

金融机构应积极发挥规模雄厚的资金优势，积极响应农业供给侧改革和乡村振兴战略，主动承担起服务"三农"的角色，积极向农村延伸网点、向农村回流资金、向农村拓展业务，把主要资源投向"三农"领域。推出包括小额贷款、人民币理财等在内的多元化惠农、助农金融产品；在农村地区推广手机银行、电视银行等新型业务，不断优化农村地区金融支付环境；坚持大力发展小额贷款、消费贷款等面向广大农村居民、有效服务县域经济发展的涉农零售贷款业务，同时以供应链金融模式作为深化"三农"金融服务的抓手，将农业产业化龙头企业和农户作为信贷支持对象，以"公司＋农户"模式带动农民致富。

**5. 加强监督管理，确保区域金融稳定发展**

鉴于岳阳市整体经济增速放缓，导致金融领域潜在风险呈上升趋势，建议中央金融监管部门的分支机构与地方金融分管部门加强合作，强化本地区金融监管。充分利用中国人民银行的机构和力量，统筹系统性风险防控与重要金融机构监管，对综合经营的金融控股公司、跨市场跨业态跨区域金融产品，明确监管主体，落实监管责任，统筹监管重要金融基础设施，统筹金融业综合统计，全面建立功能监管和行为监管框架，强化综合监管；坚持金融是特许经营行业，不得无证经营或超范围经营，严格按照"谁审批，谁负责"的原则，进一步明确地方政府对小额贷款公司、融资性担保公司、典当行等具有融资功能的非金融机构（"影子银行"）的管理职责；强化地方政府对地方中小法人机构的风险处置责任，对有效打击高利贷、非法集资、地下钱庄、非法证券等违法金融活动的行政责任；中央金融监管部门的分支机构与地方金融分管部门充分实现信息共享、监管协作和风险处置协商，防止民间金融风险向正规金融体系蔓延，做到一手抓金融机构乱搞同业、乱加杠杆、乱做表外业务、违法违规套利，一手抓非法集资、乱办交易场所等严重扰乱金融市场秩序的非法金融活动。

## 三、常德市所辖县域金融竞争力评价分析

常德市位于湖南省西北部，地处长江中游洞庭湖水系、沅江下游和澧水中下游以及武陵山脉、雪峰山脉东北端，是全国重要的农产品生产基地，享有"洞庭鱼米之乡"的美誉，粮、棉、油、水果、生猪、鲜鱼产量居全省前列。常德市旅游景点 300 余处，其中国家 4A 级景区 9 个。常德市先后被评为全国文明城市、国家智慧城市建设试点城市、全国"城市双修"试点城市、全国气候适应型试点城市、中国优秀旅游城市、国家卫生城市、国家园林城市、中国首届魅力城市、国际花园城市、全国交通管理模范城市、国家环境保护模范城市、全国十大最佳休闲城市、全国绿化模范城市、国家森林城市等。

2017 年全市实现地区生产总值 3 238.1 亿元，同比增长 8.4%。其中，第一产业实现增加值 395.5 亿元，同比增长 3.7%；第二产业实现增加值 1 292.5 亿元，同比增长 5.7%；第三产业实现增加值 1 550.1 亿元，同比增长 12.6%。2017 年全市金融业生产总值 97.3 亿元，增速高达 12.6%，占全市生产总值的 3%，与 2016 年相比上升 1.37 个百分点（2016 年 1.63%），与全省平均水平相比低 1.5 个百分点（2017 年全省金融业生产总值占 GDP 比重 4.5%）。可见，常德市金融竞争力不断增强，对地方经济贡献度不断提升，但仍存在巨大的提升空间。

常德市全市总面积 1.82 万平方公里，现辖武陵区、鼎城区、安乡县、汉寿县、桃源县、临澧县、石门县、澧县，共 6 个县 2 个区，代管县级市津市市，以及 5 个管理区：柳叶湖旅游度假区、西湖管理区、西洞庭管理区、桃花源旅游管理区（筹），以及 1 个国家级经济技术开发区——常德经济技术开发区。截至 2017 年末，全市常住人口 584.48 万人，其中城镇人口 301.77 万人，城镇化率为 51.63%。

### （一）2017 年常德市辖县域金融竞争力整体状况分析

2017 年常德市辖县域金融竞争力及各项一级指标排序如表 2 - 5 所示。从整体上看，得益于常德市经济环境良好，金融服务竞争优势与金融生态竞争优势显著，常德市县域金融竞争力表现突出，在全省 87 个县域金融竞争力排名中，常德市整体上处于中上游水平，所辖县域金融竞争力全部上榜。具体来说，常德市现辖的 7 个县域金融竞争力居于上游的有澧县、桃源县、汉寿县，共计 3 个县，其中居于第二层次的有澧县、桃源县，居于第三层次的有汉寿。居于中游的有临澧县、石门县、安乡县、津市，共计 4 个县域，其中居于第一层次的有临澧县和石门县，第三层次的有安乡县和津市市。

表 2 - 5　　　　2017 年常德市辖县金融竞争力及各项一级指标排序

| 项目 | 金融竞争力 | 金融服务竞争力 | 金融生态竞争力 | 金融发展竞争力 |
|---|---|---|---|---|
| 澧县 | 12 | 13 | 20 | 19 |
| 桃源县 | 19 | 15 | 15 | 37 |
| 汉寿县 | 25 | 16 | 30 | 41 |

| 项目 | 金融竞争力 | 金融服务竞争力 | 金融生态竞争力 | 金融发展竞争力 |
|------|-----------|---------------|---------------|---------------|
| 临澧县 | 31 | 17 | 49 | 54 |
| 石门县 | 35 | 35 | 33 | 35 |
| 安乡县 | 55 | 49 | 57 | 未上榜 |
| 津市市 | 60 | 未上榜 | 42 | 43 |

从一级指标来看，常德市县域金融服务竞争力、金融生态竞争力2个一级指标在全省表现突出，而金融发展竞争力表现较弱。具体而言，在金融服务竞争力方面，常德市现辖的7个县域有4个县域处于上游水平，且这4个县域均处于全省上游水平第二层次，有2个县域分别处于中游水平第一层次和中游水平第二层次，但仍有1个县域在金融服务竞争力上未上榜；在金融生态竞争力方面，常德市现辖县域有3个县域处于上游水平，其中2个县域处于上游水平第二层次，1个县域处于上游水平第三层次，有4个县域金融生态竞争力处于中游水平，其中1个县域处于中游水平第一层次，2个县域处于中游水平第二层次，1个县域处于中游水平第三层次；然而，在金融发展竞争力方面，常德市现辖的7个县域仅有1个县域处于全省上游水平，且位于上游水平第二层次，有5个县域位于全省中游水平，其中处于中游水平第一层次、中游水平第二层次的分别有2个县域，处于全省中游水平第三层次的有1个县，还有1个县未上榜。

2017年常德市辖县域金融竞争力3项一级指标下的8项二级指标分布特征如表2-6和图2-3所示。从平均排序方面来看，常德市8项二级指标均处于中游水平，其中处于中游第一层次的有机构人员规模、资金规模、服务效率、政府部门、机构部门、居民部门共计6个二级指标，处于中游第二层次的有发展水平与发展潜力2个二级指标。机构人员规模、资金规模、服务效率三项指标上常德市所辖县域排名均至少有3个以上县域居于全省上游水平；在金融生态环境竞争力方面，居民部门表现较为突出，有4个县域居于全省上游水平。然而，在金融发展竞争力方面，常德市县域发展水平、发展潜力2个二级指标均有2个县域居于全省下游水平。

表2-6 **2017年常德市辖县金融竞争力各项二级指标排序**

| 项目 | 金融服务竞争力 | | | 金融生态竞争力 | | | 金融发展竞争力 | |
|------|----------|--------|--------|--------|--------|--------|--------|--------|
| | 机构人员规模 | 资金规模 | 服务效率 | 政府部门 | 机构部门 | 居民部门 | 发展水平 | 发展潜力 |
| 澧县 | 15 | 13 | 43 | 20 | 24 | 20 | 25 | 15 |
| 桃源县 | 24 | 14 | 49 | 15 | 16 | 19 | 24 | 未上榜 |
| 汉寿县 | 22 | 21 | 22 | 32 | 33 | 27 | 34 | 46 |
| 临澧县 | 46 | 36 | 2 | 60 | 50 | 37 | 57 | 42 |
| 石门县 | 30 | 21 | 52 | 29 | 31 | 40 | 30 | 44 |
| 安乡县 | 57 | 未上榜 | 19 | 59 | 未上榜 | 50 | 未上榜 | 未上榜 |

续表

| 项目 | 金融服务竞争力 | | | 金融生态竞争力 | | | 金融发展竞争力 | |
|---|---|---|---|---|---|---|---|---|
| | 机构人员规模 | 资金规模 | 服务效率 | 政府部门 | 机构部门 | 居民部门 | 发展水平 | 发展潜力 |
| 津市市 | 48 | 未上榜 | 未上榜 | 未上榜 | 46 | 30 | 未上榜 | 17 |
| 均值 | 34.6 | 37.0 | 37.0 | 39.7 | 38.1 | 31.9 | 44.6 | 44.1 |
| 极差 | 42 | 67 | 70 | 48 | 51 | 31 | 54 | 60 |
| 方差 | 212.5 | 577.7 | 486.3 | 357.1 | 257.6 | 107.8 | 397.1 | 459.3 |
| 标准差 | 14.6 | 24.0 | 22.1 | 18.9 | 16.0 | 10.4 | 19.9 | 21.4 |

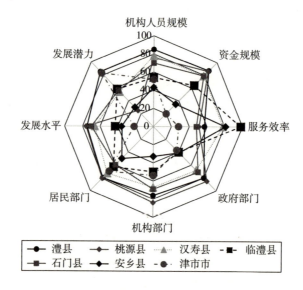

图 2-3　常德市县域金融竞争力及各项二级指标比较

从二级指标差异上看，常德市辖 7 个县位次排序差异最大的是资金规模，该指标表现最优的是澧县，表现最差的是津市市，极差高达 67，方差高达 577.7，表明常德市县域资金规模实力相差悬殊较大。此外，服务效率、发展水平、发展潜力在常德市县域间的差异也相当突出，方差分别高达 486.3、397.1、459.3。由此可见，常德市县域金融竞争力发展极不平衡，差异较大。

### （二）2017 年常德市辖县金融竞争力亮点优势分析

得益于常德市经济实力雄厚，经济环境良好，其县域金融竞争力整体表现突出。具体来看，在本次县域金融竞争力排名中各县域均榜上有名，金融服务竞争力与金融发展竞争力指标排名中均有 1 个县域未上榜，但其他县域表现亮眼，提升了常德市金融服务竞争力与金融发展竞争力在全省的整体水平。2017 年，常德市金融运行的改善对金融生态的贡献度最大，多数县域贷款增长率、涉农贷款增长率、中小微企业贷款增长率均较上年有不同程度的增长，金融服务实体经济的能力增强。

从二级指标中可以发现，常德市县域金融竞争力的亮点主要是常德市居民部门、机构人员规模、资金规模指标均表现突出。在本次全省县域金融排名中，这三个指标中常德市均至少有 3 个县域入围全省上游水平，究其原因，主要是由于澧县、桃源县、汉寿县经济实力雄厚、经济基础扎实、金融发展环境优良所带来的区域性优势显著，各县域金融基础设施建设不断加快，风险防控能力不断提升。

### （三）2017 年常德市金融竞争力分县域指标分析

1. 澧县位于常德市北部，北连长江，南通潇湘，西控九澧，东出洞庭，自古就有"九澧门户"之称，是澧水流域和长江经济带一大战略要地。全县总面积 2 075.41 平方公里。2017 年末，全县户籍人口 91.84 万人，其中城镇人口 24.8 万人。2017 年，全县实现地区生产总值 350.5 亿元，同比增长 9.6%。其中，第一产业实现增加值 57.8 亿元，同比增长 3.8%；第二产业实现增加值 120.4 亿元，同比增长 7.8%；第三产业实现增加值 172.3 亿元，同比增长 13.2%。第三产业成为经济增长的新动力。2017 年末，全县金融机构人民币存款余额达到 327 亿元，同比增长 11.4%，金融机构各项贷款余额 130.6 亿元，同比增长 24.9%。

2017 年澧县金融竞争力位居全省 87 个县域排名的第 12 位，处于全省上游水平第二层次，是常德市县域金融竞争力最强县。从一级指标来看，伴随着全县经济的快速发展，澧县金融机构人员规模与资金规模持续扩大，澧县金融服务竞争力突出，位居全省第 13 位，处于上游水平第二层次。澧县金融生态竞争力、金融发展竞争力也均位居全省上游水平第二层次，分别居于全省第 20 位和第 19 位。从二级指标来看，8 项二级指标中澧县有 7 项处于上游水平，表明澧县金融竞争力整体实力较强，但值得注意的是，澧县的金融服务效率指标在本次全省县域金融排名中位居第 43 位，是本次澧县金融竞争力排名最差的二级指标，可见在金融服务效率上澧县亟待提升。

2. 桃源县位于常德市的西南部，西起牛车河镇高峰村万家河，东至木塘垸乡仁丰村草鞋洲，南起西安镇薛家冲村狮子岭，北至热市镇老棚村，县域面积 4 441.22 平方公里。其中，耕地面积为 134.29 万亩，在全省县域居第一位。桃源县自然条件优越，物产资源丰富，在农业、工商业和旅游业方面独具优势。2017 年，全县生产总值 349.67 亿元，同比增长 8.3%。其中，第一产业增加值 75.17 亿元，同比减少 3.8%；第二产业增加值 122.81 亿元，同比增长 10.9%；第三产业增加值 151.69 亿元，同比增长 13.5%。第三产业成为经济增长的新动力。2017 年末，全县金融机构人民币存款余额达到 356.94 亿元，同比增长 17.3%，金融机构各项贷款余额 146.66 亿元，同比增长 33.7%。

2017 年湖南省 87 个县域金融竞争力排名中，桃源县位列第 19 名，处于全省上游水平第二层次，是常德市县域金融竞争力第二强县。一级指标金融服务竞争力、金融生态竞争力均居于全省第 15 位，处于全省上游水平第二层次。城乡居民存款增势强劲，带动全县金融机构网点数量与资金规模持续增大，实体经济贷款规模不断扩大，投资拉动消费贷款增幅在持续加强，金融扶贫服务站建设加快，金融产品创新能力增强，从而使全县金融发展呈现健康平稳运行的良好态势。值得注意，该县金融发展竞争力排名第37位，处于中游水平第一层次，相比其他指标表现较为平淡。从二级指标看，桃源县资金规模指标表现亮眼，是本次全省县域金融竞争力排名中表现最好的指标，位居全省第14位，处于全省上游水平第二层次。然而，金融发展潜力在本次县域金融竞争力分指标排名中未能上榜，原因是桃源县农业人口比重较大，城镇化水平偏低（城镇化率为37.41%）。此外，桃源县金融对科技创新、教育行业的支持力度不够也是导致桃源县金融发展潜力指标排名靠后的原因之一。

3. 汉寿县位于常德市东南部，东濒沅江、南县，南界资阳、桃江，西接鼎城，北抵西湖农场，与安乡隔河相望，地处雪峰山脉向洞庭湖平原过渡地带，坐拥西洞庭湖、沅澧二水的鱼米之利，盛产农副产品，富藏矿物，是国家确认的重点粮、棉、油、鱼生产大县，也是出口创汇基地县、承接产业转移重点县和城乡一体化示范县。同时，汉寿县拥有国家4A级景区"清水湖旅游度假区"和3A级景区"西洞庭湖国家城市湿地公园"等优质旅游资源，是"全国生态旅游百强县"。全县总面积2 021平方公里。2017年末，全县总人口82.17万人。2017年，全县生产总值279.71亿元，同比增长9.4%。其中，第一产业增加值51.03亿元，同比增长2.3%；第二产业增加值88.92亿元，同比增长8.7%；第三产业增加值139.76亿元，同比增长12.7%。2017年末，全县金融机构人民币存款余额达到245.94亿元，同比增长17.6%，金融机构各项贷款余额112.93亿元，同比增长44.6%。

2017年汉寿县金融竞争力在全省排名第25位，处于全省上游水平第三层次，是常德市县域金融竞争力第三强县。随着洞庭湖生态经济区、长江中下游城市群和长江经济带三个国家级战略规划的实施，汉寿县作为这"一区一群一带"上的重要县份，又兼具常德千亿工业走廊廊头的重要身份，具有其他县市不可比拟、无法复制的政策优势，助推汉寿县金融竞争力稳步持续增强。从一级指标看，汉寿县金融服务竞争力排名第16位，处于上游水平第二层次。而金融生态竞争力、金融发展竞争力分别位居全省第30位、第41位，分别处于全省上游水平第三层次、中游水平第二层次。从二级指标看，汉寿县机构人员规模、资金规模、服务效率指标位于全省第22位、第21位和第22位，均处于全省上游水平的第三层次，说明汉寿县金融服务竞争力内部结构均衡。然而，汉寿县发展水平与发展潜力指标均处于全省的中游水平，这是导致汉寿县金融发展竞争力指标在本次全省县域金融竞争力排名中表现一般的主要原因。

4. 临澧县位于常德市北部，属环洞庭湖区丘陵县。临澧县资源丰富，素有"洞庭鱼米之乡""非金属矿之都"美誉，石膏探明储量居全国第4位、全省第1位。全县总面积1 203平方公里。2017年末，全县户籍总人口44.66万人。2017年，全县生产总值180.1亿元，同比增长8.3%。其中，第一产业增加值38.62亿元，同比增长4.2%；第二产业增加值60.89亿元，同比增长7.9%；第三产业增加值80.57亿元，同比增长10.3%。2017年末，全县金融机构本外币各项存款余额达到180.07亿元，同比增长

13.6%，金融机构本外币各项贷款余额 112.24 亿元，同比增长 20.2%。

2017 年临澧县县域金融竞争力位居全省 87 个县域排名中的第 31 位，居于全省中游水平第一层次，在常德市县域金融竞争力排名中为第 4 位。从一级指标看，临澧县金融服务竞争力突出，而金融生态竞争力、金融发展竞争力表现一般。具体来看，临澧县金融服务竞争力位居全省第 17 位，处于全省上游水平第二层次，而金融生态竞争力和金融发展竞争力则都位于全省中游水平，分别处于第二层次、第三层次。从二级指标看，临澧县金融服务竞争力下的服务效率指标表现亮眼，位居全省第 2 位，处于全省上游水平的第一层次，这也是临澧县金融服务竞争力能进入全省上游水平的主要原因，也说明临澧县金融服务效率较高。但资金规模、机构人员规模，制约了临澧县整体金融服务竞争力水平的提升。临澧县表现较为逊色的是金融生态竞争力指标下的政府部门指标，位居全省第 60 位，处于全省中游水平第三层次，这是导致临澧县金融生态竞争力落入全省中游水平第二层次的主要原因。

5. 石门县位于常德市西北部，东望洞庭湖，南接桃花源，西邻张家界，北连长江三峡，有"武陵门户"与"潇湘北极"之称。全县面积 3 970 平方公里。2017 年末，全县总人口 66.69 万人，石门县为少数民族聚居区，土家族人口居多，全县少数民族人口约占总人口的 56.8%。2017 年，全县生产总值 271.06 亿元，同比增长 9.7%。其中，第一产业增加值 42.75 亿元，同比增长 4.3%；第二产业增加值 108.65 亿元，同比增长 8.5%；第三产业增加值 119.66 亿元，同比增长 13.1%。2017 年末，全县金融机构本外币各项存款余额达到 230.3 亿元，同比增长 8.4%，金融机构本外币各项贷款余额 99.1 亿元，同比增长 23.1%。

2017 年石门县金融竞争力位居全省 87 个县域排名中的第 35 位，处于全省中游水平第一层次，位居常德市县域金融竞争力排名中的第 5 位。从一级指标看，石门县金融服务竞争力全省排名第 35 位，金融生态竞争力全省排名第 33 位，金融发展竞争力全省排名第 35 位，均处于全省中游水平的第一层次，说明石门县的金融竞争力内部结构均衡，均处于全省中等偏上水平。从二级指标看，石门县金融服务竞争力下的资金规模指标表现突出，位居全省第 21 位，处于全省上游水平第二层次，是本次全省县域金融分指标排名中石门县表现最好的指标。石门县金融服务竞争力下的服务效率指标表现较为逊色，在全省排名第 52 位，处于全省中游水平第三层次。

6. 安乡县位于常德市的东北部，综合洞庭湖西北部，是湖南的北大门，属于洞庭湖生态经济区的核心圈层。安乡县是全国重要的粮、棉、油、鱼生产基地，是全国棉花、油料百强县，素有"鱼米之乡"的美誉。近年来，安乡县先后荣获了全国基本农田保护示范建设县、全省新农村建设先进县、全省现代粮油生产示范工程基地县、全省农村电子商务试点县等称号，并荣获全省水利建设"芙蓉杯"奖。全县总面积 1 087 平方公里。2017 年末，全县户籍总人口 54.36 万人。2017 年，全县实现生产总值 183.5 亿元，同比增长 9.1%。其中，第一产业增加值 34.92 亿元，同比增长 4.4%；第二产业增加值 60.44 亿元，同比增长 8.3%；第三产业增加值 88.14 亿元，同比增长 11.7%。2017 年末，全县金融机构本外币各项存款余额达到 143.50 亿元，同比增长 4.0%，金融机构本外币各项贷款余额 60.56 亿元，同比增长 22.1%。

2017 年安乡县金融竞争力位居全省 87 个县域排名中的第 55 位，处于全省中游水平第三层次，是常德市 7 个县市中金融竞争力除津市外最弱的县。从一级指标看，安乡县金融服务竞争力排名第 49 位，位居全省中游水平第二层次，金融生态竞争力位居全省第 57 位，处于中游水平第三层次，更值得注意的是，金融发展竞争力指标在全省排名中未能上榜，金融服务竞争力、金融生态竞争力表现一般与金融发展竞争力较弱并存，导致安乡县在本次全省金融竞争力排名中落入中下游水平。从二级指标看，金融服务竞争力下的服务效率指标表现最好，位居全省第 19 位，处于全省上游水平第二层次；资金规模、机构部门、发展水平、发展潜力指标表现较差，在本次全省排名中均未上榜，这是造成本次安乡县县域金融竞争力排名处于中下游水平的主要原因。

7. 津市市位于常德市北部，古为荆楚之地，素有"江南明珠、九澧门户"之美誉。津市市物质资源丰富，卤水储量、食盐产量居湖南之首，附近的雄磺储量、品位和产量为全国之冠，粮食、棉花、果、芦苇、蚕丝等农副产品资源富足。市内的西湖为湖南省第二大淡水湖，面积达 6 250 公顷，是从事水产养殖和水上娱乐的黄金水面，已成为湖南"洞庭水殖"水禽水产的综合开发重要基地。津市市是省级园林城市、省级卫生城市、省级文明城市。全县总面积 558 平方公里。2017 年末，全县户籍总人口 23.52 万人。2017 年，全县实现地区生产总值 150.3 亿元，同比增长 9.0%。其中，第一产业实现增加值 21.8 亿元，同比增长 3.5%；第二产业实现增加值 71.1 亿元，同比增长 8.4%；第三产业实现增加值 57.4 亿元，同比增长 12.0%。2017 年末，全县金融机构本外币各项存款余额达到 129.6 亿元，同比增长 16.9%，金融机构本外币各项贷款余额 45.0 亿元，同比增长 28.0%。

2017 年津市市金融竞争力排名位居全省第 60 位，处于全省中游水平第三层次。从一级指标上来看，津市市金融服务竞争力表现最差，在全省排名中未能上榜，金融生态竞争力与金融发展竞争力表现也较为一般，分别位居全省第 42 位、第 43 位，皆处于全省中游水平的第二层次，导致津市市整体金融竞争力处于全省中下游水平。从二级指标看，金融发展竞争力下的发展潜力指标表现突出，位居全省第 17 位，处于全省上游水平第二层次，这主要得益于津市市城镇化率较高，大幅提升了津市市发展潜力二级指标在全省的排名。然而金融发展水平竞争力下的发展水平指标却表现欠佳，处于全省的下游水平，最终导致津市市金融发展竞争力整体表现平淡；津市市二级指标资金规模、服务效率、发展水平 3 个指标在本次县域金融排名中均未上榜，是导致津市市金融竞争力落入全省中下游水平的主要原因。

## （四）常德市金融竞争力发展对策建议

### 1. 转变政府职能，完善投融资政策

鉴于常德市城镇化程度不高，金融服务效率偏低的现状：2017 年末，常德市城镇化

率仅为51.6%，而全国城镇化率为58.52%，湖南省城镇化率为54.62%；常德市城镇化率分别低于湖南省、全国平均水平3.02个、6.92个百分点。具体到县域而言，除津市市城镇化率达到65.97%外，其他县域更是远远低于湖南省、全国平均水平（安乡县41.50%、汉寿县38.56%、澧县44.37%、临澧县45.20%、桃源县37.41%、石门县42.19%），城镇化水平偏低，意味着常德市人口多分散在农村地区，人口的分散化导致金融服务成本上升，削弱对金融机构的吸引力，进而导致金融机构网点少、金融服务效率低下。建议政府部门通过设计与制定财政补贴、风险补偿等优惠政策，吸引各类金融机构在县域、乡镇设立分支机构或营业网点。此外，鉴于常德市存贷比失衡，金融对地方经济支持力度不够的现状。建议当地政府通过制定相应的激励或约束政策，促使各金融机构将在本地区吸收存款的一定比例投放于本地区经济社会发展需要之中，加大金融对本地区经济的支持力度。此外，制定相应政策，优化商业环境，吸引外部资本到本地区投资设厂，引导外部资金流向本地区资金匮乏的实体经济领域。

**2. 做优地方投融资平台，促进本地区产业转型升级**

鉴于本地区间接融资规模有限，难以满足本地区工商业融资需求，建议将"财鑫金控"（常德财鑫金融控股集团有限责任公司）打造成全市金融综合服务平台，通过与各类金融机构对接筹集资金，统筹本地区产业转型升级项目的"统贷统还"，加大对本地区工商业的支持力度。此外，要大力推进投融资平台的市场化运作，优化平台法人治理结构，完善董事会、监事会和股东大会，确保投融资平台"借用管还"一体化。

**3. 培育地方投融资机构，发展多元化金融**

鉴于常德市下辖县域农村人口众多，大型金融机构服务成本高昂，网点难以铺设到乡镇，难以满足农村地区金融需求，建议放松对小微型金融机构的市场准入限制，设立由民间资本发起自担风险的村镇、社区银行，大力培育小额贷款公司、农村金融合作社等各类金融机构。设立政策性再担保机构，建立相互制约、相互促进、收益共享和风险共担的再担保关系，并推行会员制担保，支持企业组建会员制担保公司。要推行民企联保贷款，组建联保贷款小组，共同申请贷款，共同承担责任。

**4. 加强金融创新，促进金融服务于实体经济**

鉴于常德市下辖县域融资渠道匮乏，金融对实体经济支持受限，建议通过林权质押、中小企业应收账款质押融资等新的金融产品，加大金融对中小微企业等实体经济领域的支持力度。着力发展PPP模式，引进民间资本参与城镇化建设，并引进VC/PE，对非上市企业进行权益性投资。此外，应认真贯彻落实《常德市推进产业立市三年行动计划》，安排企业上市专项资金，通过出台政策、加强培训、精准帮扶和提供保荐、法律、财务等服务，切实贯彻落实企业上市加速行动。

**5. 推动"四权"抵押贷款，打通金融服务于"三农"的通道**

2018年中央1号文件强调"要以完善产权制度和要素市场化配置为重点，激活主体、激活要素、激活市场，着力增强改革的系统性、整体性、协同性"。推进"四权"

抵押贷款，是金融支持"振兴乡村"战略，服务于"三农"的重要抓手，具体应做到：其一，通过建立农村土地流转政策保障体系与监督服务体系，加大农村土地流转期限、用途监督，以及纠纷调解处理力度；其二，通过建立农村土地流转交易市场等方式实现农村土地流转信息畅通、农村土地流转价格评估合理。

## 四、衡阳市所辖县域金融竞争力评价分析

衡阳市位于湖南省中南部、湘江中游、衡山之南，是湘江及其支流耒水、蒸水的汇合处，京广、湘桂铁路的交点，湘南水陆运输中心和沟通南北的交通枢纽。衡阳市土地面积 15 310 平方公里，是湖南的第二大城市，境内自然资源丰富，享有"鱼米之乡""有色金属之乡"和"非金属之乡"的美誉。衡阳市山清水秀，文化厚重，坐拥著名的"衡阳八景"，旅游资源丰富，是国家生态文明先行示范区、2017 国家园林城市，同时也是王船山、蔡伦、罗荣桓的故乡，"中国抗战纪念城"。2017 年，国务院正式批准《衡阳市城市总体规划（2006—2020 年）（2017 年修订)》（以下简称《总体规划》），明确指出"衡阳是湘南地区中心城市"，并表示将强化衡阳在湖南省和"3 + 5"城市群的副中心地位，使衡阳立足湘南、依托"西（西渡）南（南岳）云（云集）大（大浦）"城镇群建设省域副中心城市，服务湖南省域的整体发展。

2017 年衡阳市经济运行保持总体平稳、稳中有进、稳中向好的良好态势。2017 年衡阳市实现地区生产总值 3 132.48 亿元，增长 8.5%。其中，第一产业增加值441.38 亿元，增长 3.5%；第二产业增加值 1 211.13 亿元，增长 6.2%；第三产业增加值 1 479.97 亿元，增长 12.5%。按常住人口计算，人均地区生产总值 43 233元，全省排名第 7 位，增长 9.5%。2017 年末，衡阳市全域常住人口 720.53 万人，其中城镇人口 377.99 万人，乡村人口 342.54 万人，城镇化率为 52.46%，比上年末提高 1.39 个百分点。衡阳总面积 15 310 平方公里，囊括雁峰区、石鼓区、珠晖区、蒸湘区、南岳区 5 个市辖区和衡阳县、衡南县、衡山县、衡东县、祁东县 5 个县，并代管耒阳市、常宁市 2 个县级市。本研究只对衡阳市下辖的 5 个县和 2 个县级市进行分析。

### （一）2017 年衡阳市辖县金融竞争力整体状况分析

2017 年衡阳市辖县金融竞争力及各项一级指标排序如表 2 – 7 所示。从整体上看，衡阳市所辖 7 个县域金融综合竞争力水平在省内居中上游水平，且金融发展水平不均衡特征较明显。从金融竞争力排名情况看，7 个县域中有 5 个县进入上游区域，1 个县位于中游区域，1 个县未上榜。具体来看，耒阳市进入上游水平第一层次，位居 87个县域的第 10 位。衡阳县、衡南县进入上游水平第二层次，分列 87 个县域的第 16 位和第 17 位。常宁市和祁东县进入上游水平的第三层次，分列 87 个县域的第 22 位和第30 位。衡东县位于中游水平的第二层次，位居 87 个县域的第 49 位，衡山县则未能进入前 60 名。衡阳市所辖 7 个县域整体排序在全省靠前，除衡山县外，金融综合竞争力总体较强。

表 2 - 7 　　　　　　　2017 年衡阳市辖县金融竞争力及各项一级指标排序

| 项目 | 金融竞争力 | 金融服务竞争力 | 金融生态竞争力 | 金融发展竞争力 |
|---|---|---|---|---|
| 耒阳市 | 10 | 18 | 5 | 10 |
| 衡阳县 | 16 | 14 | 14 | 34 |
| 祁东县 | 30 | 31 | 24 | 33 |
| 常宁市 | 22 | 26 | 19 | 18 |
| 衡南县 | 17 | 24 | 13 | 17 |
| 衡东县 | 49 | 58 | 29 | 51 |
| 衡山县 | 未上榜 | 未上榜 | 51 | 未上榜 |

从一级指标来看，表现最好的是金融生态竞争力指标，其中 5 个县位于上游区域，只有 1 个县位于中游区域，表明衡阳市的金融生态竞争力较强。金融发展竞争力和金融服务竞争力相对较弱。金融发展竞争力指标排名中，3 个县位于上游区域，3 个县位于中游区域，1 个县未上榜，而金融服务竞争力指标排名有 4 个县位于上游区域，2 个县位于中游区域，1 个县未上榜。虽然衡阳市所辖 7 个县域在金融服务竞争力指标排名中进入上游区域的县比金融发展竞争力指标排名进入上游区域的县数量更多，但金融服务竞争力指标的平均排名低于金融发展竞争力指标。全州县域金融竞争力总排名的不均衡特征在一级指标排名中同样得到明显的体现，耒阳市、常宁市和衡南县所有一级指标排名均位于上游区域，祁东县、衡阳县和衡东县一级指标排名整体位于中上游区域，而衡山县域一级指标排名整体位于中下游区域。

2017 年衡阳市辖县金融竞争力 3 项一级指标下的 8 项二级指标分布特征如表 2 - 8 和图 2 - 4 所示。

表 2 - 8 　　　　　　　2017 年衡阳市辖县金融竞争力各项二级指标排序

| 项目 | 金融服务竞争力 | | | 金融生态竞争力 | | | 金融发展竞争力 | |
|---|---|---|---|---|---|---|---|---|
| | 机构人员规模 | 资金规模 | 服务效率 | 政府部门 | 机构部门 | 居民部门 | 发展水平 | 发展潜力 |
| 耒阳市 | 10 | 16 | 未上榜 | 5 | 11 | 5 | 5 | 30 |
| 衡阳县 | 18 | 10 | 未上榜 | 17 | 20 | 11 | 27 | 58 |
| 祁东县 | 25 | 22 | 60 | 25 | 22 | 28 | 43 | 33 |
| 常宁市 | 31 | 20 | 56 | 11 | 32 | 21 | 11 | 49 |
| 衡南县 | 47 | 15 | 未上榜 | 12 | 21 | 13 | 16 | 28 |
| 衡东县 | 51 | 32 | 未上榜 | 27 | 37 | 23 | 37 | 未上榜 |
| 衡山县 | 53 | 56 | 未上榜 | 56 | 未上榜 | 39 | 52 | 未上榜 |
| 均值 | 33.6 | 24.4 | 68.9 | 21.9 | 29.1 | 20.0 | 27.3 | 47.7 |
| 极差 | 43 | 46 | 29 | 51 | 50 | 34 | 47 | 44 |
| 方差 | 248.5 | 206.8 | 114.1 | 246.4 | 230.7 | 112.9 | 263.1 | 268.8 |
| 标准差 | 15.8 | 14.4 | 10.7 | 15.7 | 15.2 | 10.6 | 16.2 | 16.4 |

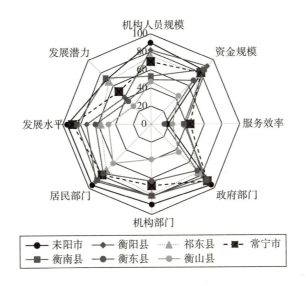

**图 2-4 衡阳市县域金融竞争力及各项二级指标比较**

从平均排序方面看，7 个县 8 个二级指标有 5 个指标平均排名位于上游及中游区域。7 个县整体竞争力最低的是金融服务竞争力项下的服务效率指标，平均排名未上榜。除此之外，金融服务竞争力下的机构人员规模和金融发展竞争力项下的发展潜力指标平均排序都居于全省中游，分列第 33.6 位和第 47.7 位。相对排名最靠前的一级指标金融生态竞争力下的 3 项二级指标政府部门、机构部门和居民部门，其平均排序都进入了上游区域第三层次，分别为第 21.9 位、第 29.1 位和第 20.0 位，是衡阳市金融发展的一大亮点。

从各项指标差异性看，衡阳市县域金融发展竞争力的 8 项二级指标在 7 个县域之间排序差异都比较大。7 个县位次排名差异最大的是金融生态竞争力下的政府部门指标，排名最高的耒阳市和排名最低的衡山县该指标的极差高达 51，7 个县位次排名差异最小的服务效率指标位差也达到 29。可见衡阳市辖县域之间的金融发展水平极不均衡。

### （二）2017 年衡阳市辖县金融竞争力亮点优势分析

从衡阳市所辖 7 个县域的金融竞争力整体排名来看，衡阳市所辖县域金融竞争力排名在全省居于前列，有 5 个县进入上游区域，1 个县位列中游区域，仅 1 个县未上榜，说明衡阳市所辖县域整体金融发展水平较好，成为推动衡阳市经济发展的一大驱动力。

从一级指标来看，衡阳市所辖县域在一级指标金融生态竞争力排名中相对其他两个一级指标排名较靠前，有 6 个县进入上游区域，1 个县位于中游区域，且金融生态竞争力项下的 3 项二级指标政府部门、机构部门和居民部门，其平均排序都进入了上游区域第三层次，分别为第 21.9 位、第 29.1 位和第 20 位，是衡阳市金融发展中的一大亮点。究其原因，透过三级指标排名我们发现，衡阳市各县域的人均可支配收入、GDP、财政收入和常住人口数这 4 个指标排名整体较靠前，从而对金融生态竞争力的排名起到了拉动作用。

从二级指标来看，衡阳市 7 个县域在金融生态竞争力下的二级指标居民部门排名中，有 6 个县排名进入上游区域，1 个县位于中游区域的第一层次，且该指标在各县排名的方差在 8 个二级指标中最小，这是衡阳市金融发展中又一亮点。最主要的原因是居民部门下面 5 个三级指标中，衡阳市各县域的人均可支配收入和常住人口数这 2 个指标的排名特别突出，良好的经济环境和人口环境给居民部门的整体排名提供了有力的支撑。

具体从县域来看，耒阳市依靠其丰富的矿产资源与优越的交通等区位优势，其一级指标和二级指标相对于衡阳市其他县域表现较好，尤其是耒阳市的金融生态竞争力这项二级指标在全省排名靠前。总的来说，衡阳市拥有丰富的矿产资源，具有深厚的文化资源和优越的地理位置等区位优势，这为地区金融行业的发展打下了良好的基础，进而使得其在全省范围内金融竞争力整体表现较好。

### （三）2017 年衡阳市金融竞争力分县域指标分析

1. 耒阳市是湖南省衡阳市下辖县级市，位于湖南省东南部，五岭山脉北面，总面积 2 656 平方公里，是全省三座县级中等城市之一，也是全省城区面积最大、城市人口最多的县级城市。耒阳市毗邻广东，邻近港澳，是承接沿海地区产业梯度转移的前沿阵地，全省 13 个省直管县市之一，也是湖南国土资源省直管县经济体制改革试点县域，先后荣获湖南省承接产业转移示范园区和湖南省综合性高技术产业基地称号。耒阳素有"荆楚名区""三湘古邑"的美誉，文化底蕴厚重，京广铁路、武广高铁、京珠高速公路、107 国道、320 省道等多条交通干线在境内交织成网，耒水、春陵江四季通航，直入湘江。此外，耒阳市拥有丰富的矿产资源，已探明矿产 45 种，其中煤炭可采储量达 5.6 亿吨，是全国百强产煤市（县）之一，发电总装机容量 140 万千瓦，为全省最大的县级能源基地。2017 年耒阳市实现地区生产总值（GDP）473.15 亿元，按可比价格计算，增长 8.1%。其中第一产业、第二产业、第三产业对全市经济增长贡献率分别为 7.1%、14.8%、79.1%，分别拉动全市 GDP 增长 0.6 个、1.2 个、6.3 个百分点。截至 2017 年全市总人口 115.24 万人，汉族人口为主。

耒阳市金融综合竞争力在全省 87 个县域中排名第 10 位，处于上游区域的第一层次，同时也位列衡阳市第 1 名。从一级指标来看，耒阳市金融生态竞争力和金融发展竞争力指标排名均居于上游区域的第一层次，分列全省 87 个县域的第 5 名和第 10 名，在全省各县域金融竞争力中均具有较明显的竞争优势。而金融服务竞争力指标排名位列全省 87 个县域的第 18 名，也进入了上游区域的第二层次。可见，耒阳市属于湖南省各县域中金融竞争力优势较为显著、各金融项竞争力指标较为均衡的县域，这与其优越的地理位置、丰富的自然资源和厚重的文化底蕴是分不开的。

具体到二级指标，耒阳市金融服务竞争力的二级指标排名差异较大，机构人员规模、资金规模指标排名均处于上游区域，位列全省 87 个县域的第 10 名和第 16 名。而服务效率指标排名在全省处于下游区域，是耒阳市金融服务竞争力中相对弱势的一项二级指标，其原因是人均银行机构贷款规模不足，金融机构不良贷款率较高。从金融生态竞争力二级指标来看，耒阳市政府部门、居民部门指标排名均处于上游区域的第一层次，都位列全省 87 个县域的第 5 名，而机构部门指标排名位列全省第 11 名，虽处于上游区域的第二层次，但也相当接近上游区域的第一层次。就金融发展竞争力二级指标来看，金融发展水平以及发展潜力指标排名均处于上游区域，但排名差异较大，金融发展水平指标排名处于上游区域的第一层次，位列全省 87 个县域的第 5 名，而发展潜力指标排名处于上游区域的第三层次，位列全省 87 个县域的第 30 名。整体来看，耒阳市各指标除了服务效率指标外基本都处于较强势地位且排名较为均衡，位列上游区域，金融服务竞争力有待提高。

2. 衡阳县位于湖南省衡阳市西北部、湘江中游、衡山之南，京广铁路、怀邵衡铁路、安张衡铁路从这里穿境而过。衡阳县物产丰富，有"鱼米之乡"之称，以有色金属著称于世，素有"有色金属之乡"和"非金属之乡"的美誉。衡阳县是中国南方重要的商品粮生产基地，也是生猪等农副产品的重要产区。2017 年衡阳县实现地区生产总值354.93 亿元，增长 8.5%。其中第一产业、第二产业、第三产业分别拉动 GDP 增长 0.8个百分点、2.7 个百分点和 5.0 个百分点，对 GDP 贡献率分别为 8.9%、32.0% 和59.1%。2017 年末全县户籍总人口 124.42 万人。

衡阳县金融竞争力排名紧随耒阳市，位列衡阳市第 2 名，在全省 87 个县域名列第 16 位，位于上游第二层次。具体来看，一级指标中，衡阳县金融服务竞争力和金融生态竞争力均位列 87 个县域的第 14 位，处于上游第二层次，而金融生态竞争力与其他 2 个一级指标相比排名相对较低，位列 87 个县域的第 34 位，处于中游第一层次。

具体到二级指标，衡阳县金融服务竞争力的二级指标排名差异较大，机构人员规模指标排名处于上游区域的第二层次，位列全省 87 个县域的第 18 名，资金规模指标排名处于上游区域的第一层次，位列全省第 10 名。而服务效率指标排名在全省处于下游区域，表现相对处于劣势。从金融生态竞争力二级指标来看，衡阳县政府部门、机构部门和居民部门指标排名均处于上游区域的第二层次，分别位列全省 87 个县域的第 17 名、第 20 名和第 11 名。就金融发展竞争力二级指标来看，金融发展水平指标排名位于上游区域的第三层次，位列全省第 27 名，发展潜力指标排名处于中游区域的第三层次，位列全省第 58 名，2 个二级指标排名差异较大。整体来看，衡阳县金融发展竞争力及其二级指标相对其他指标排名都较靠后，金融服务竞争力中的服务效率也有待提高。

3. 祁东县地处衡阳西南部、湘江中游北岸，东西狭长，是省级文明县城、全省城乡环境卫生十佳县、湖南省新型城镇化试点县、全省粮食生产标兵县、全省生猪调出大县。祁东县据湘桂交通要冲，扼衡阳市西南门户，交通区位优势独特，素有"湘桂咽喉"之称。从县城出发，20 分钟可进入全国高速公路网，3 小时可融入"珠三角"和"长三角"经济圈。祁东县境内地下矿藏多达 30 余种，其中铁矿已探明储量 5 亿吨以上，居中南地区之首，铅锌蕴藏量 138 万吨以上，可再造一个"水口山"。2017 年祁东县全年实现地区生产总值（GDP）296.36 亿元，按可比价格计算，增长 8.9%。其中第一产业、第二产业、第三产业对全县经济增长贡献率分别为 8.4%、29.6%、62.0%，分别拉动全县 GDP 增长 0.8 个、2.6 个、5.5 个百分点。2017 年末全县户籍总人口为 105.9 万人。

祁东县的金融竞争力在全省 87 个县域中排名第 30 位，处于上游区域第三层次。具体来看，一级指标中，祁东县金融生态竞争力表现相对较好，位列 87 个县域中第 24 位，处于上游第三层次，而金融服务竞争力和金融发展竞争力排名分别位列 87 个县域中第 31 位和第 33 位，处于中游区域的第一层次。

具体到二级指标，祁东县金融服务竞争力的二级指标排名差异较大，机构人员规模和资金规模指标排名处于上游区域的第三层次，位列全省 87 个县域的第 25 名和第 22 名。而服务效率指标排名第 60 位，是祁东县金融服务竞争力中相对弱势的一项二级指标。从金融生态竞争力二级指标来看，二级指标排名较为均衡，政府部门、机构部门和居民部门指标排名均处于上游区域的第三层次，分别位列全省 87 个县域的第 25 名、第 22 名和第 28 名。就金融发展竞争力二级指标来看，金融发展水平指标排名位于中游区域的第二层次，位列全省第 43 名，发展潜力指标排名处于中游区域的第一层次，位列全省第 33 名。整体来看，服务效率这一二级指标已成为影响祁东县金融服务竞争力位次的主要劣势因素，除了服务效率指标外，祁东县各指标基本处于中上游地位且排名都较为均衡，另外金融发展竞争力指标的表现有待提高。

4. 常宁市位于湖南省南部、湘江中游南岸，位于衡阳、永州、郴州三市地理几何中心，是湖南的"南大门"，素有"八宝之地，金属之都"之美称，被誉为"油茶之乡""杉木楠竹之乡""有色金属之乡""非金属之乡"。常宁市内矿产资源丰富，已经探明金属矿藏有 45 种之多，铅锌居全国之首，砂锡居全国第二，硼矿石、硅灰石居华南第一，黄金储量占全省一半以上，被誉为"世界铅都"。此外常宁市底蕴深厚，被誉为"中国版画之乡""中国民间艺术之乡""中华诗词之乡"，曲艺"瑶族谈笑"被列入全省首批非物质文化遗产名录。2017 年常宁市实现地区生产总值 330.96 亿元，按可比价格计算，增长 8.7%。其中第一产业、第二产业、第三产业对全市经济增长贡献率分别为 6.3%、34.9%、58.8%，分别拉动 GDP 增长 0.6 个、3.0 个、5.1 个百分点。截至 2017 年末全市总人口 96.13 万人。

常宁市金融综合竞争力在全省 87 个县域中排名第 22 位，处于上游区域的第三层次。从一级指标上来看，常宁市金融生态竞争力和金融发展竞争力指标排名均居于上游区域的第二层次，分列全省 87 个县域的第 19 名和第 18 名，在全省各县域金融竞争力中均具有较明显的竞争优势。而金融服务竞争力指标排名相对较低，位列全省 87 个县域的第 26 名，但也进入了上游区域。可见，常宁市属于湖南省各县域中金融竞争力优势较为显著、各金融竞争力一级指标较为均衡的县域。

具体到二级指标，常宁市金融服务竞争力的二级指标排名差异较大，资金规模指标排名处于上游区域第二层次，位列全省 87 个县域的第 20 名。而机构人员规模和服务效率指标排名分列第 31 名和第 56 名，在全省排名处于中游区域。从金融生态竞争力二级指标来看，常宁市政府部门、居民部门指标排名均处于上游区域，位列全省 87 个县域的第 11 名和第 21 名，而机构部门指标排名位列全省第 32 名，虽处于中游区域，但也相当接近上游区域。就金融发展竞争力项下的二级指标来看，常宁市的金融发展水平以及发展潜力这两个二级指标排名差异较大，金融发展水平指标排名处于上游区域的第二层次，位列全省 87 个县域的第 11 名，而发展潜力指标排名处于中游区域的第二层次，位列全省 87 个县域的第 49 名。

5. 衡南县位于衡阳市南部、湘江中游，地控粤桂，域连楚荆。衡南区位优越，交通便捷。东南西三面环绕衡阳市区，境内有 1 个机场、1 个航电枢纽、2 条国道、3 条省道、4 条通航江河、5 条高速公路、6 条铁路，水陆空立体交通格局基本成型。衡南县物产丰富，是"全国粮食生产百强县""全国百个瘦肉型猪生产基地""全省烟叶生产重点县"。2017 年衡南县完成地区生产总值（GDP）349.89 亿元，增长 8.2%。其中第一产业实现增加值 73.41 亿元，增长 3.6%；第二产业实现增加值 149.27 亿元，增长 6.3%；第三产业实现增加值 127.21 亿元，增长 13.4%。按常住人口计算，人均生产总值（现价）35125 元，增长 8.5%。2017 年末全县常住人口为 94.62 万人。

衡南县的金融竞争力在全省 87 个县域中排名第 17 位，处于上游区域第二层次。具体来看，一级指标中，衡南县金融生态竞争力相对较强，位列 87 个县域中第 13 位，处于上游第二层次，而金融服务竞争力和金融发展竞争力排名相对较低，分别位列 87 个县域中第 17 位和第 24 位，但也处于上游区域。

具体到二级指标，衡南县金融服务竞争力项下的二级指标排名差异较大，资金规模指标排名处于上游区域的第二层次，位列全省 87 个县域的第 15 名。而机构人员规模指标排名位列全省 87 个县域的第 47 名，处于中游区域的第二层次，服务效率指标排名未上榜，是衡南县金融服务竞争力中相对弱势的一项二级指标。从金融生态竞争力项下的 3 个二级指标来看，政府部门、机构部门和居民部门指标排名均处于上游区域的第二层次、第三层次，分别位列全省 87 个县域的第 12 名、第 21 名和第 13 名，排名较为均衡。就金融发展竞争力的二级指标来看，其对应的两个二级指标均进入上游区域，金融发展水平指标排名位于上游区域的第二层次，位列全省第 16 名，发展潜力指标排名处于上游区域的第三层次，位列全省第 28 名。整体来看，衡南县各指标除了服务效率指标和机构人员规模这两个二级指标外，其余二级指标排名处于上游地位且排名较为均衡，说明衡南县金融发展的主要劣势在于金融服务竞争力，而服务效率和机构人员规模已成为影响衡南县金融服务竞争力和金融综合竞争力位次的主要劣势因素。

6. 衡东县位于南岳衡山东南部，居湘江中游的衡阳盆地与醴攸盆地之间。衡东县森林覆盖率达到 51%，是"全国造林绿化百佳县"，有"鱼米之乡""皮影戏之乡""花鼓戏之乡""剪纸之乡"和"印章之乡"之称，也是湖南省的"土菜名县"。2017 年衡东县实现地区生产总值（GDP）293.76 亿元，增长 8.7%。第一产业、第二产业、第三产业分别拉动 GDP 增长 0.5 个、2.6 个、5.5 个百分点，对 GDP 贡献率分别为 6.2%、30.1%、63.7%。2017 年末全县常住人口为 62.92 万人。

衡东县在衡阳市 7 个县域中属于金融发展较弱的县域，在全省 87 个县域名列第 49 位，位于中游第二层次。具体来看，一级指标中，衡东县金融生态竞争力排名相对其他一级指标来说表现最好，位列 87 个县域中第 29 位，处于上游区域。而金融服务竞争力和金融发展竞争力指标排名相对较弱，位列 87 个县域中第 58 名和第 51 名，处于中游区域第三层次。

具体到二级指标，衡东县金融生态竞争力的二级指标排名较靠前且较均衡，政府部门和居民部门指标排名均处于上游区域的第三层次，分别位列全省 87 个县域的第 27 名和第 23 名，机构部门指标排名处于中游区域的第一层次，位列全省第 37 名。金融服务竞争力项下的二级指标排名差异较大，机构人员规模指标排名处于中游区域的第三层次，位列全省 87 个县域的第 51 名，资金规模指标排名处于中游区域的第一层次，位列全省第 32 名。而服务效率指标排名未上榜，是衡东县金融服务竞争力中相对弱势的一项二级指标，有较大的上升空间。就金融发展竞争力二级指标来看，金融发展水平指标排名位于中游区域的第一层次，位列全省第 37 名，发展潜力指标排名则未上榜，两个二级指标排名差异较大。

7. 衡山县地处湖南中部偏东、湘江中游，环抱南岳衡山，位于全省发展战略重点"一点一线"的中心地带，拥有"七纵二横"立体交通网络。衡山县素有"文明奥区"的美誉，是湖湘文化的发源地之一，拥有中华民族文物史上三大瑰宝之一的"禹王碑"遗址、联合国非物质文化遗产衡山影子戏和省级非物质文化遗产岳北山歌等。衡山县境内，已探明的矿藏有 40 多种，是著名的"非金属之乡"，钠长石、钾长石储量居亚洲之冠。2017 年衡山县实现生产总值 1 672 154 万元，按可比价格计算，增长 8.6%。其中第一、第二、第三产业分别拉动经济增长 0.7 个、1.9 个和 6.0 个百分点，贡献率分别为 7.6%、22.5% 和 69.9%。

衡山县是衡阳市中金融竞争力处于最弱势地位的县城。金融综合竞争力在全省 87 个县域中排名未上榜，这与其地处山区，投资环境较差有关。从一级指标上来看，除金融生态竞争力指标排名位于 51 名，进入中游区域第三层次外，金融服务竞争力和金融发展竞争力指标排名均未上榜。

具体到二级指标，衡山县金融竞争力 8 个二级指标有 3 个指标排名未上榜。金融服务竞争力的二级指标中，机构人员规模和资金规模指标排名处于中游区域第三层次，位列全省 87 个县域的第 53 名和第 56 名，而服务效率指标排名未上榜。从金融生态竞争力二级指标来看，衡山县政府部门、居民部门指标排名均处于中游区域，位列全省 87 个县域的第 56 名和第 39 名，而机构部门指标排名未上榜。就金融发展竞争力二级指标来看，金融发展水平以及发展潜力这 2 个指标排名都比较靠后，金融发展水平指标排名处于中游区域的第三层次，位列全省 87 个县域的第 52 名，而发展潜力指标排名则未上榜。

## （四）衡阳市金融竞争力发展对策建议

### 1. 助力实体经济，提高金融服务竞争力

习近平总书记在 2017 年全国金融工作会议上指出："为实体经济服务是金融的天

职，是金融的宗旨。"2018年衡阳市政府工作报告提出了加快建设制造强市，着力振兴实体经济的目标，振兴实体经济已成为衡阳市当前首要任务。而从衡阳市7个县域一级指标的排名可以看出，金融服务竞争力平均排名与其他一级指标相比最为靠后，其中金融服务竞争力指标下服务效率二级指标的平均排名是8个指标中唯一一个未上榜的二级指标，说明金融业服务于实体经济的实现程度及影响力较弱。衡阳市各县域金融如何加强服务地方经济，缓解企业融资难题，是衡阳市谋求发展的重要课题。

（1）优化融资服务体系，满足实体企业金融需求

首先，要发挥各类型金融机构在县域金融发展的主力作用。政府有关部门应出台相关政策，鼓励各类型金融机构加快网点布局，推进普惠金融，同时给予入驻金融机构更多的税收优惠和财政补贴，开发针对县域实体企业尤其是小微企业融资的专项贷款和优惠政策，增强其服务实体经济的能力。其次，要鼓励实体企业积极拓展融资渠道。衡阳市统计局对市内25家不同县域、不同行业企业的调研结果显示，17家成功获得贷款的企业中，有14家企业仅通过银行贷款获得融资，说明衡阳市实体企业对其他融资渠道特别是直接融资渠道利用并不充分，政府应鼓励企业通过发行债券、中期票据和中小企业集合债等直接融资方式突围融资难、融资贵困境，从而改变企业过多依赖银行贷款融资的现状，降低融资成本。再次，应设立政府性融资担保机构，增强商业银行对实体企业融资的信心，并在全市各县推广金融机构与当地企业的"银企对接会"，目前祁东县、衡山县2018年已召开银企对接会，其他各县也应积极促进银企沟通对接，降低信息不对称带来的道德风险和逆向选择，提升资金流通质量。

（2）抓住精准扶贫历史机遇，落实乡村振兴

衡阳市是湖南省脱贫攻坚二类地区，全市建档立卡的贫困人口在3万人以上的县有6个，其中包括1个省级扶贫开发工作重点县祁东县。2017年以来衡阳市金融扶贫取得了一定效果，全市新建金融扶贫服务站322个，各级金融机构发放扶贫小额信贷金额达到4.68亿元，实现了全市贫困人口"扶贫特惠保"参保全覆盖，超额完成金融助力脱贫攻坚考核任务。衡阳市要在此基础上继续落实《关于金融支持深度贫困地区脱贫攻坚的意见》《金融精准扶贫规划（2016—2020）》等政策文件，加大金融扶贫力度。一是要加快金融扶贫服务站在全市的布局，抓好扶贫小额信贷和扶贫特惠保工作，并设立金融扶贫PPP项目，为脱贫攻坚吸引更多社会资金；二是应将金融扶贫成果纳入政府综合扶贫工作效果考核体系，继续坚持"月调度、季督促、半年讲评、年底考核"的方式，并充分发挥各类监督渠道作用；三是应及时总结借鉴各县工作中所取得的经验和方法，并推广典型金融扶贫模式和经验，充分利用媒体广泛宣传金融扶贫政策、金融知识、金融产品和服务及金融扶贫效果，形成金融助推贫困地区脱贫攻坚的浓厚氛围。

（3）建立"四权"交易平台，服务"三农"

农业投资存在前期投入大、收入不确定性强、投资回报周期长等特点，建立"四权"（土地承包经营权、土地预期收益权、农村集体资源使用权、不动产产权）交易平

台，是金融支持服务于"三农"的重要抓手。耒阳市率先在衡阳市开展金融服务"三农"试点工作，创造了"三级平台体系、四道防范屏障、五权抵押贷款、六方共担风险"这一实用、有效、操作性强的"3456"耒阳模式，打通了农村金融服务"最后一公里"。首先，政府应在全市推广"耒阳模式"，各县域因地制宜向耒阳市学习，建立起专门进行农户"四权"抵押的交易平台，推动"四权"抵押贷款，让农村土地动起来，资金活起来，扩大农民融资渠道。其次，应对"四权"交易市场进行及时有效的监督管理，组建"四权"资产评估专业机构，对"四权"进行量化估值，并创新发展"四权"交易保险，保障农民合法权益。最后，政府要普及"四权"抵押相关法律知识，更好地实现"四权"抵押的登记、评估及变现，必要时提供相应政策优惠支持以降低双方风险损失，最大限度地实现"四权"抵押的贷款融资。

**2. 优化生态环境，提高金融生态竞争力**

健全的金融生态链能够为金融业的可持续发展营造良好的外部环境，增强金融竞争力，进而助推新常态下的经济发展。从衡阳市 7 个县域一级指标的排名可以看出，金融生态竞争力平均排名与其他一级指标相比最为靠前，其下 3 个二级指标的平均排名均进入全省上游区域，说明衡阳市金融生态环境较好，但在金融环境日益复杂的今天，衡阳市还须在此基础上继续提升自身金融生态竞争力，为金融发展提供有力支撑。

（1）完善企业和个人征信系统建设

信用是防范金融风险的前提，也是市场经济健康发展的基本保障。完善企业和个人征信系统建设，对降低融资成本、提升贷款审批效率具有重大意义。衡阳市在省内首创了金融信用信息服务中心，现有注册企业超过 6 300 家，贷款金融达 145 亿元，这极大改善了信贷环境，有效缓解了企业尤其是中小企业融资难、融资贵问题。未来衡阳市应在此基础上继续完善中心的功能和机制，强化服务企业融资功能，并拓展和延伸金融信用信息服务中心的其他相关功能，将服务功能从融资向信用评价、风险预警、互联网金融、个人信用体系建设等领域延伸，不断满足企业和个人的金融需求。此外，衡阳市还应以金融信用信息服务中心为平台，依托人民银行等相关金融机构、税务、工商等相关政府部门，加快建立衡阳市本地企业和个人信用信息库，以降低贷款机构和企业、个人之间的信息不对称。

（2）促进企业转型发展，提高市场竞争力

从金融生态竞争力指标下的 3 个二级指标排名可以看出，机构部门指标平均排名相对落后，这主要是因为规模以上工业企业利润总额不高。作为社会再生产过程中"生产"的主要创造者，工业企业在金融生态以及社会经济中发挥着不可替代的作用。衡阳市要提高金融生态竞争力，必须要提高规模以上工业企业的盈利能力。具体来说，首先要优化产业结构，积极推进工业企业转型升级，使之符合国家产业政策，以获取更多的贷款优惠政策，解决其融资难、融资贵问题；其次要强化企业信用观念，鼓励企业立足长远发展，坚持诚信经营，规范信用行为，不断提高企业信用形象。最后还应规范企业管理，建立健全企业的财务、会计制度，引进和培养专业化的财务人员，降低财务风险。

**3. 激发县域潜力，提升金融发展竞争力**

衡阳市地理位置优越，交通发达，自然资源丰富，是著名的"鱼米之乡""有色金属之乡"和"非金属之乡"，具有良好的外在金融竞争力环境，但金融发展竞争力平均排名在全省处于中游区域，这与衡阳市各县域城镇化水平不高、金融发展不平衡有关。衡阳市应充分挖掘全市各县金融发展潜力，通过金融发展竞争力效应带动金融服务竞争力和金融生态竞争力，进而增强综合金融竞争力，最终将金融实力转化为经济增长的推动力。

（1）打造区域金融中心，促进金融外溢

尽管衡阳市 7 个县域金融发展竞争力平均排名在全省处于中游区域，但耒阳市金融发展竞争力位列全省 87 个县域的第 10 名，且在衡阳市 7 个县域中位居第一位，这与耒阳市独特的投资优势有关。耒阳市毗邻广东，邻近港澳，是承接沿海地区产业梯度转移的前沿阵地，京广铁路、武广高铁、京珠高速公路、107 国道、320 省道等多条交通干线在耒阳市境内交织成网，耒水、春陵江四季通航，直入湘江。而且耒阳市拥有丰富的矿产资源，已探明矿产 45 种，其中煤炭可采储量达 5.6 亿吨，是全国百强产煤市（县）之一，发电总装机容量 140 万千瓦，为全省最大的县级能源基地。衡阳市应充分利用耒阳的区位优势招商引资，吸引更多金融机构入驻耒阳市，并形成金融溢出效应，帮助其他县域提升金融发展竞争力，从而改善全市金融环境，促进全市金融发展。

（2）加快县域新型城镇化进程

新型城镇化是现代化的必由之路，是经济发展的重要动力。近年来，衡阳市大力推行"减少农民，增加市民"的政策，大量农民"洗脚上岸"变成市民，城镇化率已达到 52.46%，但县域城镇化发展不平衡现象明显，2017 年全市城镇化水平最高的耒阳市城镇化率为 51.04%，最低的衡山县城镇化率仅 40.46%，差距达到 10.68 个百分点。除此之外，还存在农业转移人口市民化进展缓慢、城镇化率增速相对滞后、城镇化质量不高等问题。衡阳市应立足《湖南省推进新型城镇化实施纲要（2014—2020 年）》的政策背景，科学编制规划，不断完善公共服务和社会保障体系，增强城镇教育、医疗、住房等对人口的接纳能力，并贯彻执行"人才雁阵"计划，吸引人才向城市集中，同时应加大全国特色小镇珠晖区茶山坳镇、"全国生态文化村"衡阳县曲兰镇湘西村、衡山县白果镇涓水村等特色小镇小村的建设力度，增强城市吸引、聚和能力。此外，衡阳市也不能忽视城镇化发展质量，应进一步完善公共服务和社会保障体系，逐步缩减就业服务、子女教育、医疗卫生、住房租购等方面的待遇差距，推进转移人口真正融入城镇。

## 五、株洲市所辖县域金融竞争力评价分析

株洲，古称建宁，位于湖南东部、罗霄山脉西麓，距离省会长沙市东南部 40 公里，东接江西，南连衡阳、郴州二市，西接湘潭市，北与长沙市毗邻。株洲是新中国成立后首批重点建设的八个工业城市之一，被誉为"中国电力机车之都"，是亚洲最大的有色金属冶炼基地、硬质合金研制基地、电动汽车研制基地。株洲也是一个交通枢纽城市，是贯穿南北、连接东西的重要通道，京广铁路和沪昆铁路在这里交汇成为中国重要的"十字形"铁路枢纽。株洲作为长株潭城市群三大核心之一，是长株潭两型社会建设综合配套改革试验区的一部分。

2017 年，株洲市实现地区生产总值 2 580.4 亿元，增长 8.0%。其中第一产业增加值 206.58 亿元，增长 3.9%；第二产业增加值 1 237.46 亿元，增长 6.7%；第三产业增加值 1 136.37 亿元，增长 10.7%。按常住人口计算，株洲市 2017 年人均生产总值为 64 207 元，在全省位列第 3 位，增长 7.7%。

2017 年末，全市常住人口 402.15 万人，其中城镇人口 264.08 万人，农村人口 138.07 万人，城镇化率 65.67%。株洲市总面积 11 262 平方公里，市内建成区面积 125 平方公里，现辖天元区、芦淞区、荷塘区、石峰区 4 个区，株洲县（2018 年 6 月 19 日经过国务院批准改为渌口区，考虑本课题研究的数据取值为 2017 年，所以仍然将株洲县作为县域纳入研究范围）、攸县、茶陵县、炎陵县、醴陵市等 5 个县域，另设有 1 个"两型社会"建设示范区——云龙示范区。本研究仅针对市内 4 个区及除云龙示范区外的 5 个县。

### （一）2017 年株洲市辖县金融竞争力整体状况分析

2017 年株洲市辖县金融竞争力及各项一级指标排序如表 2 - 9 所示。从金融竞争力总排名来看，株洲市下辖 5 个县域整体上在全省处于中游偏上水平，其中 2 个县进入上游区域，2 个县位列中游，1 个县未上榜。具体到各县，醴陵市在全市 5 个县域中位居榜首，进入了全省排名的上游区域第一层次，排名第 7 位。攸县也展现出了强劲的金融竞争力，进入了上游区域第二层次，名列第 11 位。茶陵县和株洲县则分别进入中游第二层次、第三层次，分列第 46 位、第 56 位。炎陵县则未能上榜。整体上看，株洲市所辖 5 个县域在上中下游都有分布，金融竞争力发展水平从县域上来看较为分散。

表 2 - 9　　　　　　2017 年株洲市辖县金融竞争力及各项一级指标排序

| 项目 | 金融竞争力 | 金融服务竞争力 | 金融生态竞争力 | 金融发展竞争力 |
|---|---|---|---|---|
| 茶陵县 | 46 | 44 | 47 | 32 |
| 醴陵市 | 7 | 11 | 4 | 15 |
| 炎陵县 | 未上榜 | 56 | 未上榜 | 60 |
| 攸县 | 11 | 27 | 6 | 9 |
| 株洲县 | 56 | 60 | 55 | 39 |

从一级指标来看，株洲市各县域排名分布较为均衡，除炎陵县的金融生态竞争力外，其余县在3个一级指标排名中全部上榜。3项一级指标排序整体上差别不大，比较来看金融发展竞争力排名相对突出，其中2个县进入上游区域，2个县进入中游靠前区域，1个县位于中下游区域。与金融发展竞争力类似，金融服务竞争力排名中也有2个县进入上游，3个县进入中游，但是平均来看较金融发展竞争力的排名要靠后一些。金融生态竞争力排名中则有2个县位居上游，2个县中游，1个县下游。值得注意的是，醴陵市和攸县的金融生态竞争力分别排名第4位和第6位，展现出了强劲的经济实力。

2017年株洲市辖县金融竞争力3项一级指标下的8项二级指标分布特征如表2-10和图2-5所示。

表2-10 2017年株洲市辖县金融竞争力各项二级指标排序

| 项目 | 金融服务竞争力 | | | 金融生态竞争力 | | | 金融发展竞争力 | |
|---|---|---|---|---|---|---|---|---|
| | 机构人员规模 | 资金规模 | 服务效率 | 政府部门 | 机构部门 | 居民部门 | 发展水平 | 发展潜力 |
| 茶陵县 | 未上榜 | 24 | 51 | 43 | 53 | 47 | 44 | 29 |
| 醴陵市 | 8 | 6 | 未上榜 | 4 | 4 | 4 | 13 | 24 |
| 炎陵县 | 未上榜 | 44 | 27 | 未上榜 | 未上榜 | 未上榜 | 58 | 54 |
| 攸 县 | 23 | 17 | 未上榜 | 9 | 9 | 6 | 12 | 7 |
| 株洲县 | 49 | 59 | 未上榜 | 54 | 59 | 46 | 54 | 31 |
| 均值 | 44.4 | 30.0 | 60.8 | 36.2 | 38.2 | 33.6 | 36.2 | 29.0 |
| 极差 | 71 | 53 | 53 | 67 | 62 | 61 | 46 | 47 |
| 方差 | 669.4 | 363.6 | 395.4 | 670.2 | 689.4 | 591.4 | 395.4 | 227.6 |
| 标准差 | 25.9 | 19.1 | 19.9 | 25.9 | 26.3 | 24.3 | 19.9 | 15.1 |

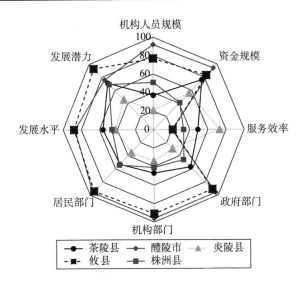

图2-5 株洲市县域金融竞争力及各项二级指标比较

从平均排序方面看，株洲的 5 个县域金融竞争力的各项指标整体水平居于中游。整体水平最好的是金融发展竞争力下的发展潜力指标和金融服务竞争力下的资金规模指标，平均排序分别为第 29 位、第 30 位，进入了上游区域。除此之外，机构人员规模、政府部门、机构部门、居民部门和发展水平指标平均排序都进入了中游区域，部分甚至十分接近上游区域。整体竞争力最弱的是唯一未进入中上游区域的金融服务竞争力下的服务效率指标，平均排序为第 60.8 位，是株洲市亟待提高的二级指标。

从各项指标差异性看，株洲市 5 个县域各个指标排序都存在较大的差异。最小的位序差出现在发展水平指标，位差达到 46。而居民部门、机构部门、政府部门和机构人员规模位序差分别达到了 61、62、67、71，其标准差也分别达到了 24.3、26.3、25.9 和 25.9，说明这些指标在株洲市辖县间的差异非常大，县域间发展水平不平衡，是影响县域整体发展水平的因素。虽然株洲 5 个县域金融竞争力排名状况总体较好，但各县域的优势不尽相同，以后应更注重县域间的资源整合和协同发展，以带动全市县域金融竞争力整体向前。

### （二）2017 年株洲市辖县金融竞争力亮点优势分析

在整体分析中我们注意到，在株洲市一级指标金融生态竞争力排序中，醴陵市和攸县分列第 4 位和第 6 位，说明这两个县经济实力强劲，在全省属于经济强县。株洲市应该抓住这个优势，充分发挥市区以及醴陵市和攸县的带动作用，推动全市县域经济金融整体向前向好发展。

在二级指标中，株洲 5 个县域在金融发展竞争力指标下的发展潜力与金融服务竞争力下的资金规模的排序中，平均排序都进入了上游区域，为株洲金融发展中的两大亮点。通过二级指标和三级指标，我们发现株洲各县域的发展潜力指标排名主要受城市化率较高的拉动，而资金规模主要受县域主要金融机构良好的经营状况的驱动。

从实际情况来看，株洲市的优势也非常地明显，有着亮眼的"标签"，如中国重要的铁路枢纽、老牌工业城市、长株潭城市群三大核心之一。所以不管是交通条件和经济基础，还是发展经验和政策条件，株洲在全省应该都是颇具优势的。

### （三）2017 年株洲市金融竞争力分县域指标分析

1. 醴陵市位于湖南省东部，1985 年撤县设市，现下辖 19 个镇、4 个街道、1 个经济开发区、1 个示范区，总面积 2 157 平方公里，2017 年末总人口 105 万人。醴陵市因盛产陶瓷、花炮而在国内外享有盛名，是世界釉下五彩瓷原产地、中国国瓷"红官窑"所在地和"花炮祖师"李畋故里，是"中国陶瓷历史文化名城"和"中国花炮之都"。2017 年醴陵市实现地区生产总值 607.2 亿元，比上年增长 8.2%。

醴陵市金融综合竞争力在全省 87 个县域中排名第 7 位，处于上游区域的第一层次，同时也位列株洲市的第 1 名。从一级指标的排名来看，3 项分项指标金融服务竞争力、金融生态竞争力、金融发展竞争力均进入上游区域。其中，金融生态竞争力指标排名第

4 位，处于上游区域的第一层次，是醴陵市的绝对优势指标；金融服务竞争力和金融发展竞争力分列第 11 位、第 15 位，处于上游区域的第二层次，是醴陵市的优势指标。具体到金融服务竞争力的二级指标来看，醴陵市的机构人员规模、资金规模两项指标表现亮眼，分列第 8 位、第 6 位，处于上游区域的第一层次；但服务效率指标表现较差，并未上榜，是醴陵市金融服务竞争力二级指标中的劣势指标，存贷款占财政收入比较低导致醴陵市金融服务效率较差。从金融生态竞争力二级指标来看，醴陵市政府部门、机构部门、居民部门三项指标均表现优秀，位列第 4 名，处于上游区域的第一层次。就金融发展竞争力二级指标而言，金融发展水平排在 87 个县域中的第 13 位，处于上游区域的第二层次，金融发展潜力稍显逊色，排在第 24 名，处于上游区域的第三层次。整体而言，醴陵市综合金融竞争力表现较好，未来应进一步提升金融服务效率，从而进一步提升其金融竞争力。

2. 攸县为湖南省株洲市辖县，位于湖南省东南部，罗霄山脉中段武功山西端，总面积 2 648 平方公里，2017 年末总人口 82 万人。攸县自然资源丰富，地下矿产资源富集，农业物产品种繁多，是全国商品瘦肉猪、商品粮、速生丰产林和油茶生产基地；交通便利，境内主要铁路有吉衡铁路、醴茶铁路等，素有"衡之径庭""潭之门户"之称。2017 年攸县全年完成地区生产总值 412.1 亿元，增长 8%。

攸县的金融综合竞争力在全省 87 个县域中排名第 11 位，处于上游区域的第二层次。从一级指标方面来看，攸县的金融生态竞争力、金融发展竞争力指标均处于上游区域的第一层次，分列第 6 名、第 9 名，是攸县金融竞争力的优势指标；而金融服务竞争力指标表现稍显不足，位列第 27 名，处于上游区域的第三层次，为攸县金融竞争力的中势指标。具体到金融服务竞争力的二级指标而言，机构人员规模、资金规模两项指标表现相对平淡，分别位列第 17 位、第 23 位，处于上游区域的第二名、第三层次；二级指标金融服务效率未上榜，表现较差。从金融生态竞争力二级指标来看，政府部门、机构部门、居民部门三项指标均为攸县金融生态竞争力的优势指标，三者均处于上游区域的第一层次，分别位于第 9 名、第 9 名、第 6 名。就金融发展竞争力而言，金融发展潜力指标表现相对优势，排名第 7 位，位于上游区域的第一层次；金融发展水平位列第 12 位，处于上游区域的第二层次。攸县的优势、中势、弱势指标分别有 2 项、1 项、0 项，整体发展较为均衡；但攸县的金融服务竞争力发展未能跟上金融生态以及金融发展的竞争力，有待进一步加强。

3. 茶陵县地处湘赣边界、罗霄山脉西麓，总面积 2 500 平方公里，下辖 16 个乡镇（街道），2017 年末总人口 64.89 万人。茶陵是省级旅游强县，人杰地灵，风景秀丽，旅游文化资源得天独厚，素有"好山千叠翠、流水一江清"的美誉。茶陵矿石资源丰富，钽铌矿储量居全国第一、亚洲第二；此外农业资源丰富，茶陵是全国商品粮、茶叶和生猪生产基地。2017 年全县完成县内生产总值 178.11 亿元，比上年同期增长 8.2%。

茶陵县的金融竞争力在全省 87 个县域中排名第 46 位，处于中游区域的第二层次。一级指标中，茶陵县的金融服务竞争力排位第 44 名，金融生态竞争力排名第 47 名，均处于中游区域的第二层次，和实际排名情况相差不大；值得注意的是，金融发展竞争力指标相较于其他两个指标表现稍显亮眼，处于中游区域的第一层次，排在第 32 位。具体看金融服务竞争力的二级指标，资金规模指标表现得尤为亮眼，排在 87 个县域中的第 24 名，处于上游区域的第三层次，是茶陵县金融服务竞争力项下二级指标中的优势指标；而服务效率指标表现稍显逊色，处于中游区域的第三层次，位列第 51 名；机构人员规模则表现不佳，处于下游区域，证券业及保险业机构数较少导致茶陵县机构人员规模表现不尽如人意。从金融生态竞争力二级指标来看，政府部门、机构部门、居民部门三项指标表现较均衡，分列第 43 位、第 53 位、第 47 位，其中政府部门和居民部门指标均处于中游区域的第二层次，机构部门处于中游区域的第三层次。就金融发展竞争力二级指标而言，金融发展水平指标排在第 44 位，处于中游区域的第二层次；值得注意的是，金融发展潜力指标位于第 29 位，处于上游区域的第三层次，是茶陵县各项二级指标中的优势指标。茶陵县的优势、中势、劣势指标分别有 0 项、3 项、0 项，指标间整体发展相差不大，由此可见，茶陵县的金融竞争力各指标发展较为均衡。

4. 株洲县处湖南发展重心"五区一廊"经济带中枢，居长沙、株洲、湘潭城市群南缘。下辖 8 个乡镇，总面积 1 053 平方公里，2017 年末总人口 35 万人。株洲县水能蕴藏量大，非金属资源丰富，其具有发展建材、陶瓷工业的独特优势。2017 年全县地区生产总值 140.9 亿元，同比增长 8.0%。

株洲县的金融综合竞争力在全省 87 个县域中排名第 56 位，处于中游区域的第三层次。从一级指标方面来看，株洲县的金融服务竞争力、金融生态竞争力两项指标均处于中游区域的第三层次，分列第 60 位、第 55 位；金融发展竞争力指标表现稍好，位列第 39 位，处于中游区域的第一层次；在全省各县域金融竞争力中这三项一级指标均为株洲县的中势指标。具体从金融服务竞争力二级指标来看，机构人员规模、资金规模两项指标均处于中游区域，分列第二层次的第 49 位和第三层次的第 59 位；值得注意的是，株洲县的金融服务效率指标表现较差，未能上榜，存贷款占财政收入比重较低导致株洲县该项指标表现不佳。从金融生态竞争力二级指标来看，政府部门、机构部门、居民部门三项指标分列第 54 位、第 59 位、第 46 位，分别居于中游区域的第三层次、第三层次和第二层次，表现和实际金融竞争力排名差距不是很大。就金融发展竞争力二级指标而言，金融发展潜力指标是株洲县所有二级指标中表现相对优势的指标，位列 87 个县域中的第 31 位，处于中游区域的第一层次；而金融发展水平指标位列第 54 名，处于中游区域的第三层次。株洲县的优势、中势与弱势指标分别有 0 项、3 项、0 项，虽然三项一级指标均为中势指标，但指标间存在一定差距，株洲县的金融服务竞争力及金融生态竞争力需进一步加强。

5. 炎陵县地处湖南省东南部、罗霄山脉中段、井冈山西麓。炎陵县辖 5 个乡 5 个镇，总面积 2 030 平方公里，2017 年末总人口 20.42 万人。炎陵森林覆盖率达 83.55%，环境质量综合指数居湖南省第一，境内保存着华南地区面积最大的原始森林，为亚洲第一。2017 年炎陵县实现全县生产总值 65.7 亿元，比上年增长 8.3%。

由于炎陵县经济发展水平较为落后，该县的综合金融竞争力排名处于 87 个县域中的下游区域。从一级指标方面来看，炎陵县的金融服务竞争力和金融发展竞争力指标分列第 56 位、第 60 位，均处于中游区域的第三层次，是炎陵县县域金融竞争力中的中势指标；但是金融生态竞争力指标排名处于下游区域，是炎陵县县域金融竞争力中的劣势指标。从金融服务竞争力二级指标来看，炎陵县的金融服务效率表现出相对优势，排名第 27 位，位于上游区域的第一层次，该县银行机构存贷比较高、人均银行存款及人均银行机构贷款数额较高都是促进其金融效率高的有利因素；资金规模指标排在第 44 位，居于中游区域的第二层次；但与这两项指标相比，机构人员规模表现较差，处于下游区域，未能上榜。具体从金融生态竞争力二级指标来看，炎陵县的政府部门、机构部门、居民部门三项指标均未上榜，处于下游区域，表现较差；财政收入与支出、GDP 与人均GDP、工业总产值、年末常住人口总数等较低，造成炎陵县整体的金融生态较差。就金融发展竞争力二级指标而言，金融发展水平、金融发展潜力两项指标均处于中游区域的第三层次，分列第 58 位、第 54 位。炎陵县的优势、中势与弱势指标分别有 0 项、2 项、1 项，金融发展相对较差。该县的金融生态环境和当地金融机构的现实情况，在很大程度上限制了金融竞争力水平的发展，但同时可以看到，当地的金融发展在未来具有一定的潜力。

## （四）株洲市金融竞争力发展对策建议

### 1. 优化金融生态环境

株洲县域金融生态竞争力指标下机构部门和居民部门指标，除醴陵市和攸县外，整体水平不强，排名位于全省中下游区域，县域之间差距较大。金融生态环境的优劣，是制约区域金融竞争力极为重要的因素。经济环境和信用环境可以说是金融生态的根本，然而株洲个别落后县域经济运行质量和信用环境建设仍待加强。

（1）促进金融支持实体经济，推动产业结构升级

株洲市是新中国成立后首批重点建设的八个工业城市之一，是中国老工业基地，下辖盛产陶瓷、花炮的醴陵市、地下矿产资源富集的攸县、矿石资源丰富的茶陵等县域。然而在当前去产能的背景下，宏观经济下行、市场需求不足以及原材料、人工等刚性成本上升等因素导致 2017 年株洲工业投资及民间投资主体投资整体乏力，实体企业经营下行压力较大。2017 年株洲市经济数据显示，有色冶炼等部分传统产业有所回升，部分县域矿产主体经济仍占主导地位，而新型轨道交通装备产业、战略产业产值增速下降，株洲市经济转型升级任务较为艰巨。

对此，株洲应优化经济结构，夯实经济基础，紧抓"调结构、转方式"战略机遇，支持重点产业发展，承接和补位老旧产能削减之后的空缺，重点加大轨道交通、航空、汽车三大动力产业及相关联的信息技术、新材料、新能源产业的金融支持。推动金融机构与核心企业及配套企业签订三方合作协议，依托应收账款融资服务平台等系统，创新发展应收账款质押等供应链金融产品。同时，补齐县域经济、第三产业和民营企业的短

板，借助市级平台力量，将资金、消费等导入县域，发展县域优势产业，形成规模经济，增强县域经济发展能力。

（2）促进信用建设，优化金融生态

2018年初，株洲市发布《关于加快推进社会诚信建设的实施意见》（以下简称《实施意见》），明确要构建政府、社会共同参与的跨地区、跨部门的守信联合激励和失信联合惩戒制度，大力推进"信用株洲"建设。实施意见明确指出，株洲市要加快信用信息共享平台建设，要搭建完善覆盖行政机关、事业单位、企业、个人的"信用信息共享平台"，为社会公众提供信用信息公开与查询服务。目前，该平台已纳入"智慧株洲""互联网＋政务服务"平台建设项目，并进入招标阶段。"民无信不立，商无信不兴，国无信不威"，推进株洲诚信建设，是优化株洲金融生态的重要举措，株洲各县市区应全力推进建设全市性的信用信息共享平台，并将其应用到社会经济方面，依托人民银行等金融机构、工商税务等相关政府部门的支持，对守信者发放信贷上提供优惠，对失信人进行联合惩戒。此外，应积极开展信用乡镇、社区信用建设工作，加强信用文化建设，增强农村居民、企业和金融机构诚信意识。各县域应推动现有县级担保机构多渠道融资，壮大资本实力，加大担保机构与金融机构的合作力度，支持农户、小微企业发展。

**2. 提升金融服务能力**

株洲市各县域的金融服务能力有待提高，金融有序运行有待夯实。从各项指标来看，株洲县域地区金融服务竞争力整体水平不强，其中醴陵市和攸县居于上游区域，茶陵县、炎陵县和株洲县分居中游区域第二层次、第三层次。金融服务竞争力下3项二级指标中，服务效率指标整体上居于全省中下游区域，机构人员规模与资金规模指标除醴陵市和攸县外整体居于全省中下游区域，虽然个别县域指标在全省位居前列，但是县与县之间还存在有较大差距，仍然有较大的提升空间。

近年来，株洲市县域金融机构虽然得到了一定的发展，但总体机构数量、从业人员数量较少，金融发展诸项指标存在一定的不足，如县域主要金融机构利润额、银行机构存贷比、存贷款占财政收入比重、主要金融机构服务"三农"水平、人均银行存款、人均银行机构发放贷款、金融机构经营管理和风险防范水平等指标不高，金融配置资源的核心作用没有得到有效发挥，难以满足县域特别是广大农村地区经济发展对金融服务的有效需求。因此，政府与金融机构要发挥其主动性，为提升金融服务竞争力创造良好的政策环境和市场环境。

（1）发挥本土银行规模优势，改善支农支微金融服务质量

株洲市辖各县域各具特色。其中茶陵县、攸县和株洲县有着丰富的农业资源，是全国商品瘦肉猪、商品粮、速生丰产林和油茶生产基地县；炎陵县地处革命老区，同时也是中华民族始祖炎帝神农氏的安寝福地，生态旅游和红色旅游资源丰富；醴陵盛产陶瓷、花炮，是世界釉下五彩瓷原产地及中国"国瓷""红官窑"所在地，是"中国陶瓷历史文化名城"和"中国花炮之都"。株洲各县中小微企业众多，产业特色鲜明，但是其发展在一定程度上受到金融服务落后的限制。株洲县域本地银行机构要充分利用自身

经营优势、规模优势、市场先入优势，重点加强农村、农业、农民"三农"领域的金融服务支持力度，着重提升对中小微企业资金支持力度，完善对其金融服务水平，促进优势企业的并购重组。在"三农"领域重点加强对新型农业项目、农民生产经营项目、第一产业与第二产业、第三产业融合项目的支持，把握住时代脉搏，夯实农业基础，真正做好银行金融机构服务实体经济的本职工作、优势领域。在银行机构支持中小微企业领域，要重点做好金融服务支持，利用银行的资金优势、人才优势和宽阔视野，鼓励引导企业合并重组，做大做强，实现规模化集约化生产经营，从而反哺银行机构，促进提升其服务水平和经营水平。

（2）弥补保险机构发展短板，全面提升金融服务能力

县域保险业由于受到经济条件的制约，相对于中心城市来说，在市场规模、客户群体、购买能力、保险意识、营销效率等方面处于劣势地位。因此，株洲县域保险机构应依据现实，把重点集中于经营效率较高的县域市场的中心城区，把农村作为潜在的优先发展市场，逐步加强从业人员素质和保险观念普及。在中心城区，由于县域保险市场主要属于垄断竞争市场，被几家大型保险机构占据了较高的市场份额，政府一方面要鼓励保险市场的多元化发展，提升市场竞争力，倒逼保险金融服务水平质量的提升，另一方面也要加强对保险业风险的总体调控，保证经营安全与人民群众的资金安全。在农村区域，要搭乘"乡村振兴"时代快车，国家正在实施的土地流转，推动机械化作业，推动农产品产业化、农业现代化等一系列战略规划，这将充分激活农村商品经济发展，也同样会带来一些潜在的自然风险与经营风险，保险机构要以此为契机，在农业生产保险方面，创新服务产品，打开农村保险业大门，实现服务与盈利同增长。

（3）以金融为助力，实现金融扶贫

株洲市目前仍有炎陵县和茶陵县没有完成贫困县摘帽工作，两县均为井冈山革命老区、罗霄山片区重点扶贫县，是国家新一轮扶贫攻坚的重点地区，当地扶贫工作仍有压力。因而将发展金融业与脱贫攻坚任务相结合，既是早日完成脱贫攻坚任务的现实需要，也是推动当地经济发展的必然选择。具体来说，应重点完善金融扶贫薄弱环节，加大贫困县风险补偿基金力度，将补偿面扩大到全市涉农机构。在原有重点项目银企对接基础上，建立扶贫产业项目库，推动银行与光伏、种养、小水电等重要扶贫产业签订合作协议，适当补贴支持金融扶贫服务站建设，充分发挥村级组织对金融扶贫的带动作用。

（4）拓展人民币跨境结算业务，支持企业"走出去"

2018 年前 4 个月，株洲市外贸进出口业务增长势头明显。根据株洲海关的统计数据，2018 年前 4 个月，株洲进出口额为 54 亿元，同比增长 21%。其中，出口额 37.8 亿元，增长 23.8%，进口额 16.2 亿元，增长 14.9%；保持贸易顺差 21.6 亿元。与"一带一路"沿线国家间的贸易额达到 15.5 亿元，同比增长 46.5%。进出口总额在全省排名第 5 位。但与此同时，株洲市涉及对外贸易企业的人民币跨境结算业务，均需要依托于长沙或者其他大城市的金融机构为进出口企业完成跨境结算，跨境人民币结算业务受到

很大的限制。多渠道开展人民币跨境结算业务，在很大程度上能为进出口企业规避汇率风险，使财务成本降低，提高人民币跨境结算效率。因此，应鼓励银行机构开展人民币跨境结算业务，降低中小外贸企业融资门槛，从而进一步提高对三大动力产业等重点行业、企业"走出去"战略性发展的金融服务。

**3. 推动金融稳健发展**

株洲县域金融发展竞争力水平居全省中游，其二级指标中，各县域发展潜力指标排名靠前，大部分居于全省上游区域，这与株洲交通枢纽的地理位置不无关系，株洲未来应当发挥区位优势，积极利用县域金融的外部动力。株洲发展水平指标则相对落后，限制了其金融发展竞争力水平。目前株洲县域金融机构功能较为简单，服务手段相对落后，创新能力不强，内部控制存在薄弱环节，自我发展内生动力不足。个别地方法人金融机构资本充足率不达标，信贷资产集中度偏高，单一客户贷款集中和十家集团授信集中度过高，不利于风险的防控，潜在的风险不容忽视。

（1）发挥区位优势，促进金融资源配置

在株洲5个县域中，株洲县各项指标均比较落后，但其具有绝佳的区位优势和金融发展潜力。株洲县境内渌水东来，湘江北去，故雅称"渌湘"。县境北连株洲市区，西接湘潭县，东邻醴陵市，南界衡东县和攸县。县城位于渌口镇，北距株洲市区仅15公里，两地正慢慢融合为大株洲市。株洲县应当利用其区位优势，连接株洲市区区域金融中心，承接株洲市区的金融溢出效应。同时应协调金融机构加大对株洲县实体产业的支持力度，促进金融资源在更大范围内合理流动和优化配置，提高株洲县的金融活跃度和金融深度，吸引更多的金融机构设立分支机构、开展业务，以改善县域金融环境，提升县域金融效率，带动株洲县县域金融竞争力发展。

（2）推动金融改革，创新产品工具

从长远来看，推进金融业的改革创新，不断地培育金融市场，通过工具、要素、方式等创新来推动金融市场要素不断地聚集发展，是金融发展的关键所在。对于株洲而言，其下辖各县市金融发展水平不一，优势不尽相同，应根据各县域的实际情况，稳步发展新型金融业态和服务中介等相关产业内容。比如醴陵市，其经济状况良好，盛产陶瓷、花炮，商业发达；攸县则是全国商品瘦肉猪、商品粮、速生丰产林和油茶生产基地县，同时交通便利；茶陵是全国商品粮、茶叶和生猪生产基地。这些地区都可以利用电商交易大数据平台，通过发展互联网金融，积极发展开发第三方支付等新型金融业态和服务中介类业务。此外还应鼓励银行机构进一步创新小微金融产品和服务，满足小微企业信贷需求。同时，城市化率较低的炎陵县，还可积极争取全国农村金融服务体系改革试点，农村集体资产、农民住房财产权和承包土地经营权抵押贷款试点，推动"四权"确权、颁证、流转工作，创新"四权"抵质押贷款。

（3）加强宏观审慎管理，引导金融机构稳健经营

2018年5月，株洲市人民政府经济研究和金融工作办公室在株洲市金融工作会议上指出，金融体系外风险因素不断蓄积，民间投融资行为不规范，监管缺位，乱办金融和

非法集资案件频发,部分县域金融机构信贷资产风险加剧,房地产信贷膨胀,集中度风险隐患持续累加。对此,应督促株洲各县域金融机构加强内控和风险管理,继续加强对地方政府融资平台公司贷款、金融机构表外业务和房地产金融的风险监测与管理。防范跨行业、跨市场风险,防范实体经济部分地区、行业、企业风险及正规金融体系外的各类融资活动风险向金融体系传导,守住不发生区域性系统性风险的底线。建立银行、证券、保险以及政府部门的协作共享机制,密切跟踪和监测民间融资、"两高一剩"行业等重点领域动向,提高系统性风险及金融交叉风险的防范处置能力。全面开展金融安全区创建工作,推动株洲县、茶陵县创建"省级"金融达标县,积极创建"湖南省金融生态良好城市"。

## 六、郴州市所辖县域金融竞争力评价分析

郴州市作为湖南省 14 个地州市之一，位于湖南省东南部，东邻江西赣州，南毗广东韶关，素有湖南的"南大门"之称。早在 1988 年，郴州就被列为湖南首批历史文化名城，同时郴州也是国家优秀旅游城市。郴州市是全球有名的有色金属之乡，截至 2016 年末，已发现各类矿产 112 种，已探明储量的矿产 46 种。其中，钨、铋储量全球分列第一位和第二位，钼储量全国第一位，石墨储量全国第一位，锡储量全国第三位，锌储量全国第四位。2016 年 12 月，郴州市被列为第三批国家新型城镇化综合试点地区。

2017 年，郴州市全市生产总值达到 2 337.73 亿元，同比增长 7.9%，比计划目标高 0.1 个百分点，但低于全省 0.1 个百分点，居全省第 11 位。其中第一产业增加值 225.66 亿元，同比增长 3.8%；第二产业增加值 1 140.25 亿元，同比增长 6.6%；第三产业增加值 971.83 亿元，同比增长 10.7%。金融业增加值 72.8 亿元，比上年增长 7.9%。按常住人口计算，全市人均生产总值为 49 514 元，处于全省的下游水平，增长 7.9%。

2017 年末，全市常住人口为 473.1 万人，比上年增加 2.0 万人，其中城镇人口 254.5 万人，乡村人口 218.6 万人，城镇化率 53.8%，比上年提高 1.5 个百分点。截至 2016 年末，少数民族有 77 736 人，占比为 1.797%。少数民族人口数居全省第 6 位。郴州市总面积为 1.94 万平方千米，下辖 2 个区 9 个县域，包括北湖区、苏仙区、桂阳县、宜章县、永兴县、嘉禾县、临武县、汝城县、桂东县、安仁县、资兴市以及 1 个国家级出口加工区和 5 个省级经济技术开发区，即郴州市城前岭经济技术开发区、汝城县三江口经济技术开发区、嘉禾县珠泉经济技术开发区、宜章县南京洞经济技术开发区、资兴市东江经济技术开发区。本研究仅针对除北湖区、苏仙区以外的 9 个县域。

### （一）2017 年郴州市辖县金融竞争力整体状况分析

2017 年郴州市所辖县域金融综合竞争力及各项一级指标排序如表 2 - 11 所示。从整体上看，郴州市下辖的 9 个县域金融综合竞争力水平在省内居于中下游水平。从金融竞争力排名来看，9 个县域中有 5 个县未上榜，3 个县域位于中游区域，仅仅只有 1 个县，即桂阳县进入上游区域，居于第 26 位。总体来看，郴州市的金融竞争力水平明显不均衡，资兴县、永兴县均居于第一层次，而宜章县居于第二层次，3 个县分别位于第 36 名、第 40 名、第 48 名，临武县、汝城县、安仁县、嘉禾县和桂东县 5 个县则未能进入前 60 名。郴州市所辖 9 个县域整体排序较为靠后，除桂阳县以外，其他县域金融综合竞争力均较弱。

表 2－11　　　　　2017 年郴州市辖县金融竞争力及各项一级指标排序

| 项目 | 金融竞争力 | 金融服务竞争力 | 金融生态竞争力 | 金融发展竞争力 |
|---|---|---|---|---|
| 桂阳县 | 26 | 38 | 10 | 40 |
| 资兴市 | 36 | 59 | 8 | 47 |
| 永兴县 | 40 | 未上榜 | 17 | 20 |
| 宜章县 | 48 | 52 | 32 | 未上榜 |
| 临武县 | 未上榜 | 55 | 58 | 未上榜 |
| 汝城县 | 未上榜 | 51 | 未上榜 | 未上榜 |
| 安仁县 | 未上榜 | 未上榜 | 未上榜 | 未上榜 |
| 嘉禾县 | 未上榜 | 未上榜 | 53 | 未上榜 |
| 桂东县 | 未上榜 | 未上榜 | 未上榜 | 未上榜 |

从一级指标来看，表现最好的是金融生态竞争力指标，有 3 个县处于上游区域，其中 2 个县位于第一层次，3 个县位于中游区域，仅 3 个县未上榜，表明郴州市的金融生态发展潜力较大。相对较弱的指标是金融发展竞争力，仅有 3 个县上榜，其中 1 个县位于上游区域第二层次，其余 2 个县居于中游区域第二层次，剩下的 6 个县未上榜。这反映了郴州市金融发展还存在一定的困难，经济较为落后。金融服务竞争力指标也有 4 个县未上榜，上榜的 5 个县中有 4 个县居于中游第三层次，仅有 1 个县居于中游第一层次，进一步突破仍存在大较大空间。

2017 年郴州市辖县金融竞争力 3 项一级指标下的 8 项二级指标分布特征如表 2－12 和图 2－6 所示。从各项二级指标的平均排名来看，9 个县域竞争力排名最高的是金融生态竞争力下的机构部门指标，平均排序为第 38.44 名，居于中游区域的第一层次。而最低的是金融发展竞争力下的金融发展水平指标，平均排序为 68 名，位于下游区域的第一层次，与其他各项二级指标平均排名相差较大。且综观 8 个指标，没有一个指标是 9 个县域均上榜的，说明郴州总体的竞争力较弱，处于全省靠后区域。

表 2－12　　　　　2017 年郴州市辖县金融竞争力各项二级指标排序

| 项目 | 金融服务竞争力 | | | 金融生态竞争力 | | | 金融发展竞争力 | |
|---|---|---|---|---|---|---|---|---|
| | 机构人员规模 | 资金规模 | 服务效率 | 政府部门 | 机构部门 | 居民部门 | 发展水平 | 发展潜力 |
| 桂阳县 | 38 | 25 | 未上榜 | 8 | 7 | 14 | 49 | 34 |
| 资兴市 | 39 | 52 | 未上榜 | 7 | 6 | 12 | 未上榜 | 25 |
| 永兴县 | 54 | 39 | 未上榜 | 14 | 12 | 29 | 46 | 8 |
| 宜章县 | 45 | 37 | 未上榜 | 21 | 29 | 42 | 未上榜 | 48 |
| 临武县 | 33 | 60 | 未上榜 | 58 | 47 | 57 | 未上榜 | 60 |
| 汝城县 | 未上榜 | 46 | 20 | 未上榜 | 未上榜 | 未上榜 | 未上榜 | 未上榜 |
| 安仁县 | 未上榜 | 未上榜 | 28 | 未上榜 | 57 | 未上榜 | 未上榜 | 未上榜 |
| 嘉禾县 | 未上榜 | 未上榜 | 未上榜 | 52 | 36 | 56 | 未上榜 | 35 |

续表

| 项目 | 金融服务竞争力 | | | 金融生态竞争力 | | | 金融发展竞争力 | |
|---|---|---|---|---|---|---|---|---|
| | 机构人员规模 | 资金规模 | 服务效率 | 政府部门 | 机构部门 | 居民部门 | 发展水平 | 发展潜力 |
| 桂东县 | 未上榜 | 未上榜 | 17 | 未上榜 | 未上榜 | 未上榜 | 未上榜 | 未上榜 |
| 均值 | 57.11 | 52.11 | 59.56 | 42.56 | 38.44 | 47.89 | 68 | 46.22 |
| 极差 | 52 | 51 | 70 | 80 | 75 | 72 | 40 | 69 |
| 方差 | 19.83 | 16.83 | 29.25 | 30.35 | 27.67 | 25.60 | 14.40 | 22.42 |
| 标准差 | 393.36 | 283.36 | 855.28 | 921.03 | 765.53 | 655.36 | 207.50 | 502.44 |

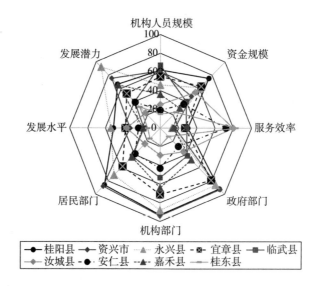

**图 2-6 郴州市县域金融竞争力及各项二级指标比较**

从各项二级指标的差异性来看，郴州市 9 个县域的 8 项指标排序差异都较大。相差最小的是金融发展竞争力下的发展水平，极差为 40，综合来看，该指标最高的排序也仅在第 46 名，且只有 2 个县上榜，说明郴州市各县域总体金融发展水平较低。相差最大的是金融生态竞争力下的政府部门指标，极差高达 80，可见各指标发展极为不均衡，经济发展相对落后。

## （二）2017 年郴州市辖县金融竞争力亮点优势分析

在整体分析中，我们观察到，郴州市金融生态竞争力排名明显高于其他两个指标，未上榜的仅仅只有 3 个县，是郴州市金融竞争力发展的一大亮点。透过三级指标我们可以发现，整体来看，上榜的 6 个县最重要的是 GDP 和人均 GDP 指标。其 GDP 总量排名较为靠前，常住人口排名较靠后，使得人均 GDP 排名均比较靠前，资兴市甚至排到第 2 名，同时财政收入、固定资产、工业总产值、规模以上工业企业利润总额、规模以上工业企业资产总计以及人均可支配收入这些指标也比较靠前，大部分指标达到上游水平，部分指标甚至达到上游水平第一层次，从而对金融生态竞争力的排名起到巨大的提升作用。

另外，我们可以看到，8 个二级指标中，金融发展竞争力下的发展潜力 8 个县均值排名处于中游水平，与其他指标排名相比较为靠前，这是郴州市金融发展的又一大亮点。主要是由于城市化水平和金融机构在科学研究和技术服务业的贷款投放量这两个指标排名比较靠前，个别县域尤其突出，给发展潜力的整体排名提供了支撑。

我们注意到到服务效率这一指标，桂东、安仁、汝城 3 个县上榜，且排名均排在上游水平。这是由于主要金融机构服务"三农"水平、存款占财政收入比重两个指标排名比较靠前，甚至位于上游水平第一层次，因此大大提升了服务效率的排名，这是其中个别县域的一大亮点。

从文化和产业来看，各县域都有自己的特色。比如，桂阳县主要以地方特色农产品为主，资兴市以绿色生态旅游为特色产业，汝城县有被列入中国国家级非物质文化遗产保护名录的特色香火龙表演艺术，安仁县有以枳壳为主的中药产业，临武县有矿物宝石文化产业园，等等，县域内各类产业百花齐放且在省内均具有一定特色，这是郴州市经济快速发展的又一大亮点。

### （三）2017 年郴州市金融竞争力分县域指标分析

1. 桂阳县位于湖南省南部、郴州市西部，县域内以农业为支柱产业，拥有烤烟、粮食、生猪、茶油、水果、蔬菜、地方特色农产品为主的七大特色农业产业，县域总面积 2 973 平方公里，下辖 22 个乡镇，总人口 96 万人，2017 年全县地区生产总值为 384.96 亿元，人均生产总值为 53 648 元。

桂阳县金融竞争力排序在 87 个县域中排名第 26 位，处于上游水平第三层次。从一级指标来看，桂阳县金融服务竞争力排序为第 38 位，处于中游水平第一层次，是桂阳县县域金融竞争力中的中势指标；金融生态竞争力排序为第 10 位，处于上游水平第一层次，在全省 87 个县域中具有较强的竞争优势；金融发展竞争力排序为第 40 位，处于中游水平第二层次，是桂阳县县域金融竞争力的中势指标。桂阳县三项一级指标中没有劣势指标，均处于优势和中势。具体到金融服务竞争力二级指标，桂阳县的机构人员规模排名为第 38 名，处于中游水平第一层次；资金规模排名第 25 名，处于上游水平第三层次；服务效率排名未上榜，是比较弱势的一项指标，亟待进一步提升。从金融生态竞争力二级指标来看，桂阳县政府部门、机构部门指标分别排名第 8 位、第 7 位，均处于上游水平第一层次，居民部门指标排名第 14 位，处于上游水平第二层次，这三项指标在全省范围内均具有较强的比较优势。从金融发展竞争力二级指标来看，桂阳县发展水平排名第 49 位，处于中游水平第二层次；发展潜力排名第 34 位，处于中游水平第一层次。总的来说，桂阳县各项二级指标在上中下游均有分布，优势指标极为突出，劣势指标也一并存在，金融竞争力发展水平较不均衡。

2. 资兴市位于湖南省东南部，被评为国家卫生城市，县域内大力扶持大数据、新材料、文化旅游等新兴产业的发展，其中东江湖大数据产业园获批湖南省大数据产业园，同时仍在继续打造以东江湖为核心的旅游5A级景区，发展绿色生态旅游产业，县域总面积2 747平方公里，下辖11个乡镇，总人口38.25万人，2017年全县地区生产总值为362.51亿元，人均生产总值为103 932元。

资兴市县域金融竞争力排序在87个县域中排名第36位，处于中游水平第一层次。从一级指标来看，资兴市金融服务竞争力排序为第59位，处于中游水平第三层次，是一项相对弱势的指标；金融生态竞争力排序为第8位，处于上游水平第一层次，在各县域中排名很靠前，具有明显的竞争优势，是资兴市极为突出的一项指标；金融发展竞争力排序为第47位，处于中游水平第二层次，是一项中势指标。具体到金融服务竞争力二级指标，资兴市机构人员规模排名为第39名，处于中游水平第一层次，是一项中势指标；资金规模排名为第52名，处于中游水平第三层次，是一项相对弱势指标；服务效率排名未上榜，是一项明显弱势的指标，急需进一步提升县域内金融服务效率。从金融生态竞争力二级指标来看，资兴市政府部门、机构部门指标排名分别为第7名、第6名，均处于上游水平第一层次，是资兴市两项优势指标；居民部门排名第12名，处于上游水平第二层次，是资兴市的一项相对优势的指标。从金融发展竞争力二级指标来看，资兴市发展水平排名未上榜，是一项弱势指标；发展潜力排名第25名，处于上游水平第三层次，是一项相对强势的指标。可以看出，资兴市金融生态竞争力在省内各县域中具有较强的比较优势，三项优势指标排名靠前。但各项指标排名分布不均匀，优势指标表现突出，中势指标同时存在，劣势指标也极为明显，金融发展水平不平衡，需在金融结构上作出进一步调整。

3. 永兴县地处湖南省东部，郴州市北边，素有"冶炼之乡""中国银都"之称，亦有"烤烟之乡""茶油之乡"的称号，同时是国家和省定粮食大县、电气化县以及丘岗开发重点县，土地总面积为1 979.4平方公里，所辖包括11镇4乡，总人口71.7万人，是郴州市人口第二大县。2017年全县生产总值为352.6亿元，人均生产总值为64 896元。

永兴县金融竞争力排序在87个县域中处于第40位，为中游水平第一层次。从一级指标来看，永兴县金融服务竞争力排序未上榜，处于下游水平，是永兴县金融竞争力中的劣势指标；金融发展竞争力排序为第17位，处于上游水平第二层次，是永兴县金融竞争力的优势指标；金融发展竞争力排序为第20位，处于上游水平第二层次，同样是一项优势指标。具体到金融服务竞争力二级指标，永兴县机构人员规模排名第54位，处于中游水平第三层次；资金规模排名第39位，处于中游水平第一层次；服务效率排名未上榜，是一项劣势指标，急需进一步提升。从金融生态竞争力二级指标来看，其中政府部门、机构部门指标排名分别为第14位、第12位，均处于上游水平第二层次，是永兴县非常强势的两项指标；居民部门指标排名第29位，处于上游水平第三层次。从金融发展竞争力二级指标来看，发展水平排名第48位，处于中游水平第二层次；发展潜力排名第8位，处于上游水平第一层次，是永兴县最为突出的一项指标。总的来说，永兴县金融竞争力各项指标好坏不一，优势指标排名靠前，劣势指标同样突出，总体排名靠中间，发展水平表现失衡。

4. 宜章县位于郴州市南端，该县以煤炭、造纸、水泥、烟花爆竹、有色金属等产业为县域内重点产业，县域面积为 2 142.7 平方公里，下辖 14 镇 5 乡，总人口 65.27 万人，2017 年全县生产总值为 222.07 亿元，人均生产总值为 37 335 元。

宜章县金融竞争力排序在 87 个县域中排名第 48 位，处于中游水平第二层次。从一级指标来看，其金融服务竞争力排序为第 52 位，处于中游水平第三层次，是宜章县金融竞争力中的中势指标；金融生态竞争力排序为第 32 位，处于中游水平第一层次，同样是一项中势指标；金融发展竞争力排在下游，是宜章县的劣势指标。因此宜章县应关注金融发展竞争力中存在的问题。从金融服务竞争力二级指标来看，宜章县机构人员规模排名第 45 位，处于中游水平第二层次；资金规模排名第 37 位，处于中游水平第一层次；服务效率排名未上榜，是较为弱势的一项指标，须引起高度重视。从金融生态竞争力二级指标来看，宜章县政府部门与机构部门指标排名分别为第 21 位和第 29 位，均处于上游水平第三层次；居民部门指标排名第 42 位，处于中游水平第二层次。从金融发展竞争力二级指标来看，宜章县发展水平排在下游，未上榜，需要针对此项指标进行合理改善；发展潜力排名第 48 位，处于中游水平第二层次。从宜章县各项二级指标可以看出，其中两项指标均处于下游水平，上游水平指标也不具有绝对的竞争优势，中势指标偏多，金融竞争力发展水平处在中等区间，整体有待提高。

5. 临武县地处湖南省最南部南岭山地，是珠江、湘江两江之源，享有全国"有色金属之乡""煤炭之乡""风电之乡""玉石之乡"的称号，并拥有国宝"香花石"，县域内拥有传统产业、现代农业、新型工业、新兴产业（电子、信息、风电、物流等）、生态旅游业、矿物宝石业等多项产业，县域总面积 1 383 平方公里，下辖 4 个乡 9 个镇，总人口 40 万人。2017 年全县生产总值为 154.9 亿元，人均生产总值为 44 698 元。

临武县金融竞争力排序在 87 个县域中未上榜，处于下游水平。从一级指标来看，临武县金融服务竞争力排序为第 55 位，处于中游水平第三层次；金融生态竞争力排序为第 58 位，处于中游水平第三层次；金融发展竞争力排序未上榜，是临武县金融竞争力的一项劣势指标，须引起重视。具体到金融服务竞争力二级指标，临武县机构人员规模排名为第 33 名，处于中游水平第二层次，是临武县表现比较好的一项指标；资金规模排名为第 60 名，处于中游水平第三层次；服务效率排名未上榜，是比较弱势的一项指标。从金融生态竞争力二级指标来看，临武县政府部门、居民部门两项指标排名分别为第 58 名、第 57 名，均处于中游水平第三层次；机构部门指标排名第 47 名，处于中游水平第二层次，是临武县金融竞争力中的中势指标。从金融发展竞争力二级指标来看，其发展水平排名未上榜，处于下游水平，需进一步提升；发展潜力排名第 60 名，处于中游水平第三层次。总的来说，临武县中势指标偏多，劣势指标较多，且没有优势指标存在，各项指标排名大多偏中后，金融竞争力不足，需进一步改善。

6. 汝城县位于湖南省东部，地处湘、粤、赣三省交界处，素有"鸡鸣三省，水注三江"之美称，"绿色崛起"是汝城县的发展思路，县域内拥有有机茶叶、绿色蔬菜、生态养殖、特色水果等多项绿色产业，县域总面积 2 400 平方公里，下辖 14 个乡镇，总人口 40 万人。2017 年全县地区生产总值为 62.8 亿元，人均生产总值为 18 001 元。

汝城县金融竞争力排名在 87 个县域中未上榜，处于下游水平。从一级指标来看，汝城县金融服务竞争力排名为第 51 位，处于中游水平第三层次；金融生态竞争力排名未上榜，是金融竞争力一级指标中相对弱势的一项指标；金融发展竞争力排名未上榜，也是一项比较弱势的一级指标。从金融服务竞争力二级指标来看，其中机构人员规模排名未上榜，处于下游水平，需要进一步增加金融机构及从业人员数量；资金规模排名第 46 名，处于中游水平第二层次，是汝城县的一项中势指标；服务效率排名第 20 名，处于上游水平第二层次，是汝城县的一项优势指标，需持续保持。从金融生态竞争力二级指标来看，政府部门、机构部门、居民部门三项指标排名均未上榜，都属于劣势指标，需着力对县域内金融生态环境进行改善。从金融发展竞争力二级指标来看，发展水平、发展潜力两项指标排名同样未上榜，均为劣势指标。汝城县各项指标排序均偏后，未上榜指标很多，但是二级指标中服务效率指标排名较靠前，县域金融发展水平弱且不均衡，需在保持其优势指标的前提下进一步改善各项劣势指标。

7. 安仁县位于湖南省东南部、郴州最北端，县内有机富硒米、豪峰茶、生态茶油等众多特色农产品与以枳壳为主的中药产业是其重点发展的产业，县域总面积 1 487 平方公里，下辖 5 镇 8 乡，总人口 44.37 万人，2017 年全县地区生产总值为 91.74 亿元，人均生产总值为 23 196 元。

安仁县金融竞争力排序在 87 个县域中未上榜，处于下游水平。从一级指标来看，金融服务竞争力、金融生态竞争力、金融发展竞争力排序均未上榜，在各县域中三项指标都属于劣势指标，需引起高度重视。具体从金融服务竞争力二级指标来看，机构人员规模、资金规模两项指标排名均未上榜，都是较为劣势的指标；服务效率指标排名第 28 名，处于中游水平第三层次，是安仁县最为突出的一项优势指标。从金融生态竞争力二级指标来看，安仁县政府部门、居民部门两项指标均未上榜，需要进一步加强；机构部门指标排名第 57 名，处于中游水平第三层次，是一项中势指标。从金融发展竞争力二级指标来看，安仁县发展水平、发展潜力两项指标均未上榜，都是劣势指标之一，急需进一步扩大县内金融行业发展空间与提升金融行业发展动力。总体来看，安仁县金融发展竞争力各项一级指标均是劣势指标，二级指标除了服务效率与机构部门分别是优势指标与中势指标外，其他各项指标均排名靠后，县域金融水平低，有待进一步改善。

8. 嘉禾县位于郴州市西南部，县域内拥有煤炭、铸（锻）造、五金工具、建材、食品加工五大特色产业，土地总面积为 699.05 平方公里，所辖包括 9 镇 1 乡，总人口 42 万人。2017 年全县地区生产总值为 154.66 亿元，人均生产总值为 46 953 元。

嘉禾县金融竞争力排序在 87 个县域中未上榜，处于下游水平。从一级指标来看，嘉禾县金融服务竞争力排序未上榜，处于下游水平，是其金融竞争力中的劣势指标；金融生态竞争力排序为第 53 位，处于中游水平第三层次，是一项相对劣势的指标；金融发展竞争力排序未上榜，同样是一项明显劣势的指标。具体到金融服务竞争力二级指标，嘉禾县机构人员规模、资金规模、服务效率三项指标均未上榜，都属于劣势指标，亟待进一步改善。从金融生态竞争力二级指标来看，政府部门和居民部门两项指标排名分别为第52位与第56位，均处于中游水平第三层次；机构部门指标排名第36位，处于中游水平第一层次，是嘉禾县二级指标中相对优势的一项指标；从金融发展竞争力二级指标来看，发展水平排名未上榜，处于下游水平，同样是一项劣势指标；发展潜力排名第35位，处于中游水平第一层次，同样是县内一项相对优势的指标。总体来看，嘉禾县金融竞争力水平各项指标均处在排名中后的位置，劣势指标偏多，且没有优势指标，发展水平落后，急需进一步提升。

9. 桂东县位于湖南省东南部、郴州市东部，茶叶为桂东县的特色产业之一，县域内拥有一条完整的茶叶加工流水线，重点打造茶叶产业融合发展试点，县域总面积1 500平方公里，下辖11个乡镇，总人口25.2万人。2017年全县生产总值为35.2亿元，人均生产总值为13 953元。

桂东县金融竞争力排序在87个县域中未上榜，处于下游水平。从一级指标来看，桂东县金融服务竞争力、金融生态竞争力、金融发展竞争力水平均未上榜，在87个县域中三项指标均是劣势指标。具体从金融服务竞争力二级指标来看，机构人员规模、资金规模排名均未上榜，处于下游水平，均是弱势指标，金融业参与机构、人员、资金量需得到提升；桂东县服务效率排名第17名，处于上游水平第二层次，是金融竞争力中的一项最具亮点的指标，有待继续维持。从金融生态竞争力二级指标来看，桂东县政府部门、机构部门、居民部门三项指标排名均未上榜，都是劣势指标，需要各部门引起重视，落实改善县域内金融生态环境。从金融发展竞争力二级指标来看，桂东县发展水平、发展潜力两项指标排名同样未上榜，都是劣势指标。总体来看，桂东县各项一级指标均为劣势指标，各项二级指标除服务效率外其他均未上榜，金融竞争力在87个县域中较落后，金融实力亟待增强。

### （四）郴州市金融竞争力发展对策建议

**1. 大力实施乡村振兴战略，优化金融生态环境**

（1）改善生态环境，促进乡村旅游业发展

郴州市目前正着力处理"水、大气、土壤"三大环境污染问题，以便改善城乡生态环境质量，保护生态环境安全，为"生态郴州"提供强有力支撑。郴州市政府要积极推进建设美丽乡村事业，大力发展现代农业，并将三大产业融合发展，进一步构建乡村特色产业体系。同时，各县政府应大力促进旅游业发展，根据当地的特色如资兴摄影、莽山瑶族盘王节、桂阳花灯戏、汝城香火龙等民间艺术进行资源整合，进而发扬传播民间文化。

桂东县、宜章县两县入选为2018年中国最美县域榜单，拥有丰富的旅游资源和最佳的生态环境，为旅游业的发展提供了先天优势。桂东县可以将村镇的旅游资源进行整合，打造"红色旅游、生态旅游"示范区，引导当地居民从事餐饮、住宿等与旅游相配套的基础产业，开办农家乐，加入具有当地特色的一些活动，如采摘当季水果、民俗活动等，将其打造成农家休闲避暑农庄系列旅游区。宜章县可以结合地形特点，在原有的绿化设施上，科学规划，合理搭配，进一步建立健全绿化长效管理护理机制，打造绿色休闲县城。临武县可以依托西山瑶族乡的丰富文化旅游资源，利用"千年古县"的文化氛围以及"楚头粤尾"的地理位置优势，打造一批具有地域特色的旅游风景区。以点带面，首先打造旅游县域示范村，再由此带动周边地区的发展，最后共同发展。

（2）积极引进人才、战略投资者，增强产品竞争力

郴州市目前已经在省内率先建立起"规模企业专利扫零 + 组建企业研发中心 + 培育国家高新技术企业"的创新企业培育链，但由于缺乏相关的技术人才，使得企业发展受到一定限制。所以郴州各县应该进一步加大引入创新人才的支持力度，对新型人才提供租房买房等优惠政策，吸引人才流入；同时推动产学研合作，对企业与湖南大学、中南大学等高校签订的产学研战略合作给予一定的政策支持，并共同参与建立郴州技术中心、智库中心、研究院等平台，加大技术研发和产品开发力度。

郴州市政府还应积极引入新型战略投资者，通过招商引资来延长产业链，建立起良好的资金链。各县域应把握当地产业特色，大力挖掘发展潜力。例如，资兴市的光伏技术较为成熟，现引入知名实力企业签订了光伏玻璃、光电玻璃及高档产业玻璃等项目投资合同，这有助于资兴经济快速发展。郴州市各县政府可鼓励企业之间互帮互助，引进上下游企业，打造产业集群，大力发展村集体经济，通过多种有效途径盘活资源，增强产品竞争力。

（3）整合资源优势，创新产业经营体制

郴州市借力于产业扶贫，正在打造新型产业经营体制，构建起"龙头企业 + 合作社 + 基地 + 贫困户"四位一体的开发模式，将产业与脱贫攻坚结合在一起。郴州市各县域应把握机会，充分利用政策优惠与新型模式。第一，当地应积极扶持龙头企业、专业合作社、家庭农场以及农户等新型经营主体，将产业从分散经营转向专业化经营，带动经济发展。第二，积极建立"租金 + 股金 + 薪金"利益联结机制，由政府牵头提供便利，再由企业统一生产、提供技术指导和组织管理机制，农户只需听从指挥，无须承担风险。第三，推进构建"政府 + 金融 + 保险"产业保障机制，由政府提供担保，金融企业发放小额信贷提供资金，保险机构提供特惠保险，三方合力解决产业发展面临的大部分风险。

**2. 提升金融服务效率，落实金融扶贫**

（1）大力实施"互联网 +"，推动电商扶贫

郴州市地形崎岖，主要以山丘为主，各县域之间交通不便。多年来，受限于交通、仓储、信息闭塞等问题，郴州市各县域的农副产品虽然绿色环保、价廉质优，但一直未能销往外地。然而，得力于近几年的交通发展，郴州市各县域之间基本实现了"村村

通"，电商服务中心也逐步建立起来，汝城、永兴、宜章等县更是大力打造了县电商服务中心，借助物流园农副产品集散、商贸物流中转等优势，实现了农副产品网上销售与现代物流的联动发展。政府应大力支持电商进入各县，并鼓励电商企业入驻，通过电商销售带动经济发展，通过企业的包装孵化来提升农产品附加值，同时借助电商信息平台，将产品销往世界各地，增加居民收入，促进当地经济发展。

（2）扩大金融服务范围，提升金融服务效率

据调查，郴州县域的金融机构数量较少，金融服务范围覆盖不广，甚至有些县域几乎没有证券机构、银行机构，表明金融覆盖率远远不够。因此，郴州各县急需扩大金融服务范围，加大金融机构的覆盖率，尤其是缺乏金融机构的汝城县、安仁县以及桂东县，综合提升金融机构服务贫困地区居民的能力，同时加强金融产品创新，贴合当地居民需求。并且政府应加大宣传贫困县企业上市优惠政策，鼓励当地符合条件的企业在"新三板"或"主板"挂牌上市，通过直接融资筹措资金，同时切实利用资产证券化、应收账款融资等新型融资方式来筹措资金。

（3）大力发展普惠金融，落实金融服务实体经济

金融服务实体经济是金融发展的强大动力和源泉。郴州各县政府应积极引导金融服务实体经济，制定相关优惠政策，出台和实施产业风险补偿基金，为贫困户提供政府贴息贷款。商业银行可以实行惠农贷款，为特色产业如汝城的养猪产业和辣椒种植业提供资金支持。企业可以进行委托帮扶居民，将居民获得的金融信贷资金投入企业，实行资产收益委托帮扶。政府应鼓励各商业银行大力发展普惠金融，必要时提供政策优惠，积极为"三农"发展提供资金支持。

（4）深化政企银合作，推进 PPP 项目

截至 2018 年初，郴州市已经签署了众多 PPP 项目，政府应密切跟踪、调度，积极指导和推进项目实施，全力推动项目加快落地，以便吸引更多的社会资本积极参与郴州市各县域的基础设施领域重大项目建设。政府积极搭建平台，连接企业和银行，促进政企银三方合作。一方面，可扩大银行的客户来源，便于业务合作，同时有利于过滤部分银行的不良客户，降低银行寻找客户的成本；另一方面，有助于企业和银行建立长久的合作关系，间接解决企业融资难、融资成本高的难题。

**3. 防范金融风险，加强政府监管**

郴州县域金融发展水平相对落后，金融风险防范意识比较薄弱。金融乱象如非法集资、金融欺诈等不仅扰乱金融秩序，还阻碍金融经济的进一步发展。各县域内理应加强整治"打非治违"活动，加大排查力度，取缔非法违规企业。政府还可以建立担保融资平台，为中小企业融资提供助力，同时加强企业债务管理，降低银行贷款不良率，通过政府为企业债务展期提供担保等方式延期还款，并且严格控制企业新债的借入，防范系统性金融风险。

郴州市目前已经建立互联网交易中心、联合产权交易中心以及公共资源交易中心，政府要加强对交易所的监管，积极宣传并完善农村"四权"抵押贷款体系，向各县的民

众普及相关法律法规，鼓励民众积极使用"四权"进行抵押贷款。具体应做到以下：第一，建立健全"四权"抵押贷款法律法规，加强过程监督，及时解决交易过程中可能出现的纠纷；第二，明确各交易中心的职能分工，并加快产权抵押信息流通，合理评估抵押价格；第三，积极鼓励使用农村"四权"抵押贷款，提供资金支持。

## 七、湘潭市所辖县域金融竞争力评价分析

湘潭市是湖南省省辖地级市，古称潭州，位于湖南中部、湘江中游，与长沙、株洲各相距约 40 公里，形成"品"字状，构成湖南省政治、经济、文化最发达的"金三角"地区，是广大内陆地区通往广州、上海等沿海地区的重要通道之一。湘潭北连宁乡县、望城县、长沙县，南与衡东县、衡山县、株洲县交界，东接株洲市区、株洲县，西与双峰县、涟源县接壤，全市总面积 5 015 平方公里，是长株潭城市群"两型社会"建设综合配套改革试验区、长株潭国家自主创新示范区核心成员。同时，湘潭市也是一代伟人毛泽东主席的家乡，有着浓厚的红色文化底蕴。

湘潭市经济体量正在稳步增长，质量得到有效提升，结构保持不断调整，进一步凸显了其作为湖南省"金三角"之一的地位。2017 年湘潭市 GDP 总值 2 055.8 亿元，比上年增长 8.3%。其中，第一产业增加值 153.5 亿元，增长 3.1%；第二产业增加值 1 015.8 亿元，增长 6.1%；第三产业增加值 886.6 亿元，增长 12.3%。按常住人口计算，人均 GDP 为 72 256 元，增长 7.7%。湘潭市金融业立足于"金融服务于实体"的政策方针，正在着力解决金融补短板问题，金融发展体现出提质稳量的基本态势。截至 2017 年末，全市金融机构本外币各项存款余额 2 245.9 亿元，比年初新增 218.4 亿元。本外币各项贷款余额 1 612.5 亿元，比年初新增 226.4 亿元。其中，住户贷款余额 421.1 亿元，比年初新增 74.3 亿元；非金融企业及机关团体贷款余额 1 191.4 亿元，比年初新增 152.1 亿元。全市上市公司数量 4 家，直接融资总额 394.1 亿元，其中，通过发行、配售股票共筹集资金 20.5 亿元。全年保险公司原保费收入 57.3 亿元，比上年增长 14.5%。

2017 年末，湘潭市常住人口 285.2 万人。其中，城镇人口 176.9 万人，城镇化率 62.0%，比上年末提高 1.8 个百分点。湘潭市辖区总面积 5 015 平方公里，下辖湘潭县、湘乡市、韶山市、雨湖区、岳塘区 5 个县域区。本研究只针对除湘潭市内两个区外的 3 个县域进行分析。

### （一）2017 年湘潭市辖县金融竞争力整体状况分析

2017 年湘潭市所辖县域金融综合竞争力及各项一级指标排序如表 2 - 13 所示。从整体上看，湘潭市辖区内县域之间在金融综合竞争力方面的差异较大，这一点与湖南省其他地州市有很大不同。其中湘潭县、湘乡市分别位居全省各县域金融综合竞争力排名的第 5 名和第 8 名，处于全省上游区域的第一层次，而韶山市却位居全省各县域金融综合竞争力排名的第 33 名，处于全省中游区域的第一层次。这充分显示了湘潭市县域在金融竞争力方面，整体较强但地域间发展不平衡的特点。

表 2 – 13　　　　　2017 年湘潭市辖县金融竞争力及各项一级指标排序

| 项目 | 金融竞争力 | 金融服务竞争力 | 金融生态竞争力 | 金融发展竞争力 |
|---|---|---|---|---|
| 湘潭县 | 5 | 5 | 12 | 6 |
| 湘乡市 | 8 | 8 | 7 | 5 |
| 韶山市 | 33 | 46 | 45 | 12 |

从一级指标来看，湘乡市的金融服务竞争力、金融生态竞争力和金融发展竞争力指标分别排名第 8 名、第 7 名和第 5 名，均居于上游区域的第一层次。湘潭县的金融服务竞争力、金融生态竞争力和金融发展竞争力指标分别排名第 5 名，第 12 名和第 6 名，除了金融生态竞争力居于上游区域的第二层次外，其他两项均居于上游区域的第一层次。而韶山市除了金融发展竞争力居于上游区域的第二层次外，其他两项均居于中游区域的第二层次。可见，在湘潭市所辖的 3 个县域中，湘潭县和湘乡市在一级指标体系下没有出现某项明显弱势指标，但韶山市各项一级指标排名差异较大。

2017 年湘潭市辖县金融竞争力 3 项一级指标下的 8 项二级指标分布特征如表 2 – 14 和图 2 – 7 所示。从各项二级指标的平均排名来看，3 个县整体竞争力居于上游和中游区段，其中最低的是金融生态竞争力下的政府部门指标，平均排序只在第 34.3 位，居于全省中游区域。除此之外，金融服务竞争力下的资金规模和金融生态竞争力下的机构部门指标平均排序相对其他指标都较弱。排名最靠前的是一级指标金融发展竞争力下的发展潜力，平均排序进入了上游区域的第一层次，为第 9 位。值得注意的是，除了金融服务竞争力下的服务效率指标、金融生态竞争力下的居民部门指标和金融发展竞争力下的发展潜力指标以外，韶山市各项二级指标的排名都远远落后于湘潭市内的其他县域。

表 2 – 14　　　　　2017 年湘潭市辖县金融竞争力各项二级指标排序

| 项目 | 金融服务竞争力 | | | 金融生态竞争力 | | | 金融发展竞争力 | |
|---|---|---|---|---|---|---|---|---|
| | 机构人员规模 | 资金规模 | 服务效率 | 政府部门 | 机构部门 | 居民部门 | 发展水平 | 发展潜力 |
| 湘潭县 | 6 | 4 | 21 | 6 | 18 | 16 | 8 | 11 |
| 湘乡市 | 7 | 8 | 33 | 13 | 5 | 10 | 9 | 10 |
| 韶山市 | 60 | 未上榜 | 4 | 未上榜 | 未上榜 | 15 | 31 | 6 |
| 均值 | 24.3 | 30.0 | 19.3 | 34.3 | 28.3 | 13.7 | 16.0 | 9.0 |
| 极差 | 54 | 74 | 29 | 78 | 57 | 6 | 23 | 5 |
| 方差 | 636.2 | 1 154.7 | 141.6 | 1 241.6 | 594.9 | 6.9 | 112.7 | 4.7 |
| 标准差 | 25.2 | 34.0 | 11.9 | 35.2 | 24.4 | 2.6 | 10.6 | 2.2 |

从各项二级指标的差异性来看，除了金融生态竞争力中的居民部门和金融发展竞争力的发展潜力指标极差稳定在 5 左右以外，其他指标的极差分布于 23 到 78，差异极大。金融服务竞争力中的资金规模指标和金融生态竞争力中的政府部门指标的标准差甚至超过了 30。差异最大的金融生态竞争力的政府部门指标排名最高的湘潭县和排名最低的韶山市极差为 78，标准差为 35.2。值得注意的是，韶山市金融竞争力各项二级指标偏低是

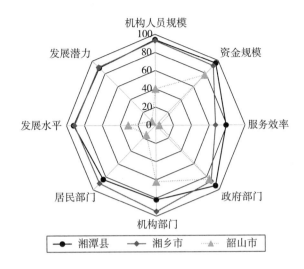

图 2 - 7 湘潭市县域金融竞争力及各项二级指标比较

造成湘潭市县域金融竞争力及各项二级指标存在较大差异的主要原因。

## （二）2017 年湘潭市辖县金融竞争力亮点优势分析

湖南省湘潭市素有"莲城"的美誉，是一座有着一千多年历史的古老城市。这里是一代伟人毛泽东的故乡，并孕育了彭德怀、谭政等老一辈无产阶级革命家。近年来，湘潭市依托得天独厚的红色旅游资源优势，抓住国家发展红色旅游的机遇，打造红色旅游品牌，大力推动红色旅游健康持续发展，在保护革命历史文化遗产、促进老区经济发展、增加就业、提升区域影响力和竞争力等方面取得了突出成效。值得一提的是，在促进县域金融推广和发展方面，韶山市依托其特有的红色资源，举办红色金融历史发展的展览。该展览按时间顺序分为五大部分，即大革命时期、土地革命时期、抗日战争时期、解放战争时期、人民银行成立等重大历史时期或事件，介绍了从 1926 年中国共产党领导下建立第一家银行——柴桑洲特别区第一农民银行，到成立"红色金融家"毛泽民担任第一任行长的中华苏维埃共和国国家银行，再到新中国成立初期的革命金融史，展示了中国红色金融和红色政权货币从无到有、从小到大、从分散到聚合的发展历程。各个时期的红色金融活动，体现了政府对县域金融发展的重视和决心，凸显了韶山市独特的金融环境和文化传承。

由于地理位置、自然环境和历史因素等一系列原因，2017 年湘潭市下辖 3 县域金融竞争力虽差异较大，但整体金融竞争力在全省范围内处于上游的位置。即使是三县域中排名相对较后的韶山县也凭借其独特的金融环境和文化传承在全省 87 个县域中脱颖而出。从一级指标来看，湘乡市和湘潭县的金融服务竞争力、金融生态竞争力和金融发展竞争力指标均居于全省 87 个县域中的上游区域。从各项二级指标来看，湘乡市和湘潭县的各项二级指标绝大多数集中于上游区域，少数集中于中游区域。这说明湘乡市和湘潭县的金融竞争力在全省有着明显的比较优势。

在湘潭三县域中，虽然韶山市的金融竞争力相对缺乏优势，但其在三级指标中存在着一些不可忽略的亮点。就韶山市金融服务竞争力及其之下的几项三级指标排序来看，韶山市的金融服务竞争力中的服务效率指标在全省87个县域中排名第4位，不论是跟湘潭市其他两县还是全省87个县域相比，都是处在遥遥领先的地位，有着明显的优势，这主要归功于韶山市的人均银行机构贷款和金融机构不良贷款率这两个三级指标。就韶山市金融发展竞争力及其之下的几项三级指标排序来看，韶山市的金融发展竞争力中的发展潜力指标在全省87个县域中排名第6位，也有着明显的比较优势，这主要归功于韶山市的城市化水平和金融机构贷款投放于科学研究和技术服务业这两个三级指标。

总而言之，湘潭市的金融发展拥有着得天独厚的地理和历史条件。只要当地政府因地制宜，因时制宜的正确引导，其金融行业将具有巨大的发展潜力。

### （三）2017年湘潭市金融竞争力分县域指标分析

1. 湘潭县位于南岳衡山北部、湘江下游西岸，县域总面积2 134平方公里，东临株洲市、株洲县，南接衡东县、衡山县、双峰县，西抵湘乡市、韶山市，北与湘潭市接壤。湘潭县区位优越，交通便捷，与省会长沙紧壤相连，与黄花国际机场相隔仅40分钟车程，与株洲市相接相邻，与湘潭市区一江之隔。湘潭县全境均属长株潭"两型社会"建设综合配套改革试验区范围，位于县城易俗河的湘潭天易示范区为长株潭"两型社会"建设先行先试十八片区之一，是湘潭市重要的经济增长极。截至2017年末，湘潭县常住人口86.12万人，财政收入194 629万元，GDP水平达为403.30亿元，人均GDP为46 830元。

在此次2017年湖南省87个县域金融竞争力排名中，湘潭县全省排名第5位，处在上游区域的第一层次，同时也位列湘潭市辖县第1位。其中湘潭县的金融服务竞争力、金融发展竞争力在全省87个县域中名列前茅，分别位列第5位和第6位，进入上游区域第一层次，成为县域金融竞争力的优势指标。与这两个指标相比，湘潭县的金融生态竞争力指标虽相对较低，但也居全省87个县域的第12位，处于上游区域第二层次，差距不大。可见，湘潭县是在湖南省各县域中竞争力优势较为显著、各金融项竞争力指标比较均衡的县域。就金融服务竞争力二级指标来看，湘潭县机构人员规模和资金规模指标分别排名第6位和第4位，处于上游区域的第一层次。而在服务效率上湘潭县相对其他两项较弱，排名第21位，处于上游区域的第三层次。就金融生态竞争力二级指标来看，湘潭县政府部门指标排名第6位，处于上游区域的第一层次，具有明显的相对优势，另外的机构部门和居民部门指标分别为第18名和第16名，处于上游区域的第二层次。就金融发展竞争力二级指标来看，湘潭县在发展水平和发展潜力上分别排名第8名和第11名，都在上游区域内靠前的层次。总体而言，湘潭县的各二级指标排名虽有差异但都排名靠前，均位于上游区域。

2. 湘乡市位于湖南省中部，总面积1 967平方公里，为湖南省县级市，属湘潭市管辖，为湘军故里，楚南重镇，古称龙城。湘乡市北邻韶山22公里，东距长沙80公里，为长株潭城市群资源节约型、环境友好型社会建设综合配套改革试验区、重要工业基地和休闲旅游城市。湘乡山水旖旎秀丽，人文资源丰厚，土地肥沃，农业发达，矿藏资源丰富，工业布局合理，现已勘明优质矿藏30多种。截至2017年末，湘乡市常住人口80.59万人，财政收入141 076万元，GDP水平为406.24亿元，人均GDP为50 408元。

在2017年湖南省87个县域金融竞争力排名中，湘乡市全省排名第8位，处在上游区域的第一层次，同时也位列湘潭市辖县第2位。其中湘乡市的金融服务竞争力、金融生态竞争力，金融发展竞争力都在全省87个县域中名列前茅，分别位列第8位、第7位和第5位，都进入了上游区域第一层次，成为县域金融竞争力的优势指标。可见，湘乡市是在湖南省各县域中竞争力优势较为为显著、各金融项竞争力指标比较均衡的县域。就金融服务竞争力二级指标来看，湘乡市机构人员规模和资金规模指标分别排名第7位和第8位，处于上游区域的第一层次。而在服务效率上湘乡市相对其他两县有很大差距，排名第33位，处于中游区域的第一层次。就金融生态竞争力二级指标来看，政府部门、机构部门和居民部门指标三者差距不大，分别排名第13位、第5位、第10位，处于上游区域的第一层次和第二层次。就金融发展竞争力二级指标来看，湘乡市在发展水平和发展潜力上分别排名第9名和第10名，都在上游区域内的第一层次。总体而言，湘乡市的各二级指标中，除了金融服务竞争力中的服务效率指标相对较差，处于中游区域内的第一层次，其他所有二级指标都在全省有着相对竞争力，处于或接近于上游区域内的第一层次。

3. 韶山市位于湖南省中部偏东的湘中丘陵区，在湘乡、宁乡、湘潭交界处，距湘潭市40公里，距长沙市120公里，处于湘潭市市区以西。韶山市北、东与宁乡县麻山乡、朱石桥乡、三仙坳乡毗连，韶山市因舜帝南巡至此奏韶乐而得名。韶山是中国各族人民的伟大领袖毛泽东的故乡，也是他青少年时期生活、学习、劳动和从事革命活动的地方，是全国著名革命纪念地、全国爱国主义教育基地、国家重点风景名胜区、中国优秀旅游城市。截至2017年末，韶山市常住人口9.84万人，财政收入44 920万元，GDP水平为86.18亿元，人均GDP为87 581元。

在2017年湖南省87个县域金融竞争力排名中，韶山市全省排名第33位，处在中游区域的第一层次，同时也位列湘潭市辖县最后1位。其中韶山市的金融服务竞争力、金融生态竞争力在全省87个县域中分别位列第46位和第45位，进入中游区域第二层次，是县域金融竞争力的中势指标。与这两个指标相比，韶山市的金融发展竞争力指标力在全省87个县域中名列前茅，排在第12名，处于上游区域第二层次。可见，韶山市在湖南省各县域中竞争力主要体现在金融发展竞争力。就金融服务竞争力二级指标来看，其中的三个分项指标差距很大。韶山市机构人员规模指标排名第60位，资金规模指标则未上榜，在全省各县域中处于相对弱势的地位，而服务效率却排名第4位，处在上游区域的第一层次，在全省各县域中处于相对优势的地位。就金融生态竞争力二级指标来看，其中的三个分项指标差距也很大。韶山市居民部门指标排名第15位，处于上游区域的第二层次，另外两项政府部门和机构部门指标都未上榜。就金融发展竞争力二级指标来看，韶山市发展水平排名第31名，处于中游区域第一层次，在发展潜力中排名第6位，处于上游区域的第一层次，具有明显的比较优势。总体而言，韶山市的各二级指标排名和湘潭市其他县域相比相对弱势，指标之间的差异也较大。

### （四）湘潭市金融竞争力发展对策建议

#### 1. 依托政府政策，深化区位优势

长株潭城市群是湖南省经济发展与城市化的核心地区，由长沙、株洲、湘潭三市组成，这三市分别是位列湖南省第1、第2、第5的大城市，且三市相邻，结构紧凑。2006年，长株潭城市群被国家列为促进中部崛起重点发展的城市群之一。2007年，长株潭城市群获批为全国资源节约型和环境友好型社会建设综合配套改革试验区。湘潭市是全省乃至全国重要的工业城市，是长株潭城市群的中心城市之一，其管辖内的湘潭县、湘乡市、韶山市在金融发展上必然会占据相应的区位和政策优势。尤其是湘潭县与湘乡市，交通发达，地理位置优越，在市区内经济、金融体量相对饱和，企业土地成本迅速提高等外部效应的推动下，各类大型企业、综合商贸圈必然会逐步渗透湘潭县和湘乡县境内，这会有效提升湘潭县和湘乡市的金融生态竞争力。相比于湘潭县与湘乡市，韶山市受到湘潭市区的外部辐射带动效应相对较低，因此，在增强自身金融竞争力的同时，也要充分利用长株潭城市群的经济一体化发展的区位和政策优势，推动自身经济与金融的发展。

#### 2. 缩小县域发展差距，落实金融精准扶贫

虽然湘潭县域地区金融服务竞争力整体水平比较强，但是县与县之间存在着发展不平衡的问题。湘潭县和湘乡市的金融竞争力水平在湖南省87个县域中排在前列，然而，韶山市整体金融竞争力水平在湖南省87个县域中排在了中游，甚至金融服务竞争力的二级指标资金规模及金融生态竞争力的二级指标政府部门和机构部门指标在排序上均未上榜。因此，缩小县域发展差距、落实金融精准扶贫是促进湘潭市县域金融发展的关键。落实金融精准扶贫首先要促进金融服务于实体经济。金融服务于实体经济意味着金融扶贫要与地方产业相结合，可以利用小额信贷等一系列的政策来实施金融产业扶贫，加强信贷与产业的融合，强化方式与机制的创新，强化风险和安全的监管，提升服务与产品的质量。此外，在整个县域，尤其是贫困地区，要深化和创新金融服务，使金融真正服务于民。2016年，湘潭市首个金融扶贫服务站在韶山市韶山乡韶阳村成立，这是湘潭市县域定位精准的金融扶贫服务的一大创新。湘潭市金融扶贫服务站是金融扶贫工作的平台和载体，具备融资信息交流、金融政策宣讲、金融知识辅导、信用评级协助、借贷衔接沟通等多项功能。最后，政府还可以为企业和银行牵线搭桥，这不仅可以减少政府的监管成本、银行的运营成本以及企业的融资成本，还可以在一定程度上减少三者的信息不对称，缓解当地企业融资难的状况。

#### 3. 优化金融生态，防范金融风险

首先，可以通过完善公司治理、强化约束机制等措施来增强入驻金融机构的金融服

务能力。同时，还要做好实时监控，减少不良贷款，扩大资本金规模，提高入驻金融机构抵御风险的能力，提升其支持农村经济发展的能力和水平，发挥作为农业生产金融主力军的作用。其次，要建立和健全农村信贷风险分担和补偿机制。逐步建立政府、银行、保险、融资性担保机构等多方共同参与的农村信贷风险分担和补偿机制，化解农村金融风险。鼓励融资性担保公司设立农业融资服务部，积极为"三农"企业提供担保服务，有效分担农村信贷风险。建立健全农业保险体系，逐步完善财政支持的、多层次的农业灾害风险分散机制。最后，要引导农村民间融资规范发展。建立健全农村民间融资日常监测机制，扩大监测范围，提高监测的准确性，对民间融资较为活跃的农村地区实行动态监测，提高数据的时效性。在加强监测分析的基础上，有针对性地对农村民间融资资金进行引导，使之流向国家重点扶持的重点农业生产领域。

**4. 充分利用旅游资源，鼓励本土企业上市**

湘潭是历史文化名城、湖湘文化的发源地、中国"湘莲之乡"，也是全国人民仰慕的旅游胜地、湖南旅游品牌"名人名山"的中心旅游目的地。湘潭风景秀丽，旅游资源十分丰富。旅游资源具有数量多、种类齐、品位高、人文特色鲜明和神秘感强等特点。对此，政府可以整合现有旅游资源，大力发展旅游经济，加大金融对旅游业的扶持力度（韶山旅游发展集团有限公司上市和"最忆韶山冲"旅游综合体项目建设）。目前，湘潭已基本建立包含企业上市、新三板挂牌、区域性股权市场挂牌为主的多层次资本市场体系，共有 4 家上市公司、10 家新三板挂牌企业、2 家区域性股权市场挂牌股改企业。这些企业的发展与上市对政府的财政收入、居民人均收入、国民生产总值等关乎金融生态竞争力的指标作出了一定贡献，对湘潭县域金融环境竞争力与金融发展竞争力等多项指标都有一定的提升作用。但总体而言，湘潭存在上市企业数量少、规模不大的短板，与省内先进地区比还有比较大的差距。上市企业的数量和规模，是地方经济发展程度的重要标志。补齐上市融资这块短板，是湘潭未来几年金融工作的重中之重。拟上市企业要对自身企业的发展有清晰的发展规划并找准自身定位，突出主业，认真培育核心产业。要规范运作，积极整改，把握市场的变化规律，创新融资方式。同时，政府要加强上市监管，规范企业的管理结构、经营治理、技术创新。

## 八、永州市所辖县域金融竞争力评价分析

永州市位于湖南省南端，五岭北麓，湘粤桂三省区结合部。永州古称零陵，因舜帝南巡崩于宁远九嶷山而得名，又因潇水与湘江在城区汇合，永州自古雅称"潇湘"。永州历代名人辈出，山水形胜，人杰地灵，产生了怀素、周敦颐、何绍基、陶铸、李达等一批驰名中外的杰出书法家、哲学家和政治家。历史上，永州是文人墨客的神往之地，这里有江南最大的摩崖石刻——浯溪碑林，有湖南最大的文庙——宁远文庙，有纪念柳侯胜迹的柳子庙，有大书法家"草圣"怀素练习书法的绿天庵，有被誉为瑶族世外桃源的千家峒，有人类最早种植稻谷的遗址——玉蟾洞，有湖南保存最完整的明代古塔回龙塔和唐代名岩朝阳岩。东安武术、祁阳祁剧、瑶族歌舞、农民磨漆画等都具有浓郁的地方特色。永州自古便是华中、华东地区通往广东、广西、海南及西南地区的交通要塞，也是湖南对外开放的重要门户，素有"南山通衢"之称。境内湘江北可抵长江，南下经灵渠可达珠江水系；两条国道、十条省道在境内纵横交错；湘桂铁路横贯永州市北部，是连接西南诸省和海南、粤西的桥梁。

2017年，永州全市实现地区生产总值1 728.46亿元，比上年增长8.3%。其中，第一产业增加值为333.80亿元，增长3.8%；第二产业增加值为602.46亿元，增长6.5%；第三产业增加值为792.20亿元，增长12.1%。第一产业、第二产业、第三产业对全市经济增长的贡献率分别为9.4%、28.1%、62.5%，分别拉动全市GDP增长0.78个、2.33个、5.19个百分点。按常住人口计算，全市人均地区生产总值为31585元，同比增长7.9%。全市三次产业结构比重由上年的20.7∶35.1∶44.2调整为19.3∶34.9∶45.8，第三产业比重提高了1.6个百分点。非公有制经济增加值为943.82亿元，增长8.3%，占地区生产总值的比重为54.6%。

2017年末，永州全市年末户籍人口为641.61万人，全市常住人口为547.97万人，增长0.27%，其中城镇人口264.40万人，增长4.49%，乡村人口283.57万人，下降3.38%。全年出生人口为9.4万人，出生率为14.42‰；死亡人口为4.69万人，死亡率为7.23‰；自然增长人口为4.71万人，人口自然增长率为7.19‰。永州市下辖零陵区、冷水滩区两个市辖区及双牌县、祁阳县、东安县、道县、宁远县、新田县、蓝山县、江永县、江华瑶族自治县九县，另设有回龙圩、金洞两个管理区。本研究仅针对除回龙圩、金洞两个管理区以及零陵区、冷水滩区两个市辖区以外的9个县域。

### （一）2017年永州市辖县金融竞争力整体状况分析

2017年永州市辖县金融竞争力及各项一级指标排序如表2-15所示。从整体上来看，永州市所辖9县金融综合竞争力排名在湖南省处于较弱势地位。从金融竞争力指标排名来看，有4县未上榜，4县处于中游区域，1个县进入上游区域。其中，祁阳县位居上游区域的第二层次前列，排序为第13位，在永州9县中表现较为突出；宁远县、江

华县、东安县进入了中游水平的第二层次,分别位列第42位、第43位、第50位;道县则处于中游水平的第三层次,位列第53位。其余4县包括蓝山县、新田县、江永县和双牌县没有上榜。在永州9县中,除祁阳县排名第13位表现较好以外,其余8县排名均处于较为弱势的中下游地位。

表2-15 2017年永州市辖县金融竞争力及各项一级指标排序

| 项目 | 金融竞争力排序 | 金融服务竞争力排序 | 金融生态竞争力排序 | 金融发展竞争力排序 |
|---|---|---|---|---|
| 祁阳县 | 13 | 12 | 22 | 27 |
| 东安县 | 50 | 42 | 52 | 57 |
| 道县 | 53 | 54 | 43 | 49 |
| 宁远县 | 42 | 45 | 41 | 30 |
| 江华县 | 43 | 36 | 59 | 26 |
| 蓝山县 | 未上榜 | 未上榜 | 未上榜 | 未上榜 |
| 新田县 | 未上榜 | 未上榜 | 未上榜 | 未上榜 |
| 江永县 | 未上榜 | 未上榜 | 未上榜 | 未上榜 |
| 双牌县 | 未上榜 | 未上榜 | 未上榜 | 未上榜 |

从一级指标来看,永州9县在金融服务竞争力、金融生态竞争力和金融发展竞争力三个一级指标的排名与其金融综合竞争力排名表现出了较强的对应关系。其中,金融综合竞争力处于上游位次的祁阳县在三个一级指标上的位次也处于上游水平。金融综合竞争力排名处于中游区域的东安县、道县、宁远县、江华县,除了宁远县和江华县的金融发展竞争力排名进入了上游区域外,该4县对应的其余一级指标均处于中游区域。而对于在金融综合竞争力排名中未上榜的蓝山县、新田县、江永县和双牌县,这4县对应的所有一级指标也同样处于未上榜的下游区域。

2017年永州市辖县金融竞争力3项一级指标下的8项二级指标分布特征如表2-16和图2-8所示。从平均排序方面看,永州9县整体竞争力最低的是金融发展竞争力下的发展潜力指标,平均排序为第63.3位,居下游区域。平均排序处于中游区域第三层次的指标较多,包括金融服务竞争力下的两项二级指标机构人员规模和资金规模,以及金融生态竞争力下的全部三个二级指标政府部门、机构部门和居民部门。在8项二级指标中,平均排序较高的两项二级指标为金融服务竞争力下的服务效率指标和金融发展竞争力下的发展水平指标,处于中游区域的第二层次,分别位列第42.6位和第44.7位。

表2-16 2017年永州市辖县金融竞争力各项二级指标排序

| 项目 | 金融服务竞争力 | | | 金融生态竞争力 | | | 金融发展竞争力 | |
|---|---|---|---|---|---|---|---|---|
| | 机构人员规模 | 资金规模 | 服务效率 | 政府部门 | 机构部门 | 居民部门 | 发展水平 | 发展潜力 |
| 祁阳县 | 19 | 11 | 31 | 56 | 28 | 22 | 22 | 41 |
| 东安县 | 40 | 51 | 41 | 57 | 51 | 48 | 33 | 未上榜 |
| 道县 | 43 | 49 | 未上榜 | 59 | 54 | 38 | 45 | 53 |

续表

| 项目 | 金融服务竞争力 | | | 金融生态竞争力 | | | 金融发展竞争力 | |
|---|---|---|---|---|---|---|---|---|
| | 机构人员规模 | 资金规模 | 服务效率 | 政府部门 | 机构部门 | 居民部门 | 发展水平 | 发展潜力 |
| 宁远县 | 50 | 38 | 50 | 未上榜 | 48 | 44 | 20 | 未上榜 |
| 江华县 | 56 | 40 | 18 | 未上榜 | 58 | 未上榜 | 18 | 未上榜 |
| 蓝山县 | 59 | 未上榜 | 45 | 未上榜 | 未上榜 | 59 | 未上榜 | 56 |
| 新田县 | 未上榜 | 未上榜 | 36 | 未上榜 | 未上榜 | 未上榜 | 55 | 未上榜 |
| 江永县 | 未上榜 | 未上榜 | 39 | 60 | 未上榜 | 未上榜 | 未上榜 | 未上榜 |
| 双牌县 | 未上榜 | 未上榜 | 55 | 58 | 未上榜 | 未上榜 | 未上榜 | 未上榜 |
| 均值 | 56.3 | 53.9 | 42.6 | 60.0 | 56.9 | 55.4 | 44.7 | 63.3 |
| 极差 | 65.0 | 76.0 | 50.0 | 8.0 | 45.0 | 57.0 | 57.0 | 39.0 |
| 方差 | 399.8 | 467.2 | 184.2 | 6.7 | 172.1 | 316.0 | 451.8 | 135.1 |
| 标准差 | 20.0 | 21.6 | 13.6 | 2.6 | 13.1 | 17.8 | 21.3 | 11.6 |

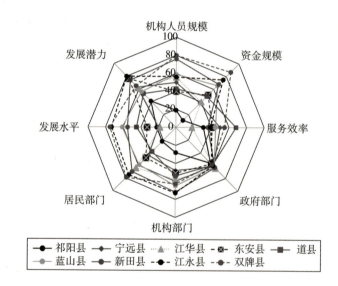

**图 2-8　永州市县域金融竞争力及各项二级指标比较**

从差异性方面来看，各项二级指标在永州9县之间表现的差异也各不相同。最大的资金规模指标位序差达76位，最小的政府部门指标位序差为8位。由此可见，永州9县在部分指标上差异明显，在部分指标上差异较小。因而永州需要重点关注部分位序差异明显的指标，通过缩小该部分指标之间的差距，从而改变当前该市9县之间金融综合竞争力水平差距明显的现实情况。

## （二）2017 年永州市辖县金融竞争力亮点与特色

由于部分历史原因和客观条件的限制，2017 年永州市下辖的9县整体金融竞争力水平处于相对劣势的位置，但是这并不妨碍其在部分领域中存在亮点。永州市下辖的9县中整体金融发展竞争力下的发展水平指标表现出一定的相对优势，金融服务竞争力中的服务效率表现也较好。

从一级指标来看，永州市在一级指标中的金融发展竞争力排序较另外两个一级指标来说表现较为突出，除去排名较为靠后的 4 县对应的 3 个一级指标均未上榜外，在上榜的 5 县中，有 3 个县在金融发展竞争力排名上处于上游区域，因而金融发展竞争力水平在永州金融发展中表现得较为亮眼。通过分析该一级指标下三级指标的表现，可以看出：永州各县在县域小微企业贷款余额、城市化水平这两个指标上的排名在湖南各县域中处于较为优势的地位，这对永州各县在金融发展竞争力指标的排名起到了一定的支撑作用。

从二级指标来看，永州各县在服务效率指标排名中表现较为亮眼。在全市 9 县中，只有 1 县未上榜，另外 8 县多处于中上游的位次，究其原因，主要是各县在服务效率下的银行机构存贷比、存款占财政收入比重、主要金融机构服务"三农"水平这 3 个三级指标的排名表现出了明显的优势。除此之外，在机构人员规模和发展水平这两个二级指标排名方面，永州 9 县中有 3 个县未上榜，服务效率指标有 1 个县未上榜，较其他二级指标排名表现出了一定优势。

### （三）2017 年永州市辖县金融竞争力分项指标分析

1. 祁阳县位于湖南省西南部，湘江中上游，永州市东北部，因地处祁山之南而得名。截至 2017 年末，祁阳县常住人口为 86.95 万人，其中城镇人口 40.84 万人，农村人口 46.11 万人。2017 年全县地区生产总值为 292.52 亿元，比上年增长 8.2%。其中，第一产业增加值为 49.92 亿元，增长 2.9%；第二产业增加值为 104.23 亿元，增长 6.9%；第三产业增加值为 138.37 亿元，增长 11.4%。按常住人口计算，全县人均地区生产总值为 33 488 元，同比增长 11.5%。

祁阳县金融综合竞争力在全省县域排名中名列第 13 位，处于上游区域的第二层次，在永州 9 个县中排名最为靠前。在一级指标方面，祁阳县在金融服务竞争力、金融生态竞争力和金融发展竞争力的排名在全市 9 县中也均处于首位。其中，金融服务竞争力处于上游区域的第二层次，金融生态竞争力和金融发展竞争力则均处于上游区域的第三层次，在永州 9 县中具有绝对竞争优势。在二级指标方面，祁阳县的机构人员规模和资金规模位于上游区域的第二层次，分别位列第 19 位和第 11 位，这两项二级指标在排名上的良好表现使得该县在金融服务竞争力指标上取得了第 12 位的优势地位。从金融生态竞争力的二级指标来看，该县政府部门指标排名第 56 位，虽然在永州 9 县中排名第一，但是在全省县域内也只处于中游区域的第三层次，这也反映出了全市 9 县在 GDP 水平、财政收入和财政支出方面整体水平与省内其他县域相比有待于进一步提升的现状。在金融发展竞争力的二级指标中，发展水平指标排名第 22 位，有效地推动了该县的金融发展竞争力排名进入上游区域。在永州市的 3 项一级指标中，优势、中势和劣势指标分别有 3 项、0 项和 0 项，整体金融综合竞争力较强，金融生态竞争力下的政府部门排名有待提高。无论是从金融综合竞争力水平还是各项分指标来看，祁阳县在永州9县中都处于领先地位。

2. 宁远县地处湖南省南部、永州南六县的中心位置，宁远自秦汉设郡置县，至今已有2 200多年历史，宋乾德三年（公元965年）定名宁远，寓武定功成，远方安宁之意。《史记》载："舜南巡狩，崩于苍梧之野，葬于江南九嶷"。夏朝时为纪念舜帝而建的舜帝陵，成为"中华第一古陵"。宁远县辖4个街道办事处、12个镇、4个民族乡以及4个国有林场。当地物产丰富，是中国粮食主产比照县、生猪调出大县、优质油茶林基地示范县。2017年，宁远全县实现地区生产总值152.7849亿元，同比增长8.7%。截至2017年末，全县常住人口72.73万人，其中男性38.21万人，女性34.52万人。

宁远县金融综合竞争力排名位列永州市第二位，在全省87个县域中排名第42位。具体从一级指标来看，宁远县金融服务竞争力名列第45位，金融生态竞争力名列第41位，两项指标均处于中游区域的第二层次，是宁远县县域金融竞争力的中势指标。金融发展竞争力名列第30位，处于上游区域的第三层次，具有一般比较优势。在二级指标中，发展水平指标排名第20位，表现出了宁远县在该指标上的比较优势。而发展潜力指标和政府部门指标则未能上榜，这主要是与当地经济总量、财政收入与支出、固定资产投资数值相对较低有关。宁远县的一级指标中，优势、中势和劣势指标分别有1项、2项和0项。宁远县整体的金融综合竞争力和5个二级指标在全省87个县域处于中游水平。

3. 江华瑶族自治县地处湖南省正南端，南岭北麓，潇水源头，湘、粤、桂三省（区）结合部的金三角。全县总面积3 248平方公里，辖16个乡镇，是全国瑶族人口最多、湖南省唯一的瑶族自治县，被誉为"神州瑶都"。2017年江华全县实现地区生产总值113.86亿元，同比增长8.8%。截至2017年末全县总人口为53.39万人，总户数为15.77万户，常住人口为43.88万人。

江华县金融综合竞争力在全省87个县域中位列第43名。在一级指标中，金融发展竞争力排名第26位，处于上游区域的第三层次，是江华县县域金融竞争力的相对优势指标。金融服务竞争力排名第36位，处于中游区域的第一层次，金融生态竞争力排名则为第59名，处于中游区域的第三层次，这两项属于江华县县域金融竞争力的中势指标。其中，在江华县金融生态竞争力下的二级指标中，政府部门和居民部门指标均未上榜，这两项二级指标的劣势使得该县的金融生态竞争力排名接近下游区域。而发展潜力指标较低的主要原因是当地金融机构对科研和技术服务业的贷款投放量以及当地的城市化水平与其他县域相比表现出一定的劣势。

4. 东安县位于湖南省西南部，湘江上游。东安人崇德尚武，东安武术驰名中外，是全国首批命名的"武术之乡"。截至2017年末，全县常住人口57.35万人，其中城镇人口23.19万人、乡村人口34.16万人，常住人口城镇化率为40.44%，比上年提高1.92个百分点。2017年度全县实现地区生产总值1 834 218万元，同比增长8.5%。其中，第一产业增加值为387 291万元，增长4.2%；第二产业增加值为669 989万元，增长 6.8%；第三产业增加值为 776 938 万元，增长 12.4%。按常住人口计算，人均地区生产总值为 32 106 元，同比增长 10.2%。

东安县金融综合竞争力排名位列永州市第 4 位，在全省 87 个县域中排名第 50 名，处于中游区域的第二层次。在一级指标中，东安县金融服务竞争力排名为第 42 名，金融生态竞争力排名为第 52 名，金融发展竞争力排名为第 57 名。其中，金融服务竞争力排名位于中游区域第二层次，金融生态竞争力和金融发展竞争力排名则位于中游区域第三层次。上述 3 个一级指标均为东安县金融竞争力的中势指标。在全部 8 个二级指标中，东安县有 7 个二级指标处于中游区域，只有发展潜力指标未上榜，而发展潜力指标未上榜，与东安县当地城市化、金融机构贷款在科学研究和技术服务业的投放量、金融机构贷款在教育的投放量水平较低有着显著的关联。东安县的各项金融竞争力指标大多处于中游区域，缺乏明显的优势指标是当地金融发展的现实情况。

5. 道县地处湘粤桂三省交汇区，古称道州。现辖 7 个街道、11 个镇、4 个乡、1 个农场，369 个行政村（社区），面积 2 447.8 平方公里。在长期的历史积淀和文化熏陶中，形成了以北宋理学开山鼻祖周敦颐为代表的理学文化，以晚清大书法家何绍基为代表的书画文化、以玉蟾岩为代表的稻作文化、以鬼崽岭为代表的神秘文化、以刘少奇同志早期革命伴侣何宝珍为代表的红色文化、以道州龙船赛为代表的民俗文化、以福岩洞为代表的现代人类起源文化七大特色文化。2017 年全县实现地区生产总值 189.7 亿元，比上年增长了 8.8%。截至 2017 年末全县常住人口为 62.60 万人，其中城镇人口为 29.18 万人，城镇化率为 46.61%，比上年提高 1.94 个百分点。

道县在 2017 年金融综合竞争力排名中位列第 53 位，处于中游区域第三层次。在一级指标中，道县的金融服务竞争力排名为第 54 名，处于中游区域的第三层次。其中，二级指标中的服务效率未上榜，机构人员规模和资金规模分别位列第 43 位和第 49 位。服务效率未上榜成为拉低道县金融服务竞争力排名的主要因素。而道县服务效率未上榜，主因是当地贷款占财政收入比重、人均银行机构存款、主要机构服务"三农"水平等指标表现处于弱势水平。道县的金融生态竞争力和金融发展竞争力排名分别为第 43 名和第 49 名，均处于一级指标的中游区域第二层次，同时这两项一级指标对应的 5 个二级指标也均处于中游区域，没有优势指标或劣势指标的出现。当地可以有针对性地提升部分指标排名，通过培育优势指标的方式提升自身金融综合竞争力的排名。

6. 江永县位于湖南省南部，拥有"女书文化""中国香柚之乡"的称号。全县辖 5 镇 4 乡，2 个国有农林场，1 个自然保护区，总面积 1 540 平方公里。2017 年，全县完成生产总值 65.7 亿元，比 2016 年增长 7.7%。截至 2017 年末，全县总人口（户籍人口）为 281 555 人，男性人口 148 596 人，占 52.8%；女性人口 132 959 人，占 47.2%。

江永县在 2017 年金融综合竞争力排名中未上榜，处于下游区域。一级指标方面，该县的 3 个一级指标均未上榜。在二级指标方面，8 个二级指标中有 6 个二级指标排名未上榜，处于下游区域，在省内表现出了较为劣势的地位。同时，服务效率指标在全省 87 个县域中排名第 39 位，处于中游区域的第一层次。江永县在金融服务竞争力、金融生态竞争力和金融发展竞争力均处于较为劣势的地位，总体金融综合竞争力在省内县域排名中处于劣势地位。但该县的服务效率指标排名情况较其他指标表现较好，表明该县的金融服务水平是该县金融业发展的相对优势项目。

7. 蓝山县，湖南省永州市辖县，位于湖南省南部边陲，南岭山脉中段北侧，有"楚尾粤头"之称，是湘西南通往广东沿海地区的重要门户。蓝山县东与临武县接壤，南与江华瑶族自治县、广东省连州市毗邻，西与宁远县交界，北接嘉禾县。蓝山历史悠久，建县已有 2 200 多年的历史。蓝山县辖 14 个乡镇（其中少数民族乡镇 6 个）、1 个国有森林公园。县域总面积为 1 806 平方公里，其中土地总面积为 1 798 平方公里，耕地面积为 21. 36 千公顷。截至 2017 年末，蓝山县常住人口为 34. 34 万人，财政收入为 51 755 万元，GDP 水平为 111. 06 亿元，人均 GDP 为 32 341 元。

蓝山县的经济发展水平在永州处于较为弱势的地位，其综合金融竞争力在全省 87 个县域中排名下游，所有一级指标均表现为劣势，反映出蓝山县金融竞争力综合水平较弱，具体表现为多数二级指标排名靠后，从县域层面的横向比较上来看表现较弱。从单项二级指标来看，所有二级指标都分布于中游和下游区域。

8. 新田县，湖南省永州市下辖县，位于湖南省南部、永州市东部，东邻郴州市桂阳县，南界郴州嘉禾县，西连宁远县，北交祁阳县及衡阳。20 世纪 60 年代末，新田人民曾因大办水利、改天换地的壮举，赢得了一代伟人毛泽东"南有新田"的崇高赞誉。境内有福音山国家森林公园、古洞石羊、南国武当山、大冠岭古堡、鹅井等景点，龙家大院、彭梓城、谈文溪等古民居，有 2400 多年的银杏树。截至 2017 年末，新田县常住人口为 34. 44 万人，财政收入为 43 771 万元，GDP 水平为 79. 63 亿元，人均 GDP 为 23 121 元。

新田县的经济发展水平在永州处于较为弱势的地位，其综合金融竞争力在全省 87 个县域中排名下游。在一级指标中，新田县的金融服务竞争力在 87 个县域中处于下游区域，虽然其服务效率处于中游的区域，但其机构人员规模和资金规模水平低下，处于下游区域，严重拉低了其从属的一级指标。一级指标金融生态竞争力在 87 个县域中处于下游区域，是新田县的劣势指标，这是由于其政府部门、机构部门、居民部门三个二级指标排名都处于下游区域，没有一个指标具有相对优势。金融发展竞争力在 87 个县域中同样处于下游区域，同样是新田县的劣势指标，虽然其发展水平在在 87 个县域中排名第 55 名，处于中游区域，但是其发展潜力处在了下游区域。在新田县金融竞争力的一级指标中，所有指标均为劣势，反映出新田县金融竞争力综合水平较弱，具体表现为多数二级指标排名靠后，从县域层面的横向比较上来看表现较为弱势。从单项二级指标来看，二级指标大多分布于下游区域少数分布于中游。

9. 双牌县位于湖南省南部，永州市中腹，古名泷泊。现辖 6 镇 5 乡 2 林场 1 个国家森林公园，总人口 20 余万，总面积 1 751 平方公里，大体呈"九山半水半分田"之格局。双牌旅游资源丰富，现有国家四级景区 2 处，三级景点 12 处、二级景点 39 处、一级景点 19 处，国家 AAA 级景区 1 个，其他各具特色的旅游景点灿若繁星，不胜枚举。

截至 2017 年末，双牌县常住人口为 20.26 万人，财政收入为 31 610 万元，GDP 水平为 58.99 亿元，人均 GDP 为 29 116 元。

双牌县的经济发展水平在永州处于弱势的地位，其综合金融竞争力在全省 87 个县域中排名下游。在一级指标中，双牌县的金融服务竞争力在 87 个县域中处于下游区域，虽然其服务效率水平处于中游区域，但是其机构人员规模和资金规模都处于下游区域，严重拉低了其从属的一级指标。一级指标金融生态竞争力在 87 个县域中未上榜，是双牌县的劣势指标，其居民部门和机构部门 2 个二级指标排名未上榜，政府部门指标排名第 58 位，这 3 个二级指标没有一个指标具有相对优势。金融发展竞争力在 87 个县域中同样处于下游区域，同样是双牌县的劣势指标，其发展水平和发展潜力处在 87 个县域中同样排名都处于下游区域。在双牌县金融竞争力的一级指标中，所有指标均为劣势，反映出双牌县金融竞争力综合水平较弱，具体表现为一些二级指标排名靠后，从县域层面的横向比较上来看表现较为弱势。从单项二级指标来看，绝大多数二级指标未上榜。

## （四）永州市金融竞争力发展对策建议

### 1. 改善金融生态，提升永州金融发展内生动力

受到经济基础、财政收支、居民收入等客观因素的影响，永州市 9 个县中除了祁阳县在湖南省县域金融综合竞争力排名处于上游之外，其余 8 个县都排在 40 名及以后的中下游位置。排名靠后的 4 个县在金融生态竞争力下的 3 个二级指标排序中的表现较差，在这 4 县金融生态竞争力对应下所有二级指标排名最高也仅为 58 位，这对于永州市金融竞争力的发展造成了相当的负面影响。金融生态环境的改善是提升永州金融综合竞争力的基础，只有永州的金融生态发生了良性转变，永州金融才会获得长效的发展动力。

（1）强化县域经济基础

良好的县域经济基础是金融生态赖以生长的"土壤"，改善永州当地金融生态的基础是强化县域经济。因此，永州 9 县当下要立足自身经济短板，不断探索县域经济新的增长点，实现县域金融与经济良性互动发展。特别是对于 2018 年初刚刚脱贫摘帽的双牌县、江永县和宁远县，在摘帽后应继续给予各项支持，增强经济实力，巩固脱贫攻坚成果。永州市应当着力推动当地县域新型工业化、新型城镇化、农业现代化、信息化深度融合发展，加快培育新的增长动力。大力推动经济结构调整和发展方式转变，全面提升农业产业化和绿色化水平，促进传统农业向效益农业转变。引导和鼓励企业进行技术改造、自主创新，升级传统产业，加快发展高技术产业和现代服务业，提升产业核心竞争力。要积极培育和打造一批有影响力、行业话语权的企业，构造经济发展新动力。

（2）防范化解金融风险

永州地区的金融生态建设水平相对落后，部分小微企业和群众还存在着金融风险意识不足、法律意识淡薄的情况。同时县域金融在当地发展的过程中，虽然为当地的经济全面健康发展提供了良好的前提和条件，但是不容忽视的是，其中还存在着一定的风险。这些风险都不利于县域金融的良性发展，甚至还会直接影响到永州县域经济的正常发展。

针对这种情况，需要积极开展相应的金融监管和风险防范工作。针对县域金融进行监管和风险防范的过程中，现有的金融监管体制运行过程中存在着一定的制度性缺陷，针对金融风险进行防范的过程中也存在着一定的不合理之处。针对这种情况，需要积极采用良好的区域金融风险防范措施和手段，加强县域金融监管工作。第一，应建立健全完善合理的县域金融监管体制；第二，要积极调整和优化县级人民银行的职责和工作任务；第三，要积极使用金融监管的协调机制，针对县域金融风险进行有效防范。

**2. 提升金融发展竞争力，支持永州产业承接转移**

（1）金融支持产业转移承接

产业园区作为承接产业转移的重要载体和平台，发展工业，核心在园区，关键靠园区，走工业园区化、园区产业化、产业集群化道路，已成为区域经济发展的必然选择。明确信贷支持的重点是支持永州承接产业转移园区建设，积极申报受理项目，加快调查审批进度，满足其资金需求，加强园区交通、通信、供水、供气、供电、防灾减灾等配套基础设施建设，增强园区综合配套能力。优先支持凤凰园经济开发区、蓝宁道新加工贸易走廊、永州国家农业科技园三个国家级产业园的建设，大力支持中国永州—东盟绿色自由贸易区先行区的基础设施建设，不断完善承接产业转移园区的水、电、路、讯等基础设施建设。同时，支持园区建设立足各地实际，科学谋划，错位布局，选准主导产业，创新园区开发机制和管理体制，着力建设成"定位准确、规划合理、配套完善、优势突出、特色鲜明"的承接产业转移园区，打造永州当地的特色产业集群，提高项目吸引力和投资强度，推进产业转移项目向园区集聚。

（2）集中金融优势扶持重点产业

一是突出抓大项目，力争引进一批投资强度大、规模大的优势项目。集中优势金融资源扶持永州当地发展特色产业集群。二是向高新技术产业给予金融政策倾斜，重点引进一批科技含量高、产能效益好的项目。三是突出抓见效快的项目，大批量引进成本低、投产快的企业，壮大农产品加工贸易集群。优先支持承接具有地方特色的农产品精深加工业，继续扩大对于现有的祁阳县油茶优势特色农业产业园和蓝山县水果优势特色农业产业园的金融扶持力度，并以此为示范，重点培育优质稻、果蔬、竹木、油茶、畜禽、药材等具有当地特色的农产品产业链条。立足永州实际，明确金融精准扶贫的思路，扬长避短，加大对农产品加工企业的信贷支持。

**3. 优化金融服务，回归实体经济**

（1）提高金融服务水平

基于当前永州各县金融服务竞争力总体水平不强的现状，可以从三个方面提升永州县域金融服务竞争力。一是要突出"以客户为中心"理念，强化服务意识，为客户提供贷款受理、项目调查、评级授信、贷款管理、票据贴现、资金结算等"一站式"服务，开辟承接产业转移的信贷绿色通道。二是要充分发挥农发行系统优势，深入了解产业转移的项目和客户，合理引导，择优扶持。三是进一步完善利率风险定价机制，对产品有市场、经营效益好的优质项目，利率可适度下浮，降低企业融资成本。四是创新信贷品种。努力探索仓单质押贷款、权利质押贷款、股权质押贷款、应收账款质押贷款等信贷品种，有效解决企业抵押不足的问题。

（2）创新中小微企业金融服务

针对永州各县当前金融服务竞争力不强的现实状况，根据当地中小微企业所属的行业、规模、发展状况等特点，定制不同的金融产品，推行专属融资服务。根据中小微企业的实际融资需求，引导金融机构建立较为完善的金融市场，深化金融信贷产品创新，推出适宜的多样化的金融服务，提高金融服务的覆盖面，降低中小微企业融资难度和融资成本。包括农业银行、建设银行、工商银行、中国银行等多家金融机构的永州分行先后提出了要在永州当地开展小微金融业务的发展战略。部分金融机构针对永州当地农业类小微企业融资难的现状，结合当地业农村发展及农业类小微企业经营需要，专项推动专业大户、家庭农场、农民专业合作社、小微企业等新型农业经营主体信贷支持工作，通过粮食贷、油茶贷、生猪贷、特色贷等新型授信产品，降低融资成本、提高审批效率，切实解决企业融资难的问题。

同时，当地中小微企业经常面临"先还款再续贷"的问题，金融机构可以对信用记录较好的企业推行"无本续贷"的还款模式，降低企业融资的难度，减轻企业融资的成本，提高企业借贷的效率，同时降低金融机构的信贷风险。针对企业进货需要较大量的资金，金融机构通过信用评级、交易过程数据监控、存货监管等措施，推行存货融资，降低企业融资成本。针对企业备料生产的资金压力，可推行订单融资服务。金融机构可以根据企业的订货信息和产能交易的采购订单信息进行风险控制，当企业接到生产订单的时候，直接给予订单一定比例的资金支持。

（3）规范发展民间融资

要积极引导永州当地的民间资本进入银行业，以规范发展民间融资机构。当前国家监管机构鼓励民间资本进入银行业，民间资本进入银行业正呈现出逐年上升的趋势，并为正规金融的发展增添了活力。民营银行已成为服务中小微企业的重要金融机构。如果民间资本充裕，可引导民间资本成立民营银行，推出符合区域中小微企业需求的融资服务。民间融资机构具有很强的创新性和巨大活力，政府要积极扮演好服务者与管理者的角色，设立相关为民资服务的管理机构，确保资本供需之间的信息交流互动，实现民资供需双方的有效匹配，以提高民间投融资效率，充分发挥民间融资的积极作用，引领民间资本更多地投向实体经济，有效降低民营企业融资成本。同时，可以通过建立民间信用体系，记录贷款人的信用信息等措施，最大限度地分散和防范民间融资风险。

## 九、邵阳市所辖县域金融竞争力评价分析

邵阳市，史称"宝庆"，位于湖南省西南部，东与衡阳市交界，南与广西壮族自治区接壤，西与怀化地区为邻，北与娄底地区毗连，处于江南丘陵向云贵高原的过渡地带，地形多样，风景优美，拥有新宁崀山、城步南山、新邵白水洞以及魏源故居等多个风景名胜区。邵阳市历史悠久，是一座拥有两千多年历史的古城，拥有宝庆竹刻、滩头文化、邵阳花鼓戏等多项国家非物质文化遗产，文化底蕴深厚。

近年来，邵阳市注重政策落地、重视脱贫攻坚以及强调综合治理，经济总量稳中有升，经济质量和结构也不断优化，转型升级初见成效。2017 年，邵阳市 GDP 总量达 1 691.5 亿元，同比上升 10.5%。其中，第一产业产值为 333.47 亿元，较上年度增加 6.66 亿元；第二产业产值为 595.13 亿元，较上年度增加 51.39 亿元，同比增长 9.45%；第三产业产值为 762.9 亿元，较上年度增加 103.19 亿元，同比增长 15.64%。城乡居民人均可支配收入 16 353 元，同比增长 10.8%。其中，城镇居民人均可支配收入 25 029 元，增长 8.8%；农民人均可支配收入 10 756 元，增长 10.6%。

党的十九大以来，邵阳市根据"二中心一枢纽"战略，紧紧围绕"服务实体经济"这一本源，深化金融改革，完善金融市场体系，大力开展金融扶贫工作，扩大信贷规模，助推实体经济发展，同时落实监管责任，把金融风险放在重要位置。截至 2017 年末，邵阳市金融机构本外币存款余额 2 795.05 亿元，比上年末增加 347.92 亿元，同比增长 14.2%，全市金融机构本外币各项贷款余额 1 269.59 亿元，较上年增加 216.59 亿元，同比增长 20.6%。其中，人民币消费贷款 260.87 亿元，同比增长 41.3%，中小企业贷款 490.56 亿元，同比增长 25.8%。同时，证券市场交易平稳，保险业务也发展形势良好。另外，邵阳市政府发布了《邵阳市人民政府关于加快发展现代保险服务业的实施意见》《邵阳市偿贷过桥专项资金管理暂行办法》等相关条例，在推动金融业服务实体经济发展的同时，预防系统性风险，规范本地区金融行业发展。

2017 年末，邵阳市常住人口为 737.54 万人，其中，城镇人口为 338.46 万人，乡村人口为 399.08 万人，城镇化率达 45.89%。邵阳市辖区总面积 20 829 平方公里，下辖行政区包括大祥区、双清区、北塔区 3 个市内主城区，以及邵东县、隆回县、洞口县、新邵县、邵阳县、新宁县、绥宁县、城步苗族自治县和武冈市（县级市）。本研究只针对邵阳市除大祥区、双清区、北塔区之外的 9 个县域进行分析。

### （一）2017 年邵阳市辖县金融竞争力整体状况分析

2017 年邵阳市所辖县域金融综合竞争力及各项一级指标排序如表 2 – 17 所示。从整体上看，邵阳市所辖 9 个县域金融综合竞争力在湖南省 14 个地州市 87 个县域中处于中游偏弱水平，并且 9 个县域内部之间差距较大，发展不平衡问题严重，呈现出东部领先、西部落后的特征。从金融竞争力总排名来看，9 个县域中邵东县发展最好，位于全

省上游区域的第一层次，隆回县随后，位于全省上游区域第二层次，洞口县、武冈市、新邵县与邵阳县4个县域处于全省中游区域，其余3个县未上榜。

具体从一级指标来看，金融服务竞争力指标有邵东县、隆回县和洞口县3个县处于全省上游区域，武冈市、新邵县和邵阳县3个县域处于中游区域，还有3个县未上榜。金融生态竞争力指标只有邵东县处于全省上游水平，隆回县等6个县处于中游区域，2个县未上榜。金融发展竞争力指标有邵东县和隆回县两县处于上游区域，洞口等5个县处于中游区域，2个县处于下游区域。总体来看，邵阳市范围内县与县之间在金融服务竞争力、金融生态竞争力和金融发展竞争力3项一级指标维度上发展不平衡，差异较为明显。

表 2 - 17　　　　　　　2017 年邵阳市辖县金融竞争力及各项一级指标排序

| 项目 | 金融竞争力 | 金融服务竞争力 | 金融生态竞争力 | 金融发展竞争力 |
|---|---|---|---|---|
| 邵东县 | 6 | 6 | 9 | 7 |
| 隆回县 | 15 | 9 | 40 | 28 |
| 洞口县 | 39 | 29 | 44 | 50 |
| 武冈市 | 44 | 37 | 48 | 45 |
| 新邵县 | 45 | 50 | 46 | 29 |
| 邵阳县 | 52 | 53 | 39 | 56 |
| 新宁县 | 未上榜 | 未上榜 | 60 | 38 |
| 城步县 | 未上榜 | 未上榜 | 未上榜 | 未上榜 |
| 绥宁县 | 未上榜 | 未上榜 | 未上榜 | 未上榜 |

2017 年邵阳市辖县金融竞争力3项一级指标下的8项二级指标分布特征如表2-18和图2-9所示。

表 2 - 18　　　　　　　2017 年邵阳市辖县金融竞争力各项二级指标排序

| 项目 | 金融服务竞争力 | | | 金融生态竞争力 | | | 金融发展竞争力 | |
|---|---|---|---|---|---|---|---|---|
| | 机构人员规模 | 资金规模 | 服务效率 | 政府部门 | 机构部门 | 居民部门 | 发展水平 | 发展潜力 |
| 邵东县 | 5 | 5 | 25 | 10 | 10 | 7 | 6 | 18 |
| 隆回县 | 11 | 9 | 26 | 28 | 52 | 43 | 15 | 未上榜 |
| 洞口县 | 32 | 19 | 57 | 40 | 44 | 45 | 56 | 39 |
| 武冈市 | 21 | 33 | 未上榜 | 41 | 49 | 51 | 39 | 50 |
| 新邵县 | 27 | 41 | 未上榜 | 42 | 42 | 52 | 38 | 22 |
| 邵阳县 | 41 | 31 | 未上榜 | 38 | 40 | 41 | 42 | 未上榜 |
| 新宁县 | 58 | 54 | 未上榜 | 53 | 未上榜 | 60 | 41 | 37 |
| 城步县 | 未上榜 | 未上榜 | 46 | 未上榜 | 未上榜 | 未上榜 | 未上榜 | 未上榜 |
| 绥宁县 | 未上榜 | 未上榜 | 59 | 55 | 未上榜 | 未上榜 | 未上榜 | 未上榜 |
| 均值 | 36.6 | 37.3 | 55.0 | 44.7 | 48.8 | 50.8 | 41.2 | 53.0 |
| 极差 | 68 | 72 | 57 | 70 | 69 | 78 | 62 | 68 |
| 方差 | 489.8 | 554.2 | 340.2 | 391.8 | 331.3 | 428.6 | 388.2 | 582.7 |
| 标准差 | 22.1 | 23.5 | 18.5 | 19.8 | 18.2 | 20.7 | 19.7 | 24.1 |

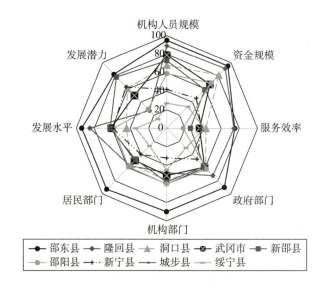

**图 2 - 9　邵阳市县域金融竞争力及各项二级指标比较**

从各项二级指标的平均排名来看，9 个县域各项二级指标排名均值基本稳定在第 35 名至第 55 名的中游区域。其中，平均排名最高的是金融服务竞争力下的机构人员规模指标，平均排名为第 36.6 名；平均排名最低的是金融服务竞争力下的服务效率指标，平均排名第 55.0 位。可以看出，细化至二级指标之后，邵阳市县域金融竞争力各项指标之间的平均排名较为靠近，大多处于湖南省中游偏下水平。

从各项二级指标的差异性来看，各指标极差、标准差与方差均较大。其中，各指标极差大多高于 60，标准差大多高于 20，方差均超过了 300。例如，极差最大的是金融生态竞争力指标下的居民部门，达到 78。说明对于每一项具体指标而言，邵阳市各个县域之间排名差距较大，发展水平参差不齐。另外，从表 2 - 18 和图 2 - 9 中也可以发现，各二级指标下邵东县均位列前位，达到湖南省的上游区域，金融竞争力较强。而城步苗族自治县仅金融服务竞争力指标下的服务效率处于全省第 46 名之外，其他二级指标均未上榜，进一步验证了邵阳市内各县域之间金融竞争力差异较大，区域之间发展不平衡问题突出。

### （二）2017 年邵阳市辖县金融竞争力亮点优势分析

由于地理位置、自然条件和历史因素等一系列原因，2017 年邵阳市下辖 9 个县域整体金融竞争力在全省范围内处于中游偏弱的位置，但是在一些方面却很耀眼，极具地方特色。从整体上看，邵阳市下辖 9 个县域在金融服务竞争力方面综合表现相对较好，说明邵阳市下辖县域比较注重本地金融服务的质量。

从各指标上来看，一方面，邵阳市下辖 9 个县域在机构人员规模和资金规模两项表现较为优秀，主要体现在金融机构（银行、证券、保险）数目较多，金融机构从业人员数量较多，同时银行机构存款余额和贷款余额数量较多，说明邵阳市县域金融行业能够为当地企业和个人提供较为便利和较为专业的融资借贷等各类金融服务。另一方面，邵阳市各县域金融行业非常重视对当地教育的支持和投入。其中，9 个县域中有 4 个县金融机构对教育行业的贷款量排在全省的上游区域，还有 4 个县域位于中游区域，仅有 1 个县位于下游区域。

从各县域来看，邵东县依靠其商业优势，无论是一级指标、二级指标还是三级指标在全市范围内几乎都遥遥领先于其他 8 个县域，甚至在全省范围内都名列前茅，是全市金融行业发展的领头羊，能够起到示范效应和标杆作用。另外，邵阳市农产品和矿产资源丰富，生态环境优美，文化底蕴深厚，这为地区金融行业的多样性发展提供了较好的环境基础与发展优势。

总而言之，邵阳市拥有相对较好的环境基础，只要当地政府正确引导和大力支持，金融行业将具有较大发展潜力。

### （三）2017 年邵阳市金融竞争力分县域指标分析

1. 邵东县是邵阳市的东大门，位于湖南省中部、邵阳市东部，地处珠三角与长三角经济圈交汇带，紧邻长株潭城市群，是我国中部地区小商品物流集散区，总面积 1 778 平方公里，总人口 134.5 万人。依靠其长期以来的商业优势，邵东县经济发展较快，素有"百工之乡""商贸之城""民营之都"的美称，并拥有"全国电子商务进农村综合示范县""中国箱包皮具生产基地"等多个区域发展名片。近年来，邵东县根据"金融服务实体经济"这一方针，出台了《关于实施创新驱动战略加快发展实体经济的意见》等一系列支持政策，投资洼地效应不断显现，县内经济快速发展，金融行业优势逐渐凸显。2017 年，邵东县地区生产总值为 178.75 亿元，同比增长 10%。

邵东县金融综合竞争力在全省 87 个县域中排名第 6 位，处于上游区域的第一层次。从一级指标来看，邵东县金融服务竞争力、金融生态竞争力、金融发展竞争力排名均居于全省前 10 名，在全省各县域金融竞争力中均具有较强的竞争优势，且没有弱势指标存在。具体从金融服务竞争力二级指标来看，邵东县机构人员规模、资金规模两项指标均排在第 5 名，处于上游区域第一层次。服务效率指标排名第 25 名，处于全省上游水平第三层次，相对于其他指标而言，表现较弱，有待进一步提升。从金融生态竞争力二级指标来看，邵东县政府部门、机构部门以及居民部门 3 项指标均排在全省前 10 名，处于上游区域的第一层次，其中居民部门表现较政府部门和机构部门略胜一筹。就金融发展竞争力二级指标来看，金融发展水平和发展潜力两项指标均处于全省上游区域，但是发展潜力指标排在第 18 名，与其他指标存在一定的差距，需进一步提升和发展。整体来看，邵东县金融竞争力排名全市第 1 名，在湖南省各县域中优势明显，各项指标都位于全省上游区域，这与其长期以来商业的快速发展密不可分。

2. 隆回县位于湘中偏西南、邵阳市西北部、资水上游北岸，总面积 2 866 平方公里，总人口 120 万人，有汉、回、瑶等 24 个民族，文化底蕴深厚，拥有花瑶挑花、花瑶鸣哇山歌、滩头年画、手工抄纸 4 项国家非物质文化遗产，是全国文化先进县。矿产资源丰富，隆回县煤、金、锰、硒等 25 种矿产储量居湖南省前列，土壤中硒含量是世界平均值的 25 倍、全国平均值的 30 倍，居"中国三大硒都"之首。另外，物产也独具特色，隆回具有"中国金银花之乡""中国龙牙百合之乡"的美称。隆回县虽为国家贫困县，但近年来借助于矿产资源的天然优势以及农业品牌的声名鹊起，产业结构明显优化，经济发展取得了一定的进步，金融竞争力也进一步增强。2017 年，隆回县地区生产总值为 171.88 亿元，同比增长 6.5%。

隆回县金融竞争力在此次全省 87 个县域中排名第 15 位，处于全省上游区域第二层次，在邵阳市范围内仅次于邵东县。从一级指标来看，隆回市金融服务竞争力最强，排名于全省第 9 位，金融发展竞争力随后，排在全省第 28 位，金融生态竞争力最弱，排在全省第 40 位。3 个分项竞争力指标中有两项指标排在全省上游区域，一项指标处于中游水平，可见隆回县金融竞争力各一级指标之间发展不平衡。从金融服务竞争力二级指标来看，隆回县机构人员规模、资金规模、服务效率 3 项指标均排在上游区域。从金融生态竞争力二级指标来看，隆回县政府部门指标处于上游区域第三层次，但是机构部门和居民部门两指标均排在中游区域。就金融发展竞争力二级指标来看，发展水平指标排在全省第 15 位，但金融发展潜力指标却未上榜，说明就隆回县而言，金融发展潜力指标相对最弱。这主要是由于隆回县城市化水平较低，且金融机构对科技服务行业贷款投放量较少，从而表现出金融发展潜力不足。整体来看，隆回县金融竞争力总体靠前，但各指标之间发展不平衡的问题十分严重，亟待改善。

3. 洞口县位于湖南省西南部、邵阳市西北部、雪峰山东麓、资水上游，历史上曾是"西控云贵，东制长衡"的军事要地。全县总面积 2 200 平方公里，总人口 89 万人，有"中国绿色名县""中国宗祠文化之都""中国楹联文化县""中国雪峰蜜桔之乡"的美誉。2017 年，洞口县地区生产总值为 168.22 亿元，同比增长 7.4%。

洞口县金融竞争力在 2017 年全省 87 个县域中排名第 39 位，处于全省中游区域第一层次。从一级指标来看，洞口县金融服务竞争力、金融生态竞争力、金融发展竞争力发展较为均衡，大多处于中游区域，分别排在全省第 29 名、第 44 名和第 50 名。具体到金融服务竞争力二级指标看，除资金规模指标排在第 19 名的上游区域第二层次外，机构人员规模和服务效率两项指标均处在中游区域，分别排在第 32 名、第 57 名，服务效率指标表现相对较弱，这主要是由于洞口县范围内银行机构存贷比较低、人均银行机构存款量较少以及金融机构贷款率较高。从金融生态竞争力二级指标来看，洞口县的政府部门、机构部门和居民部门 3 项指标均排在全省第 40 名至第 50 名之间，分别为第 40 名、第 44 名和第 45 名，处于中游区域第二层次。就金融发展竞争力二级指标来看，金融发展水平和金融发展潜力两项指标分别排在第 56 名和第 39 名，发展水平指标表现相对较弱。整体来看，除资金规模指标相对较强以外，洞口县各指标都处于全省中游区域，各指标之间发展也较为均衡。

4. 武冈市位于湖南省西南部，是邵阳市西部中心，处于"湘、桂、黔"交界之地，素称"三省通衢、黔巫重镇"，总面积1 549平方公里，总人口84.5万人。武冈1994年2月撤县设市，2007年4月湖南省政府批复的《湘西地区城镇体系规划》把武冈明确定位为湘西地区次中心城市。得益于天然的地理优势，武冈县农业发展强势，具有"全国粮食生产先进县""全国小型农田水利建设重点县"等多个区域发展名片，同时商贸繁荣，现已成为邵阳市西部地区乃至湘、桂、黔边境地区重要物资集散地。2017年，武冈市地区生产总值为143.34亿元，同比增长8.4%。

武冈市在2017年湖南省87个县域金融竞争力排名中，位列第44名，处于中游区域第二层次。从一级指标看，武冈市金融服务竞争力、金融生态竞争力、金融发展竞争力之间发展较为均衡，大多处于中游区域，分别排在全省第37名、第48名和第45名。从金融服务竞争力二级指标来看，机构人员规模指标排名第21名，处于全省上游区域第三层次，资金规模指标排在第33名，处于中游区域第一层次，但是服务效率指标却未上榜，表现出相对劣势。这主要是由于武冈市银行机构存贷比较低，人均银行存款量较低，人均银行机构贷款量较少以及金融机构不良贷款率较高，从而金融服务效率低下。从金融生态竞争力二级指标来看，武冈市的政府部门、机构部门和居民部门3项指标均排在全省第40名至第55名之间，分别为第41名、第49名和第51名，处于中游水平第二层次和第三层次。就金融发展竞争力二级指标来看，金融发展水平和金融发展潜力两项指标分别排在第39名和第50名，发展潜力指标表现相对较弱。整体来看，除机构人员规模指标相对较强、服务效率指标最弱之外，武冈市其他各指标之间发展较为均衡，都处于全省中游区域。同时值得重视的是，武冈市应加快金融服务效率指标的发展，避免其成为地区金融发展的障碍和短板。

5. 新邵县位于湘中腹地、邵阳市北部，资水纵贯全境，总面积1 763平方公里，总人口82.8万人。新邵县矿产资源丰富，境内探明可开采矿藏50余种。其中，黄金、钨储量居全省第一，锑储量居全省第二，有全国"黄金万两县"和全省"有色金属之乡"之称。2017年，新邵县地区生产总值为137.98亿元，同比增长6.8%。

新邵县在2017年湖南省87个县域金融竞争力排名中，位列第45名，处于中游区域第二层次。从一级指标看，新邵县金融发展竞争力指标表现最好，排在第29名，处于全省上游区域第三层次，金融生态竞争力次之，排在第46名，处于中游区域第二层次，而金融服务竞争力指标相对较弱，排在全省第50名。具体从金融服务竞争力二级指标来看，机构人员规模和资金规模两项指标分别排在全省第27名和第41名，但是服务效率指标却未上榜，表现出相对劣势。这主要是人均银行存款量较少、人均银行机构贷款量较低以及主要金融机构服务"三农"水平较低等因素引起的。从金融生态竞争力二级指标来看，新邵县的政府部门、机构部门和居民部门3项指标均排在全省第40名至第55名之间，分别为第42名、第42名和第52名。就金融发展竞争力二级指标来看，金融发展水平和金融发展潜力两项指标分别排在第38名和第22名，发展水平指标表现相对较弱。整体来看，除服务效率指标相对较弱之外，新邵县其他各指标之间发展较为均衡，基本处于全省中游区域。同样应该注意的是，新邵县在未来应加快金融服务效率指标的发展，以期促进金融行业良好发展。

6. 邵阳县位于湖南省中南部偏西、邵阳市南部、资江上游，土地总面积 1 996.08 平方公里，全县总人口 92 万。邵阳县矿产资源富足，为全国重点产煤县，同时也是传统农业大县，是湖南省粮食、花生、油茶等商品生产基地。邵阳县的经济发展水平在湖南省县域经济排名中处于较弱的位置，是国家扶贫开发重点县和国家退耕还林项目重点县。2017 年，邵阳县地区生产总值为 143.75 亿元，同比增长 7.1%。

邵阳县金融竞争力在全省 87 个县域中排名第 52 名，处于中游区域第三层次。一级指标中，金融服务竞争力、金融生态竞争力和金融发展竞争力在 87 个县域中分别排在第 53 名、第 39 名和第 56 名，处于全省中游区域。就二级指标而言，除金融服务竞争力指标下的服务效率和金融发展竞争力指标下的发展潜力两项指标未上榜以外，其他各项指标均排在第 30 名至第 45 名之间，处于中游区域第一层次、第二层次。这主要是由于邵阳县作为传统农业大县，经济发展较为缓慢，金融服务效率较低和发展潜力不足，主要表现在人均银行机构存款量少、人均银行机构贷款量较少、金融机构不良贷款率较高、金融机构教育行业贷款投放量较少以及城市化水平较低等方面。从整体上看，邵阳县金融竞争力处于全省的中游水平，应该重视金融服务效率和发展潜力方面的发展，补齐短板。

7. 新宁县位于湘西南边陲、邵阳市西南部，东连永州东安，西接城步，南邻广西全州，北枕武冈。全县总人口 65.5 万人，聚居着汉、瑶、苗、壮、侗、回等 14 个民族。新宁县是个农业县，农产品丰富，风景秀丽，素有"五岭皆炎热，宜人独新宁"之誉，主要农产品有粮食、生猪、木材和柑橘等，其境内崀山更是被辟为国家级旅游风景区。新宁县经济发展较为落后，2017 年地区生产总值仅为 101.9 亿元，同比增长 8.7%。

新宁县金融综合竞争力在 2017 年全省 87 个县域中处于下游区域。从一级指标上来看，新宁县金融发展竞争力指标表现最好，位列全省第 38 位，处于中游区域第一层次，金融生态竞争力随后，处于全省中游区域第三层次，而金融服务竞争力却未上榜。具体从二级指标来看，除了金融发展竞争力下的发展水平和发展潜力两项指标分别位列第 41 名和第 37 名的中游区域外，金融服务竞争力指标下的机构人员规模、资金规模、服务效率 3 项指标和金融生态竞争力下的政府部门、机构部门、居民部门 3 项指标均排在 50 名之后，特别是服务效率和机构部门两项指标均未上榜。这主要是新宁县作为一个农业县，工业基础较为落后，再加上固定资产投资规模小、工业总产值低，同时人均银行存贷款量小、金融机构不良贷款率较高等，造成县内金融服务竞争力和金融生态竞争力不足。整体来看，新宁县金融竞争力较弱，但注重金融机构对教育和科技等领域的贷款投入，因此未来仍然具有发展潜力。

8. 绥宁县位于湘西南边陲、邵阳市西部，全县总面积 2 927 平方公里，总人口 39 万人。县内民族众多，有 8 个少数民族乡，苗、侗、瑶等 25 个少数民族人口占全县总人口的 66% 以上。绥宁森林覆盖率达 76%，林业资源居湖南省首位，是国家林业重点县之一，也是国家级生态示范区，具有"最佳文化生态旅游目的地""中国民间文化艺术之乡"的称号，更是被联合国誉为"神奇的绿洲"。但是，由于工业基础较差，绥宁县经济发展水平在湖南省县域经济排名中处于较低的位置。2017 年，绥宁县地区生产总值89.74 亿元，同比增长 7.4%。

绥宁县综合金融竞争力在 2017 年全省 87 个县域中排名下游。从一级指标上来看，绥宁县的金融服务竞争力、金融生态竞争力、金融发展竞争力的排名均处于 87 个县域的下游区域。具体从金融服务竞争力的二级指标来看，机构人员规模以及资金规模两项指标均处于下游区域，是造成金融服务竞争力处于相对劣势的重要原因。但同时要注意到，绥宁县金融服务效率这项二级指标的排名相较于另外两项指标表现稍好，处于中游区域的第三层次，位列第 59 名。从金融生态竞争力二级指标看，机构部门指标排名第 55 位，居于中游区域的第三层次，而政府部门和居民部门两项二级指标均处于全省下游区域。就金融发展竞争力指标而言，金融发展水平和发展潜力两项二级指标也均处于下游区域。综上可以看出，目前绥宁县金融竞争力表现较弱，亟待加强。

9. 城步苗族自治县位于湖南省西南部，也处于邵阳市西南部，是 1956 年国务院批准成立的全国 5 个单列苗族自治县之一。全县面积 2 647 平方公里，现有 28 万人口，有苗、汉、侗等 13 个民族，生态环境良好，是湖南省重点林区县之一。全县旅游资源丰富，其南山景区有着"南方呼伦贝尔"的美誉。由于历史因素和地理位置的原因，城步苗族自治县经济发展比较缓慢，是国家级扶贫工作重点县。2017 年，全县地区生产总值为 39.71 亿元，较上年同比增长 7.9%。

城步苗族自治县的综合金融竞争力处于 87 个县域中的下游区域。城步县金融竞争力的 3 项一级指标——金融服务竞争力、金融生态竞争力、金融发展竞争力也均处于全省下游区域。其中，金融服务竞争力指标下对应的二级指标中，服务效率指标排名较为亮眼，在 87 个县域中排名居于第 46 位，处于中游区域的第二层次；但是，机构人员规模和资金规模两项指标表现不佳，均处于下游区域。从金融生态竞争力二级指标来看，其下对应政府部门、机构部门、居民部门 3 项指标均处于下游位置，这主要是由于当地经济发展缓慢、工业基础较差以及财政收支较低，因而全县金融生态竞争力处于一个劣势的状态。就金融发展竞争力二级指标而言，金融发展水平和金融发展潜力也均居于下游区域。

### （四）邵阳市金融竞争力发展对策建议

由于地理位置、自然条件以及长期积累的历史因素，邵阳市工业基础较差，整体经济发展较为缓慢，金融竞争力也处于全省中游偏下水平。但是，事物都有两面性，得益于怡人的自然环境和悠久的历史文化，邵阳市境内农产品丰富，风景优美，文化底蕴深厚，同时部分县域商业发展势头强劲，具备较好的经济和金融发展潜力。因此，根据邵阳市范围内各县的基本情况和特色领域，从农业、文化、旅游、商业和监管 5 个方面对提高邵阳市县域金融竞争力提出对策建议，以期改善邵阳市 9 个县域之间金融竞争力发展不平衡的现状，从而更好地发挥金融服务当地实体经济的作用。

**1. 落实产业振兴，发展农村金融市场**

党的十九大报告中提出实施乡村振兴战略，这对绝大多数县是农业县的邵阳市而言具有战略性的指导意义。而乡村实体经济的发展离不开金融血液的灌输，因此，落实产业振兴、发展邵阳市下辖县域农村金融产业是实现乡村经济振兴的必经之路。

具体而言，邵阳市范围内隆回县、洞口县、武冈市、新宁县、邵阳县、绥宁县和城步苗族自治县等几个农业县，要落实产业振兴政策，应该大力发展农村金融市场。一方面，要发展农村多元金融体系，要加快培育适合农村发展的新型金融组织，从而构建一个结构合理且灵活性强的农村金融市场，对当地农业现代化发展提供资金支持。例如，在县域范围内建立农村土地流转交易市场，并发展农村土地承包经营权、土地预期收益权、农村集体资源使用权和不动产产权的抵押贷款和证券化业务，推动农村土地集约化发展的同时推动金融业务创新。另一方面，要完善农村金融政策支持和保障体系。实施地方优惠政策引导和鼓励金融机构发展当地农村金融市场，例如树立"农业资产"在抵押担保方面的优惠地位，为农业信贷建立更加便捷的证券化通道，利用互联网新兴技术大力发展普惠金融等，将社会资金引导到支持农业发展之中，并利用地方财政建立相应的风险补偿基金，缓解涉农金融机构信贷压力。绥宁县、城步苗族自治县等经济发展速度较慢的县域，应引起特别重视。

**2. 完善服务体系，推动文化金融进步**

邵阳市是一座拥有两千多年历史的古城，文化底蕴深厚，文化资源丰富，有邵阳花鼓戏、宝庆竹刻、隆回县滩头年画等代表性的文化作品，邵阳洞口县亦有"中国宗祠文化之都"和"中国楹联文化县"的美称。近年来，"文化+金融"的模式发展迅速，不仅为文化产业的发展注入了新鲜血液，也给金融业带来空前的活力。对文化底蕴深厚的邵阳市而言，这不失为一种较好的金融发展方向。

具体来说，对于邵阳市辖区内隆回县、洞口县、绥宁县等多民族聚居、文化资源丰富的县域而言，可以通过完善金融服务体系来推动当地文化金融行业的发展。一是要充分发挥市、县、镇、乡各级政府的引导和支持作用，优化当地文化产业金融支持政策，培育多元化的投资主体，并建立弹性的市场准入制度。二是要健全文化金融中介服务体系，建立当地权威有效的文化金融评估机构和文化金融平台，并举办知识讲座。三是要改进邵阳市文化金融业务模式，加快相关金融产品创新，为文化企业量身定制专业的金融业务和产品，比如建立多元化的文化企业贷款申请渠道，并对中小文化企业实施贷款资金上的政策倾斜。通过以上三种渠道完善金融服务体系，让文化与金融结盟，使文化与企业牵手，使金融更好地为邵阳经济发展服务。

**3. 创新产品工具，促进旅游金融发展**

邵阳市自然环境优美，旅游资源种类和数量多。目前，全市共有新宁崀山、城步南山、绥宁黄桑、武冈云山以及新邵白水洞5处国家级和省级重点风景名胜区，魏源故居、北塔2处国家重点文物保护单位，舜皇山和云山2处国家级森林公园。而旅游业和金融业的融合，不仅能为旅游产业的良好发展提供更大的舞台，还能使金融行业自身完善和发展的同时发挥催化作用，从而创造新的价值。因此，依托于市内优美的自然环境和丰富的旅游资源，邵阳市实行金融与旅游相结合的旅游金融发展模式，将具有很大的发展潜力。

邵阳市范围内，新宁县、新邵县、绥宁县、武冈县和城步苗族自治县自然景观秀丽，旅游资源丰富，这些县域可以通过创新金融产品和金融工具等方式来发展旅游金融产业。确切地说，首先要深化当地金融机构与旅游项目的合作，签订战略合作协议，提供贷款、租赁等综合服务方案。其次要推动邵阳市金融机构建立多元化的旅游企业融资渠道，创新各类金融工具为旅游企业和旅游景点募集发展和建设资金，同时建立健全政府担保机制。再次要利用互联网新兴技术，创新支付手段和支付方式，并建立便民金融服务点，减少交易成本，为游客、企业、景点以及金融机构提供最大便利。最后要针对旅游行业创新旅游消费信贷业务、旅游保险服务等各类金融工具和金融产品，在风险可控的基础上最大限度开发和设计满足公众旅游消费需求的金融产品。

### 4. 优化政策环境，鼓励本地企业上市

商业是邵阳市经济发展的核心行业，特别是邵阳市范围内经济实力最强的邵东县，其正是依靠长期以来的商业优势，在全省87县域中其经济实力和金融竞争力名列前茅。目前，邵阳市境内有湖南贵太太茶油科技股份有限公司等在新三板上市的龙头企业，但本土上市公司数目仍然较少。做大做强本土企业，尤其是推动当地地方企业上市是进一步提升地方经济和金融实力的重要手段。对于邵阳市而言，推动本地企业上市的关键在于优化政策环境，加大财政扶持力度，营造企业上市融资良好环境。同时还要开展上市融资调研工作，建立本地上市后备企业库，筛选一批竞争力强且有上市意向的优质企业，有计划地重点培育和扶持，并召开银企对接会，加强银行等金融机构与本土企业的合作。

### 5. 加强监督管理，防控政府性债务风险

未来应加强监督管理，防范区域性金融风险，特别是防控政府性债务风险。具体而言，一要健全债务控制与化解偿还机制，根据邵阳市实际情况建立一套市、县、镇、乡各级政府债务规模的动态参考指标和合理区间，同时还要出台具体方案明确偿还方式和偿还责任，并建立奖惩制度鼓励地方政府积极化解和偿还债务存量。二要加快优化全市金融风险监测预警体系，建立地方政府债务信息披露和信息管理制度，提高透明度，减少信息不对称。三要健全风险监管体系，全市各级财政部门、监督部门要加强对政府债务以及非法融资等行为的监督和管理，并对融资性担保公司和小额贷款公司开展日常监管，同时还要明确监管部门的职责范围，以避免监管盲区与多头监管现象发生，从而切实防范和控制全市范围内的金融风险。

## 十、益阳市所辖县域金融竞争力评价分析

益阳为湖南省地级市，位于长江中下游平原的洞庭湖南岸，地处湖南省北部，居雪峰山的东端及其余脉带，是环洞庭湖生态经济圈核心城市之一，也是长株潭 3 + 5 城市群之一，它北近长江，同湖北省石首县抵界，西和西南与本省常德市、怀化市接壤，南与娄底市毗邻，东和东南紧靠岳阳市和省会长沙市，拥有六步溪国家级自然保护区、湖南柘溪国家森林公园、湖南雪峰湖国家湿地公园、茶马古道、蚩尤故里等文化遗存。

近年来，益阳市基础设施不断夯实，产业结构不断优化，经济总量不断扩大。2017年益阳实现地区生产总值 1 665.41 亿元，同比增长 8.4%。其中：第一产业产值达到286.12 亿元，同比增长 3.9%；第二产业产值为 647.11 亿元，增长 7.1%；第三产业产值达 732.18 亿元，增长 11.6%。按常住人口计算，人均 GDP 37 745 元，增长 8.6%。

2017 年益阳市金融行业整体运行平稳。年末全市金融机构本外币存款余额 1 836.64亿元，比年初增加 176.33 亿元。金融机构本外币贷款余额 915.11 亿元，比年初增加187.34 亿元。存贷比为 49.8%，比上年上升 6 个百分点。证券业全年股票交易额1 456.78 亿元，比上年下降 11.74%。保险业稳步发展，全年保费收入 62.15 亿元，增长 28.5%。

截至 2017 年，益阳市常住人口 439.2 万人，其中城镇人口 220.13 万人，农村人口219.07 万人，城镇化率为 50.12%。益阳市总面积 12 144 平方公里，为全省总面积的5.83%，全市包括沅江市、桃江县、安化县、南县 4 个县域以及资阳区、赫山区、大通湖区 3 个城区和国家级益阳高新技术产业开发区。本研究只针对除益阳市内 3 个城区及益阳高新技术产业开发区以外的沅江市、桃江县、安化县、南县 4 个县域进行分析。

### （一）2017 年益阳市辖县金融竞争力整体状况分析

2017 年益阳市辖县金融竞争力及各项一级指标排序如表 2 – 18 所示。从整体上看，益阳市所辖 4 个县域金融综合竞争力水平整体在省内居中上游水平，金融发展水平整体较为均衡。从金融竞争力排名情况看，4 个县域中 3 个县位于上游区域，1 个县域位于中游水平。安化县、桃江县、南县均居于上游区域的第三层次，分列第 21 位、第 24 位、第 28 位。沅江市进入中游水平的第一层次，位居 87 个县域的第 37 位。益阳市所辖 4 个县域整体上排序在全省位于中上，金融综合竞争力整体较强。

表 2 – 19　　　　2017 年益阳市辖县金融竞争力及各项一级指标排序

| 项目 | 金融竞争力 | 金融服务竞争力 | 金融生态竞争力 | 金融发展竞争力 |
|---|---|---|---|---|
| 安化县 | 21 | 10 | 38 | 48 |
| 桃江县 | 24 | 20 | 28 | 25 |
| 南县 | 28 | 25 | 34 | 22 |
| 沅江市 | 37 | 41 | 23 | 52 |

从一级指标来看，表现最好的是金融服务竞争力指标，安化县、桃江县、南县位于上游区域，分列第 10 名、第 20 名、第 25 名，沅江市位于中游区域，居于第 41 位。其中安化县的金融服务竞争力位于上游区域的第一层次，在益阳市的 4 个县域中表现最为亮眼。金融生态竞争力指标整体上表现良好，沅江市、桃江县居于上游区域的第三层次，分别位列第 23 位、第 28 位。南县、安化县居于中游区域的第一层次，分别位列第 34 位、第 38 位。金融生态竞争力指标排名情况整体相差不大，表明益阳市的经济金融发展环境较好。金融发展竞争力指标相较于其他两个指标较为逊色，南县、桃江县位于上游区域的第二层次，分别位列第 22 位、第 25 位。安化县位于中游区域的第二层次，位列全省第 48 名。沅江市位于中游区域的第三层次，位列第 52 位，表明益阳市的金融发展潜力可以进一步增强。整体来看，益阳市县域的一级指标中没有出现某项特别弱势的指标，4 个县域竞争力良好。

2017 年益阳市辖县金融竞争力 3 项一级指标下的 8 项二级指标分布特征如表 2 - 20 和图 2 - 10 所示。从各项二级指标的平均排名来看，4 个县域的 8 项二级指标中的资金规模、服务效率、政府部门、机构部门、居民部门、发展水平指标的平均排序居于中游区域的第一层次，分别处于全省第 31 位、第 34.8 位、第 34 位、第 31.8 位、第 31.5 位、第 35.8 位。平均水平表现最好的是金融服务竞争力下的机构人员规模指标，平均排序为第 19.8 位，居上游区域的第二层次。除此之外，金融发展竞争力下的金融发展潜力指标在二级指标中排名相对较弱，与其他各项二级指标排名的均值存在一定的差距，平均排序为全省第 42.5 位，位于中游区域的第二层次。综合来看，益阳市的各项二级指标之间发展较为均衡。

表 2 - 20 **2017 年益阳市辖县金融竞争力各项二级指标排序**

| 项目 | 金融服务竞争力 | | | 金融生态竞争力 | | | 金融发展竞争力 | |
|---|---|---|---|---|---|---|---|---|
| | 机构人员规模 | 资金规模 | 服务效率 | 政府部门 | 机构部门 | 居民部门 | 发展水平 | 发展潜力 |
| 安化县 | 14 | 12 | 23 | 26 | 35 | 53 | 26 | 未上榜 |
| 桃江县 | 13 | 27 | 34 | 35 | 30 | 24 | 28 | 27 |
| 南县 | 17 | 43 | 29 | 44 | 39 | 31 | 36 | 13 |
| 沅江市 | 35 | 42 | 53 | 31 | 23 | 18 | 53 | 43 |
| 均值 | 19.8 | 31.0 | 34.8 | 34.0 | 31.8 | 31.5 | 35.8 | 42.5 |
| 极差 | 22 | 31 | 30 | 18 | 16 | 35 | 27 | 74 |
| 方差 | 79.7 | 160.5 | 126.2 | 43.5 | 35.7 | 175.3 | 113.2 | 772.8 |
| 标准差 | 8.9 | 12.7 | 11.2 | 6.6 | 6 | 13.2 | 10.6 | 27.8 |

从各项二级指标的差异性来看，益阳市县域金融竞争力的 8 项二级指标在 4 个县域之间排序的差异性较大。其中最大的发展潜力指标极差高达 74 位，标准差为 27.8 位，最小的机构部门指标极差为 16 位，标准差为 6 位，其他二级指标的位序差基本上在 18 位至 35 位之间。可见，除发展潜力指标外，益阳市县域之间、各指标之间的金融发展水平大体相当，但需进一步深挖县域金融业的发展潜力，以全面提升益阳市金融竞争力。

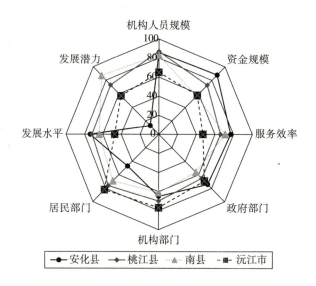

图 2-10 益阳市县域金融竞争力及各项二级指标比较

### （二）2017 年益阳市辖县金融竞争力亮点优势分析

从益阳市所辖 4 个县域的金融竞争力整体排名来看，益阳市所辖县域整体金融发展水平良好，在全省范围内处于中上游水平，其中安化县在 4 个县域中排名居前。整体来看，益阳市所辖 4 个县域的金融服务竞争力与金融生态竞争力表现相对较强。

具体从各个指标来看，益阳市所辖县域金融行业机构从业人员规模较大、金融机构网点数多、县域各金融机构信贷投放力度较大、存款规模居全省前列、主要金融机构精准服务"三农"的贷款投放量增多等这些亮点都是益阳市金融服务质量提高的表现，因而进一步有效地提高了所辖县域金融服务竞争力。益阳所辖 4 个县域地区生产总值位于全省中游区域，财政收支稳步发展，工业产值及利润总额在全省均处于一个良好的水平，人均可支配收入及居民消费支出之间的良性循环都是提升金融生态竞争力的有利因素。

具体从县域来看，安化县、桃江县依靠其农业优势，以及安化黑茶及桃江竹制品的品牌效应，其一级指标和二级指标相对于益阳其他县表现较好，尤其是安化县的金融服务竞争力，这项二级指标在全省排名靠前。

总的来说，益阳市拥有较好的农业基础、丰富的水资源、矿产资源和优越的生态环境，这为地区金融行业的发展打下了良好的基础，进而使得其全市范围内金融竞争力整体表现较好。

### （三）2017 年益阳市金融竞争力分县域指标分析

1. 安化县位于资水中游、湘中偏北、雪峰山北段，总面积 4 950 平方公里，辖 5 个乡、18 个镇，总人口 102.02 万人。安化县自然资源丰富，盛产茶叶、竹木、药材等优质农林产品，有"中国竹子之乡""中国黑茶之乡"等称誉。除此之外，安化县还有钨、金、锑、钒等丰富的矿产资源以及丰富的水能资源。2017 年，安化县全年实现地区生产总值 221.26 亿元，同比增长 8.4%。

安化县金融综合竞争力在全省 87 个县域中排名第 21 位，处于上游区域的第三层次，同时也位列益阳市第 1 名。从一级指标来看，其中金融服务竞争力指标在全省 87 个县域中排名靠前，位列第 10 名，进入上游区域的第一层次，是安化县县域金融竞争力中的优势指标。与这项指标相比，金融生态竞争力指标和金融发展竞争力指标稍显逊色，成为安化县金融竞争力中的中势指标，分别位于第 38 位、第 48 位，处于中游区域的第一层次和第二层次。具体到金融服务竞争力的二级指标，安化县机构人员规模、资金规模、服务效率指标分列全省的第 14 位、第 12 位、第 23 位，三者均处于上游区域，其中机构人员规模及资金规模两项指标处于上游区域的第二层次，而服务效率指标也处于上游区域第三层次。从金融生态竞争力的二级指标来看，安化县的政府部门指标排在第 26 名，处于上游区域的第二层次，机构部门和居民部门两项二级指标均排名中游，主要由于人口规模庞大、人均可支配收入和人均消费支出较低。就金融发展竞争力的二级指标来看，金融发展水平指标排名第 26 位，处于上游区域的第三层次，比较符合实际排名情况，但发展潜力排名较低，未能上榜。另外，城市化水平较低、科技服务业贷款投入力度不足造成发展潜力处于劣势状态。安化县的优势、中势、劣势一级指标分别有 1 项、2 项、0 项，指标间有一定的差距，其金融生态与金融发展未能跟上其金融服务竞争力，未来应进一步加强金融生态建设，深挖金融发展潜力，发挥其金融服务的优势。

2. 桃江县地处湘中偏北、洞庭尾闾，因境内桃花江得名，总面积 2 068 平方公里，辖 15 个乡镇，总人口 88.82 万人。桃江县有丰富的矿产资源以及农业资源，素有"有色金属之乡""南竹之乡""鱼米之乡"的美誉。县内锑、金、锰、钼、钨等矿产资源丰富，修山面、桃花江擂茶、竹笋宴、桃江沙鳖等农产品驰名天下。另外，桃江县是全国绿色能源县，有 3 座大型的水电站和即将开工建设的桃花江核电站。2017 年全年实现地区生产总值 256.01 亿元，比上年增长 8.4%。

桃江县的金融综合竞争力在全省 87 个县域中排名第 24 位，处于上游区域的第三层次。从一级指标方面来看，桃江县的金融服务竞争力、金融生态竞争力、金融发展竞争力分别排在第 20 位、第 28 位、第 25 位，均处于上游区域，其中除了金融发展竞争力指标排在上游区域的第二层次外，其余两项都处于上游区域的第三层次，这三项指标在全省各县域金融竞争力中均属于桃江县的优势指标。可见，桃江县的各项金融竞争力指标发展较为均衡。具体到金融服务竞争力二级指标看，桃江县的机构人员规模和资金规模指标分别处于上游区域的第二层次和第三层次，分列第 13 名、第 27 名，金融服务效率指标排名为第 34 名，处于中游区域的第一层次。从金融生态竞争力二级指标来看，机构部门和居民部门指标均处于上游区域的第三层次，值得注意的是，政府部门指标虽然位列 35 名，处于中游区域的第一层次，但也算是桃江县金融生态竞争力中相对弱势的一项二级指标，还有一定的提升空间。就金融发展竞争力二级指标来看，金融发展水平指标与金融发展潜力指标分别位列第 28 名、第 27 名，均处于上游区域的第三层次，与综合排名情况相差不大。整体来看，桃江县各指标基本处于优势地位，虽然个别二级指标稍弱，但整体仍处于中上游水平。

3. 南县地处湘鄂两省边陲、洞庭湖区腹地，为湖南省 36 个边境县之一，总面积达 1 075 平方公里，总人口为 67. 36 万人。南县境内土地肥沃，水资源丰富，5 条自然江河流贯其中，域内河渠纵横，湖塘密布，水域面积占总面积的 1/3 以上，有"洞庭明珠"之誉。2017 年全县实现地区生产总值 212. 8 亿元，比上年增长 8. 9%。

南县的综合金融竞争力在全省 87 个县域中排名第 28 位，处于上游区域的第三层次。一级指标中，南县的金融服务竞争力指标排位为第 25 位，金融发展竞争力指标排位第 22 位，均处于上游区域的第三层次，是南县金融竞争力中的相对优势指标。金融生态竞争力指标稍显逊色，处于中游区域的第一层次，属于南县县域金融竞争力的中势指标。可见，南县整体金融竞争力实力较为均衡。具体看金融服务竞争力的二级指标，虽然南县的机构人员规模指标在 87 个县域中处于上游区域的第二层次，位列第 17 位，是各项二级指标中排名前列的优势指标。但是资金规模和服务效率指标分别处于上游区域的第三层次和中游区域的第一层次，对金融服务竞争力的整体排名有一定的影响。从金融生态竞争力二级指标来看，南县的居民部门指标排在第 31 位，机构部门指标排在第 39 位，二者均处于中游区域的第一层次。而政府部门指标相对于其他两项指标稍显弱势，排在第 44 位，处于中游区域的第二层次，财政收入与支出相对稍显乏力，对南县的金融生态竞争力造成了一定影响。就金融发展竞争力二级指标来看，金融发展水平排在第 36 位，处于中游区域的第一层次。值得注意的是，南县的金融发展潜力指标位列第 13 位，处于上游区域的第二层次，是各项二级指标中的优势指标，南县的金融机构在科学研究和技术服务业方面的信贷投放量在金融发展潜力中表现得尤为突出。南县的优势、中势与弱势指标分别有 2 项、1 项、0 项，整体发展较为均衡，与金融综合竞争力实际排名相差不大。

4. 沅江市地处湖南省东北部、洞庭湖滨，1988 年 10 月改县为市。沅江市总面积 2 177 平方公里，总人口 74. 16 万人。市域气候宜人，交通便利，有亚洲最大的湿地保护区和百里桔园风光带，享有"洞庭明珠""江南宝地"的美誉。沅江是全国商品粮、棉、猪、桔、乌鳢、龟鳖、黄花等农产品的重要产地，也是湖南省重要的农副产品出口基地。2017 年，全市实现地区生产总值 293. 48 亿元，较上年增长 8. 7%。

沅江市的综合金融竞争力相对于益阳市其他三个县域稍显薄弱，其金融竞争力在全省 87 个县域中处于中游区域的第一层次，位于第 37 名。从一级指标来看，沅江市的金融生态竞争力相对于其他两项指标更具优势，排名第 23 位，处于上游区域的第三层次，金融服务竞争力和金融发展竞争力分别位列 87 个县域的第 41 位和第 52 位，处于中游区域的第二层次和第三层次。可见，沅江市的各项金融竞争力指标发展程度有相对的差异。具体从金融服务竞争力二级指标来看，机构人员、资金规模、服务效率三项二级指标均位于中游区域，但三者分别位于中游区域的第一层次、第二层次、第三层次，金融机构服务"三农"水平稍显不足导致沅江市金融服务效率处于相对弱势。从金融生态竞争力二级指标来看，居民部门和机构部门两项二级指标分别位列第 18 名、第 23 名，处于上游区域第二层次和第三层次。政府部门指标则位列第 31 名，处于中游区域的第一层次。就金融发展竞争力二级指标而言，南县金融发展水平指标排名较低（第 53 名），处于中游区域的第三层次，同时金融发展潜力指标在全省 87 个县域中位列第 43 名，处于中游区域的第二层次，两项指标共同作用从而影响到南县金融发展竞争力的整体排名。在沅江市的 3 项一级指标中，优势、中势和劣势指标分别有 1 项、2 项、0 项，金融服务竞争力及金融发展竞争力有待提高。金融服务效率以及金融发展水平相对落后已经成为影响沅江市金融服务竞争力和金融发展竞争力的一个主要因素。

## （四）益阳市金融竞争力发展对策建议

益阳县域金融竞争力在全省中表现良好，各县域金融服务竞争力、金融生态竞争力、金融发展竞争力处于中上游水平。安化县、沅江市等拥有农业优势的特色县，要充分利用产品优势、基础设施优势，把农业特色作为提升金融竞争力的突破口、增长点。桃江县等拥有自身优势产业的县域，把产业优势作为提升金融竞争力新引擎、新动力。南县等拥有丰富自然生态资源的县域，要把生态建设作为提升金融竞争力稳定器。益阳各县要充分利用自身优势资源，发挥起点高、基础好这一特点，全面提升金融竞争力水平。

益阳县域金融竞争力水平提高的关键在广袤的农村地区，针对县域农村地区在人口、规模等方面占比较大、城镇化率水平偏低、农村地区金融基础薄弱等问题，金融生态、金融服务以及金融发展水平方面还有一定的提升空间。农村地区是金融竞争力的短板，提升农村地区金融竞争力符合时代趋势和发展脉搏，特别是在实施"乡村振兴战略"大背景下，以"乡村振兴"为契机，从农村地区入手，全面提升益阳县域金融竞争力，可以帮助益阳县域在提升金融竞争力上实现弯道超车，使得县域金融得到健康有序高效的发展，从而带动全地区县域金融竞争力的提升，这是益阳各县需要牢牢把握的历史发展机遇。

### 1. 政策先行，提升金融生态竞争力

益阳县域金融生态竞争力表现良好，益阳所辖 4 县域金融生态竞争力排名均处于全省中上游水平，其下 3 项二级指标在湖南 87 个县域中皆表现良好，但在金融环境日益复杂、金融风险形式日益多样化的今天，还需要继续提升自身金融生态竞争力，为金融服务提升、金融发展提供有力支撑。金融生态竞争力的提升不仅需要政府与金融机构协同工作，共同推进，更要依赖全社会的共同努力。

（1）推动诚信社会建设是基础

在市场经济体制下，以信用为基础的合作，比以资金为基础的合作更为高级、更为持久、更为深入，也更为有效。对于益阳县域经济来说，信用创造了持续经营的保障，给予银行持续资金支持的信心，同时良好的诚信社会水平是金融生态稳定向好的基础。政府要加快信用立法，做到有法可依，形成威慑效应，尤其是要惩戒一批恶意逃债、躲

债、赖债的行为主体。依托人民银行等相关金融机构、税务、工商等相关政府部门，加快益阳本地信用信息库建设。政府通过典型引路、示范带动作用，树立一批诚信典型。在农村地区，基层金融机构更要发挥网点众多优势，积极宣传诚信思想，营造出良好的乡村诚信氛围。良好的社会诚信环境可以帮助金融机构实现稳固高效发展，更好实现金融服务的本质。

（2）防止脱实向虚是关键

金融服务实体经济是其本质，而乡村振兴又是益阳县域亟待解决的问题之一，金融机构长时间脱实向虚，严重损害金融本质，严重妨碍乡村振兴建设。各县政府要积极引导资金实现有效的资源配置，服务实体经济。政府应开展金融机构与当地企业的"银企对接会"，疏通资金管道，提升资金流通质量。另外，农村区域要积极探索土地流转新模式，探索并逐步建立健全农村土地流转交易市场，加强监管，积极引导流转双方入市交易，形成公平、公正、公开的市场环境，让农村土地动起来，资金活起来，帮助有资金的农民扩大生产，积极引导资金流向实体经济。各县金融机构也要满足县域乡村发展急需的资金需求、金融服务需求，帮助农村地区农民与企业实现产业升级、设施升级。农业相关项目收益慢，投资大，风险相对较高，金融机构往往基于现行考核标准而不愿过多提供农业支持资金。这就需要金融机构灵活把握标准，坚持县域金融机构服务"三农"、面向"三农"的特点，健全符合农业农村特点的农村金融服务体系。农村金融机构要提供多元化、多样化的金融服务，要把金融资源配置到农村经济社会发展的关键领域和薄弱环节，实现信贷规模、人员结构、财务费用有序地向县域发展、向乡村发展。把握住乡村振兴这一国家战略，积极服务实体经济，提高益阳县域金融生态竞争力水平。

**2. 产业先行，提升金融服务竞争力**

益阳所辖4个县域金融服务竞争力显著，尤其是金融服务效率下的三级指标金融机构服务"三农"水平表现优异。所以益阳县域地区农业是其优势所在、特色所在，益阳市2014年被确定为全国现代农业示范区，2015年被确定为湖南省唯一的现代农业改革试验市，成为全国、全省现代农业发展"排头兵"和农业改革"试验田"，安化黑茶、桃江竹制品、沅江芦笋、益阳水产品等远销省内外。金融机构应紧紧把握住益阳县域地区这一特点，充分发挥金融机构自身技术、资金、人才优势，帮助优势产业实现现代化、互联网化、转型升级；帮助个体农户、经营户扩大生产；实现消费升级、扶持创新创业，满足其日益增长的金融服务需求，并紧跟时代步伐，瞄准金融精准扶贫，将扶贫与扶志相结合，创新金融服务与政策，积极帮助贫困人口脱贫致富。

（1）发展现代农业，实现产业振兴

益阳县域相关金融机构应该认识到，农业发展是各个产业的基础，是夯实地区金融竞争力的不二法门，在乡村振兴大背景下，应帮助农村地区实现农业产业化、现代化，从而达到产业振兴，增强自身金融服务竞争力。首先，要大力支持特色农业与生态农业的发展。安化县的"安化黑茶"是益阳农产品的名片，是中国驰名商标，金融机构要针对这一特色农业，在安全性的前提下，针对黑茶项目资金需求大、用途广、涉及面大等特点创新信贷产品，简易信贷过程。其次，要大力支持农村新兴产业和第一、二、三产业融合发展。南县农产品资源丰富，生态环境优美，背靠洞庭湖，拥有洞庭湖生态经济创新示范区。南县金融机构牢牢把握住这一自然优势，积极为现代农业园、科技园、农业产业融合发展示范园提供金融服务，积极为现代农业、休闲旅游等融合项目提供资金支持。最后，促进县域原有农业产业转型升级、合并重组。沅江县的芦笋产业作为农业特色产品，远销省内外，是亚洲最大的野生芦笋基地，但是规模优势还未完全体现，金融机构要鼓励相关农业企业把优势资源集中起来，实现规模效应，鼓励领航企业合并小企业，并制定相应优惠政策，提供金融服务支持，以提升县域金融竞争力水平。

（2）落实精准扶贫，弥补服务短板

扶贫工作是益阳县域各个部门需要面对的主要问题之一。精准扶贫是国家根本大计，益阳县域金融机构应把握时机，把握这一政策环境，把资金支持、金融服务深入下沉到基层区域，益阳县域金融机构要紧紧跟随精准扶贫这一主线，弥补自身服务短板。首先，探索金融普惠新模式，在全市县域贫困地区建立金融扶贫点，把金融服务带到急需支持的贫困地区。加快建立金融服务站，以满足贫困人口及地区的金融服务需求。其次，瞄准电商扶贫与金融扶贫相结合的新模式。在电子商务有一定发展基础的区域，特别是对于安化县、桃江县等有一定产业基础的县域，应瞄准其特色产业，引导安化黑茶、沅江芦笋、桃江竹制品等特色产业通过互联网拓展市场，加快发展。在不断增强其品牌影响力的同时支持成立农村个体淘宝网店、电商企业等，做到精准扶贫——助推电商扶贫，把特色走出去，实现农民增收、人民富裕。最后，在金融机构支持异地扶贫搬迁过程中，要把握资金流向，真正做到把资源用到刀刃上，用到贫困人口及地区急需的领域与项目上，提升金融服务精准度，有效地帮助当地贫困户脱贫致富。

（3）发展民生金融，帮助农民致富

益阳各县域金融服务竞争力良好，有一定的金融基础，但随着人民对金融服务要求的日益增长，传统的金融服务已经满足不了人们的需求，益阳各县市是农业生产大县，各县农村地区，可以接触到的实体金融服务较少，所以金融机构在农村地区有一定的业务拓展潜力。益阳县域金融机构要抓住这一现实特点，积极利用其网点深入基层的优势，把服务推送到基层去，建立健全各个金融机构下辖区域的便民金融服务点，将金融服务做到大众触手可及。金融机构要大力推进汽车信贷、房产信贷、自建房信贷、生活消费信贷等相关业务在农村地区的普及，加大对于农户生产经营贷款导向，重点向农民工、技术返乡人才发放创新、创业信贷。扩大农村"四权"抵押贷款试点范围，有序地确保农民生产升级、消费升级，提高经营性收入与财产性收入，实现金融服务的有序安排与盈利，从而提升县域金融机构竞争力。

**3. 宜居先行，提升金融发展竞争力**

益阳地理位置优越，自然条件较好，矿产资源与水资源丰富，经济发展情况良好，特别是以南县为首的环洞庭湖区域，具有良好的外在金融竞争力环境。虽然益阳县域金融发展竞争力指标相对于其他两项一级指标相对较弱，究其原因还是本分地区城镇化水平不高、人口规模不足等，但是金融助力生态宜居建设能较好地解决这一问题。从城镇与乡村两方面同时提升生态宜居水平，可以有效地提高金融发展竞争力，在国家政府指导下、相关部门支持下、金融机构协同努力下，益阳县域金融竞争力必能显著提升。

（1）加快县域新型城镇化促发展

益阳县域部分地区城镇化水平不高，但在新时代下，还有较大提升空间。城镇化水平的提升可有效促进金融发展竞争力的提升。提升益阳县域金融发展竞争力首先要提升各县基础设施建设，良好的基础设施建设水平可以为金融提供广阔的发展平台。政府要立足于新型城镇化发展背景，发展城乡一体化，但需突出各自特色。新型城镇要传承中华传统文化，塑造自身特色，其核心是人的城镇化。在城镇化发展过程中，既要着力支持市政基础设施建设、交通设施建设、民生保障建设，又要注重城镇对于农村转移人口的承接作用。金融机构要在风险可控的条件下，支持县域新型城镇化建设，特别是县域节能环保绿色低碳相关农业、工业项目，发挥益阳山美水美的自然生态优势，把其建成生活宜居城市，从而创造自身潜在业务机遇，提升自身发展竞争力。

（2）推动美丽乡村建设留人才

益阳县域乡村地区人口众多，土地广袤。益阳桃江县朱家村获评中国美丽休闲乡村，安化县九龙池村、桃江县花园洞村入选第四批中国传统村落，这说明益阳其他县域美丽乡村的建设也有很大的发展潜力与提升空间。建设美丽的乡村需要相关金融机构提供必要的资金支持，但同时也需要留得住人才，实现可持续发展。政府与金融机构在协作推广美丽乡村建设的同时，一定要注重吸收外出务工回乡人才、技术工人，不断提供优惠政策支持青年回乡创业、就业，提升乡村地区宜居水平、发展活力，为金融发展提供持续的保障。

# 十一、怀化市所辖县域金融竞争力评价分析

怀化地处湖南省西南部，位于湘、鄂、渝、黔、桂五省周边中心，辐射范围达 44 个县、9 万平方公里、1 500 万人口的广大区域，处于贵阳—重庆—宜昌—长沙—桂林等城市圆环的中心位置上，东西对接长三角、长株潭与成渝经济圈，南北对接环北部湾、珠三角与武陵山片区，具有东部沿海地区和中西部地区过渡带的区位优势。

2017 年，怀化市实现地区生产总值 1 503.97 亿元，增长 7.7%。其中第一产业实现增加值 208.49 亿元，增长 4.0%；第二产业实现增加值 538.56 亿元，增长 5.7%；第三产业实现增加值 756.92 亿元，增长 10.6%。按常住人口计算，人均 GDP 达 30 445 元，增长 7.1%。

2017 年末，全市常住人口 496 万人，其中城镇人口 228.90 万人，农村人口 267.10 万人，城镇化率 46.15%。怀化市辖区面积 2.76 万平方公里，辖 13 个县域区，包括鹤城区、洪江区、中方县、洪江市、沅陵县、辰溪县、溆浦县、会同县、麻阳苗族自治县、新晃侗族自治县、芷江侗族自治县、靖州苗族侗族自治县、通道侗族自治县，并打造湖南省省级开发区——湖南怀化经济开发区。本研究仅针对除怀化市区内 2 个区外的 11 个县域进行分析。

## （一）2017 年怀化市辖县金融竞争力整体状况分析

2017 年怀化市所辖县域金融竞争力及各项一级指标排序如表 2–21 所示。从整体上看，怀化市的金融综合竞争力水平在省内居下游。从金融竞争力排名情况来看，11 个县域中除了溆浦、洪江 2 个县以外，其他的县域均未上榜。上榜的 2 个县中，溆浦县排名第 38 位，居于中游区域第一层次，洪江县排名第 57 位，居于中游区域第三层次。因此，在怀化市的县域当中，除了溆浦县的金融竞争力尚可之外，其余各县金融竞争力都比较弱，其整体县域的金融综合竞争力较差。

**表 2–21**　　　2017 年怀化市辖县金融竞争力及各项一级指标排序

| 项目 | 金融竞争力排序 | 金融服务竞争力 | 金融生态竞争力 | 金融发展竞争力 |
|---|---|---|---|---|
| 溆浦县 | 38 | 21 | 56 | 未上榜 |
| 洪江市 | 57 | 48 | 未上榜 | 未上榜 |
| 沅陵县 | 未上榜 | 57 | 50 | 未上榜 |
| 中方县 | 未上榜 | 未上榜 | 未上榜 | 未上榜 |
| 芷江市 | 未上榜 | 未上榜 | 未上榜 | 未上榜 |
| 辰溪县 | 未上榜 | 未上榜 | 未上榜 | 未上榜 |
| 靖州县 | 未上榜 | 未上榜 | 未上榜 | 未上榜 |
| 会同县 | 未上榜 | 未上榜 | 未上榜 | 未上榜 |
| 通道县 | 未上榜 | 未上榜 | 未上榜 | 未上榜 |
| 新晃县 | 未上榜 | 未上榜 | 未上榜 | 未上榜 |
| 麻阳县 | 未上榜 | 未上榜 | 未上榜 | 未上榜 |

从一级指标来看，怀化市 11 个县金融服务竞争力表现最好，溆浦县排名第 21 名，进入上游区域第二层次，洪江县排名第 48 名，进入中游区域第二层次，沅陵县排名第 57 名，进入中游区域第三层次，其余各县并未上榜。表现最差的一级指标是金融发展竞争力，11 个县均未上榜。说明怀化市辖县域金融的整体金融发展水平较低，经济发展较为落后。

表 2 - 22　　　　　　　2017 年怀化市辖县金融竞争力各项二级指标排序

| 项目 | 金融服务竞争力 | | | 金融生态竞争力 | | | 金融发展竞争力 | |
|---|---|---|---|---|---|---|---|---|
| | 机构人员规模 | 资金规模 | 服务效率 | 政府部门 | 机构部门 | 居民部门 | 发展水平 | 发展潜力 |
| 溆浦县 | 20 | 34 | 15 | 47 | 未上榜 | 54 | 59 | 55 |
| 洪江市 | 未上榜 | 未上榜 | 10 | 未上榜 | 45 | 未上榜 | 未上榜 | 59 |
| 沅陵县 | 44 | 55 | 未上榜 | 46 | 34 | 58 | 未上榜 | 未上榜 |
| 中方县 | 未上榜 | 未上榜 | 12 | 未上榜 | 38 | 未上榜 | 未上榜 | 未上榜 |
| 芷江市 | 55 | 未上榜 | 未上榜 | 未上榜 | 未上榜 | 未上榜 | 未上榜 | 未上榜 |
| 辰溪县 | 未上榜 | 未上榜 | 58 | 未上榜 | 56 | 未上榜 | 未上榜 | 未上榜 |
| 靖州县 | 未上榜 | 未上榜 | 42 | 未上榜 | 未上榜 | 未上榜 | 未上榜 | 52 |
| 会同县 | 未上榜 | 未上榜 | 未上榜 | 未上榜 | 未上榜 | 未上榜 | 未上榜 | 未上榜 |
| 通道县 | 未上榜 | 未上榜 | 37 | 未上榜 | 未上榜 | 未上榜 | 未上榜 | 未上榜 |
| 新晃县 | 未上榜 | 未上榜 | 未上榜 | 未上榜 | 未上榜 | 未上榜 | 未上榜 | 未上榜 |
| 麻阳县 | 未上榜 | 未上榜 | 未上榜 | 未上榜 | 未上榜 | 未上榜 | 未上榜 | 未上榜 |
| 均值 | 64.8 | 69 | 52.2 | 65.8 | 62.3 | 66.1 | 72.7 | 68.8 |
| 极差 | 66 | 52 | 73 | 37 | 50 | 32 | 28 | 33 |
| 方差 | 360 | 241.1 | 804.8 | 158.9 | 310.7 | 101.9 | 73.4 | 151.1 |
| 标准差 | 18.9 | 15.5 | 28.4 | 12.6 | 17.6 | 10.1 | 8.6 | 12.3 |

2017 年怀化市辖县金融竞争力 3 项一级指标下的 8 项二级指标分布特征如表 2 - 22 和图 2 - 11 所示。从各项二级指标的平均排名来看，11 个县各二级指标之中表现最好的是金融服务竞争力中的服务效率指标，平均排 52.2 名，居于中游区域第三层次。表现最差的则是金融发展竞争力中的发展水平指标，平均排 72.7 名，处于下游区域。整体上来看，怀化市 11 个县各二级指标的平均排名都比较低，除了服务效率进入了中游区域以外，其他 7 个二级指标的平均排名都处于下游区域，这从二级指标上进一步佐证了怀化市县域金融整体竞争力水平较弱。

从各项二级指标的差异性来看，怀化市 11 个县域在 8 个二级指标上的极差和标准差数值都比较大。其中极差和标准差最大的是金融服务竞争力中的服务效率指标，其数值分别达到了 73 和 28.4，最小的是金融发展竞争力中的发展水平指标，其数值分别为 28 和 8.6。可以注意到，怀化市 11 个县域二级指标差异性最大的服务效率指标和最小的发展水平指标是前面平均排名分别最高和最低的 2 个指标，这说明 11 个县域虽然在服务效率指标上表现最好，但是各县之间差距很大，并不平衡，从发展水平上来看各县表现都

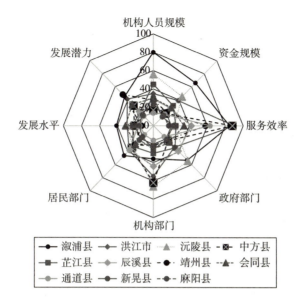

**图 2 - 11　怀化市县域金融竞争力及各项二级指标比较**

比较差，县域之间差距不大，反映出怀化市县域金融发展水平不高。

### （二）2017 年怀化市辖县金融竞争力亮点优势分析

　　虽然怀化市县域金融竞争力总体水平偏低，但是从一级指标上可以看出，11 个县域的金融服务竞争力明显高于其他 2 个指标，溆浦县的金融服务竞争力排名甚至居于上游区域第二层次，这是一个亮点，说明怀化市县域金融服务竞争力具有相对优势。

　　具体到二级指标上，我们可以看到，怀化市 11 个县域在金融服务竞争力中的服务效率指标上排名是比较不错的，有 6 个县域上榜，其中的溆浦县、洪江县和中方县分别排名第 15、第 10 和第 12，都位于上游区域，洪江县更是位居前十，表现十分抢眼。从三级指标来看，怀化市 11 个县域在服务效率上排名如此突出的原因在于各县在银行机构存贷比、存款占财政收入比重以及贷款占财政收入比重这 3 项指标上排名都比较靠前，使得 11 个县域在服务效率上具有核心竞争力，这是怀化市县域金融的优势所在。

### （三）2017 年怀化市金融竞争力分县域指标分析

　　1. 溆浦县地处怀化市东北部、沅水中游，现辖 14 个镇、29 个乡，总面积 3 438 平方公里，总人口 91 万人，拥有溆浦龙灯这一传统文化。在 2017 年湖南省 87 个县域金融竞争力排名中，溆浦县全省排名第 38 名，处在中游区域的第一层次，同时排名在怀化市 11 个县中居第 1 位。其中溆浦县的金融服务竞争力在全省 87 个县域中具有相对优势，位列第 21 位，进入上游区域第三层次，成为县域金融竞争力中具有相对比较优势的指标。与这一指标相比，溆浦县的金融生态竞争力指标排名较后，居全省 87 个县域的第 56 位，处于中游区域第三层次；金融发展竞争力排名未上榜，是溆浦县金融发展的弱势指标。在金融生态竞争力的二级指标中，由于溆浦县 2017 年的相关机构部门的效率和评分偏低，其机构部门指标在全省 87 个县域中未上榜，成为金融竞争力 8 项二级指标中唯一未上榜的一个指标。而在金融服务竞争力的 3 项二级指标中，机构人员规模、资金规模和服务效率分别排名第 20 位、第 34 位和第 15 位，3 项指标共同作用影响使溆浦县金融服务竞争力的排名靠前。在溆浦县的 3 项一级指标中，优势、中势和劣势指标分别有 1 项、1 项和 1 项，金融综合竞争力较弱且较分配不均衡，尤其是金融发展竞争力有待提高，发展水平和发展潜力指标已成为了影响溆浦县金融发展竞争力位次的两个重要因素。

2. 洪江市北依怀化市，位于沅水上游及云贵高原东部边缘的雪峰山区。洪江市现辖 7 个镇、13 个乡，总面积 2 173.54 平方公里，总人口 43.04 万人，是杂交水稻的发源地。洪江市的金融竞争力在全省 87 个县域中排名第 57 位，处于中游区域第三层次。在一级指标方面，洪江市的金融服务竞争力位列 87 个县域中第 48 位，居于中游区域第二层次，落后于怀化市所辖的溆浦县；洪江市金融生态竞争力和金融发展竞争力均未上榜，位于下游区域，是洪江市县域金融竞争力的劣势指标。其中，金融服务竞争力下的服务效率指标排名第 10 位，处于上游区域第一层次，是洪江市金融竞争力指标中排名最靠前的一项，也是洪江市的亮点所在。对比二级指标中的优势项服务效率、机构人员规模和资金规模则是弱势所在，两项二级指标均排名下游。二级指标下的金融生态竞争力对应的机构部门排名第 45 位，处于中游区域，而政府部门和居民部门的排名均处于下游未上榜。金融发展竞争力下的发展潜力排名第 59 位，而发展水平未上榜，二者均有较大的提升空间。洪江市的 3 项一级指标整体排序居后，其优势、中势和劣势指标分别有 0 项、1 项和 2 项，指标间差距不大但整体水平低，使得洪江市的金融竞争力指标较为落后，整体金融竞争力有待提高。

3. 沅陵县位于怀化市北边，沅水中游，与桃源、安化为邻，素称"湘西门户"。沅陵县现辖 8 个镇、13 个乡，总面积 5 852 平方公里，是湖南省面积最大的县，总人口 67 万人，是湖南省十大林业强县之一、中国最具特色魅力旅游百强县等，拥有茶叶、水产、板栗、竹木四大特色农业。沅陵县的金融竞争力在全省 87 个县域中处于下游区域。在一级指标方面，沅陵县的金融服务竞争力位列 87 个县域中第 57 位，居于中游区域第三层次，沅陵县金融生态竞争力均处于 87 个县域的第 50 位，位于中游区域第二层次，二者都是沅陵县县域金融竞争力的中势指标。沅陵县的金融发展竞争力则较差，在 87 个县域中排名居下游区域，是沅陵县县域金融竞争力的劣势指标。其中，金融服务竞争力下的机构人员规模和资金规模排名分别为第 44 位和第 55 位，处于中游区域第二层次、第三层次。金融生态竞争力下的政府部门、机构部门和居民部门排名分别为第 46 位、第 34 位和第 58 位，处于中游区域水平，是沅陵县的较强优势亮点所在。金融发展竞争力指标中的发展潜力和发展水平较差，造成了沅陵县整体的金融发展前景不容乐观。沅陵县的 3 项一级指标整体排序靠后，其优势、中势和劣势指标分别有 0 项、2 项和 1 项，指标间差距不大但整体水平低，使得沅陵县的金融竞争力指标较为落后，整体金融竞争力有待提高。

4. 中方县位于怀化市中部、沅水中游,东接溆浦县,南邻洪江市,西界芷江县,北依辰溪县。其现辖 11 个镇、1 个乡,总面积 1 479 平方公里,总人口 29 万人,享有"中国南方最大葡萄沟"美誉,有荆坪古村、康龙自然保护区和五龙溪国家水利风景区。中方县在怀化市是经济发展水平处于居中地位的县,该县的综合金融竞争力排名处于 87 个县域中下游的位次。中方县没有一级指标进入上游区域或中游区域,其 3 项一级指标金融服务竞争力、金融发展竞争力以及金融生态竞争力排名均处于 87 个县域的下游位置。其中,金融服务竞争力指标下对应的二级指标中,机构人员规模和资金规模处于下游区域,是影响金融服务竞争力指标排名的重要因素,但同时也应注意到,中方县在金融服务效率这项二级指标下的排名较为亮眼,在全省 87 个县域位列第 12 位;金融生态竞争力指标下对应的政府部门、居民部门两项二级指标排名均处于下游区域,但是机构部门排名具有相对优势,排名第 38 位,处于中游区域第一层次;金融发展竞争力对应的二级指标中,发展水平和发展潜力排名均处于下游区域。中方县的优势、中势与弱势指标分别有 0 项、0 项、3 项,一级指标不佳。该县的大多数二级指标处于劣势地位,各方面金融竞争力不强,这是目前中方县金融竞争力的现实情况。在二级指标中,优势、中势和劣势指标分别有 1 项、1 项和 6 项,且处于下游的指标间差距不大,使得中方县的整体金融竞争力水平较为落后。

5. 芷江县位于怀化市西南部,东邻中方县、鹤城区,南接洪江市、会同县及贵州省天柱县,西连新晃侗族自治县及贵州省万山特区,北界麻阳苗族自治县及贵州省铜仁市,有"滇黔门户、黔楚咽喉"之称。其现辖 9 个镇、9 个乡,总面积 2 098.9 平方公里,总人口 34.68 万人,少数民族侗族人口占 55.8%。芷江县的金融发展水平在怀化市处于较为弱势的地位,该县的综合金融竞争力排名处于 87 个县域中的下游区域。其中金融服务竞争力、金融生态竞争力和金融发展竞争力排名均处于下游位置。在金融服务竞争力下的二级指标中,机构人员规模在二级指标排名中处于中游区域的第三层次,在全省 87 个县域中排名第 55 位,资金规模和服务效率均处于下游区域;芷江县的金融生态竞争力和金融发展竞争力排名均位于下游区域,是芷江县金融竞争力下的两项劣势一级指标,其对应的政府部门、机构部门、居民部门以及发展水平、发展潜力 5 项二级指标的排名均处于下游区域。芷江县的优势、中势与弱势指标分别有 0 项、0 项和 3 项,金融发展较差。该县的金融生态环境和金融发展情况,在很大程度上限制了整体金融竞争力水平的发展,未来应该提升相关部门的管理,挖掘潜力项目。

6. 辰溪县位于怀化市北部、辰水之畔,东连溆浦,南邻怀化,西与麻阳、泸溪接壤,北与沅陵交界。其现辖 9 个镇、14 个乡,总面积 1 977 平方公里,总人口 53 万人。辰溪县的经济发展水平在怀化市基本上处于中等水平,但全省总体来看,该县的综合金融竞争力排名处于 87 个县域中的下游区域。其中金融服务竞争力排名处于下游位置,是辰溪县县域金融竞争力的劣势指标。在金融服务竞争力下的二级指标中,机构人员规模和资金规模均处于下游区域,服务效率则在二级指标排名中处于中游区域的第三层次,位列第 58 名;辰溪县的金融生态竞争力排名位于下游区域,是辰溪县的劣势指标,其对应的政府部门和居民部门两项二级指标的排名均处于下游区域，而其中的机构部门则在二级指标排名中处于下游区域，位列第 56 名；该县的金融发展竞争力水平位于 87 个县域的下游区域，也是辰溪县的劣势指标。辰溪县的优势、中势与弱势指标分别有 0 项、0 项和 3 项，金融发展较差，当地政府和金融机构应积极采取相关措施来提升各方面的金融竞争力，挖掘潜力面，发挥辰溪县的特色和优势。

7. 靖州县又称靖州苗族侗族自治县，位于怀化市南部，湘、黔、桂交界地区，地处云贵高原东部斜坡边缘，雪峰山脉西南端，沅水上游之渠江流域。其现辖 6 个镇、7 个乡，总面积 2 210 平方公里，总人口 27 万人，是"中国杨梅之乡""茯苓之乡"。其经济发展水平在湖南省县域经济排名中处于较落后的位置，综合金融竞争力在全省 87 个县域中也排名下游。靖州县的一级指标金融服务竞争力在 87 个县域中处于下游区域，是靖州县县域金融竞争力的相对劣势指标；在金融服务竞争力下的二级指标中，机构人员规模和资金规模这两项二级指标处于较为劣势的下游区域，服务效率则在二级指标排名中处于中游区域的第二层次，位列第 42 名；一级指标金融生态竞争力在 87 个县域中处于下游区域，同样是靖州县的相对劣势指标；该县的金融发展竞争力水平位于 87 个县域的下游区域，是靖州县的劣势指标。在靖州县金融竞争力的一级指标中，优势、中势与弱势指标分别有 0 项、0 项、3 项，反映出靖州县金融竞争力综合水平较弱，具体表现为多数二级指标排名靠后，从县域层面的横向比较上来看表现较为弱势。从单项二级指标来看，服务效率和发展潜力表现较好，所以当地金融发展前景较为乐观。

8. 会同县位于怀化市南部，西与贵州省天柱县接壤，地处云贵高原边缘雪峰山区，现辖 8 个镇、10 个乡，总面积 2 258 平方公里，总人口 36.01 万人。其经济发展水平在湖南省县域中处于较落后的位置，综合金融竞争力在全省 87 个县域中排名下游。会同县没有一级指标进入上游区域或中游区域，其 3 项一级指标金融服务竞争力、金融发展竞争力以及金融生态竞争力排名均处于 87 个县域的下游位置。其中，金融服务竞争力指标下对应的二级指标中，机构人员规模、资金规模和服务效率 3 项指标均处于下游区域；金融生态竞争力指标下对应的政府部门、机构部门和居民部门这 3 项二级指标排名均处于下游区域；金融发展竞争力对应的二级指标发展水平和发展潜力均处于下游区域；8 项二级指标皆未上榜是影响会同县金融服务竞争力指标排名靠后的重要因素。会同县的优势、中势与弱势指标分别有 0 项、0 项、3 项，一级指标较差。当前该县的所有二级指标均处于劣势地位，各方面金融竞争力皆不强，是会同县金融竞争力的现实情况。

9. 通道县又称通道侗族自治县，位于怀化市最南端，东邻湖南省绥宁县、城步苗族自治县，北接靖州苗族侗族自治县，南毗广西壮族自治区三江侗族自治县、龙胜县，西连贵州省黎平县，现辖 8 个镇、13 个乡，总面积 2 239 平方公里，总人口 23.75 万人，是中国民间文化艺术之乡、全国最佳休闲旅游县等。其经济发展水平在怀化市所有县的排名中处于较落后的位置，综合金融竞争力在全省 87 个县域中也排名下游。通道县没有一级指标进入上游区域或中游区域，其 3 项一级指标金融服务竞争力、金融发展竞争力以及金融生态竞争力排名均处于 87 个县域的下游位置。在金融服务竞争力下的二级指标中，机构人员规模和资金规模这两项二级指标相对处于劣势，在下游区域，服务效率则在二级指标排名中处于中游区域的第一层次，位列第 37 名；金融生态竞争力指标下对应的政府部门、机构部门和居民部门这 3 项二级指标排名均处于下游区域；金融发展竞争力对应的二级指标发展水平和发展潜力均处于下游区域；8 项二级指标只有 7 项上榜是通道县金融服务竞争力指标排名靠后的重要因素。通道县的优势、中势与弱势指标分别有 0 项、0 项、3 项，一级指标不佳。当前该县的服务效率指标排名比较靠前是该县的一个特色和亮点，可以充分挖掘其潜力，其他各项指标情况较差则导致整体的金融竞争力不强，这是通道县面临的现实情况。

10. 新晃县又称新晃侗族自治县，位于怀化市西南部，西接云贵高原，东连芷江，西南北三面与贵州毗邻，现辖 7 个镇、16 个乡，总面积 1 508 平方公里，总人口 26.6 万人，被誉为"中国钡都"和"国家地理标志产品保护示范区"。其经济发展水平在怀化市所有县中排名较为靠后，综合金融竞争力在全省 87 个县域中也排名下游。新晃县没有一级指标进入上游区域或中游区域，其 3 项一级指标金融服务竞争力、金融发展竞争力以及金融生态竞争力排名均处于 87 个县域的下游位置。其中，金融服务竞争力指标下对应的二级指标中，机构人员规模、资金规模和服务效率 3 项均处于下游区域；金融生态竞争力指标下对应的政府部门、机构部门和居民部门这 3 项二级指标排名均处于下游区域；金融发展竞争力对应的二级指标发展水平和发展潜力均处于下游区域；8 项二级指标皆未上榜是新晃县金融服务竞争力指标排名靠后的重要因素。新晃县的优势、中势与弱势指标分别有 0 项、0 项、3 项，一级指标较差。当前该县的所有二级指标均处于劣势地位，各方面金融竞争力皆不强，需要加强综合发展，形成有自己特色和创新亮点的竞争力。

11. 麻阳县又称麻阳苗族自治县，位于怀化市西北部，地处麻阳河流域，东临辰溪县，南连鹤城区和芷江县，西接贵州省铜仁市，北靠泸溪县和凤凰县，现辖 7 个镇、11 个乡，总面积 1 561 平方公里，总人口 40 万人，有"中国冰糖橙之乡""中国长寿之乡""中国民间文化艺术之乡"的美称。其金融发展水平在怀化市所有县中处于较靠后的位置，综合金融竞争力在全省 87 个县域中排名下游。麻阳县没有一级指标进入上游区域或中游区域，其 3 项一级指标金融服务竞争力、金融发展竞争力以及金融生态竞争力排名均处于 87 个县域的下游位置。其中，金融服务竞争力指标下对应的二级指标中，机构人员规模、资金规模和服务效率 3 项均处于下游区域；金融生态竞争力指标下对应的政府部门、机构部门和居民部门这 3 项二级指标排名均处于下游区域；金融发展竞争力对应的二级指标发展水平和发展潜力均处于下游区域；8 项二级指标皆未上榜是麻阳县金融服务竞争力指标排名靠后的重要因素。麻阳县的优势、中势与弱势指标分别有 0 项、0 项、3 项，一级指标较差。当前该县的所有二级指标均处于劣势地位，各方面金融竞争力皆不强，应加强本县金融方面的管理，提升整体金融水平。

## （四）怀化市县域金融竞争力发展对策建议

怀化市自古以来就有"黔滇门户""全楚咽喉"之称，地形复杂，地理位置偏远，自然生态环境好，但整体经济不发达，区域内的武陵山片区集革命老区、民族地区、边远山区、贫困地区于一体，是湖南省扶贫的重点区域。由于以上众多因素的影响，怀化市整体经济发展较为缓慢，虽近几年在逐年上升，但目前整体的金融竞争力仍处于全省中下游水平。不过怀化也有着自己独特的优势，包括浓郁的多民族风情、丰富厚重的人文历史、优美的自然生态环境及悠久的历史文化底蕴等，如果能够结合上述优势，不同的县再突出发挥自身特色，加上相应的政策扶持，那么从长远来看怀化市的金融发展是有良好的前景和提升空间的。

**1. 改善金融生态环境，助推金融经济发展**

从一级指标上来看，怀化市 11 个县域金融生态竞争力表现相对较弱，细化到三级指标进行分析可以发现，经济发展落后是怀化市县域金融生态较差的根本原因。经济增长是金融发展的基础，金融发展又会促使经济的增长，因此，要提高怀化市县域金融竞争力水平，必须改善金融发展环境，提高经济发展水平，而怀化市县域经济发展的关键在于农业和旅游业的发展。一方面，我国正处于从传统农业向现代农业转型的关键时期，而怀化市作为一个传统农业大市，能否做好向现代农业转型的工作决定其今后的经济发展状况。另一方面，生态文化旅游产业是怀化市县域的一大特色产业，未来会成为怀化市县域经济增长的新引擎，因此生态文化旅游业的发展决定了怀化市县域经济的可持续发展能力。在一级指标当中，怀化市辖 11 个县域在金融服务竞争力上有相对优势，要利用好这一优势，做好金融服务农业生产和转型，扶持旅游业发展，促进经济增长和经济环境改善，然后再进一步提高金融发展水平，实现金融发展与经济增长之间的良性循环。

（1）聚集金融资源，扶持现代化农业发展

怀化市县域农业发展面临着两大问题，即金融机构难以满足现代农业资金的需求和金融机构资金外流致使本地资金匮乏的问题，要解决这些问题，只依靠市场的力量是行不通的，政府必须要做好积极引导金融资源为现代农业发展提供服务的工作。首先，政府要提高财政金融政策效率，不仅要进一步提高县域金融机构涉农贷款增量奖励，完善差别化存款准备金等已有政策，而且应该建立起合理完善的资金投入机制。其次，必须加大对特色农业的支持，要充分发挥各县域的特有优势，例如前面所提的沅陵县就拥有茶叶、水产、板栗、竹木四大特色农业，对这种优势农业，当地金融机构应加大资金投入，本地政府在招商引资的时候，也应该首先考虑这类特色农业。

（2）做好科技研发，支持农业现代化

财政资金和信贷资金是怀化市县域基层农业科技研发的两大资金来源，信贷资金不足已成为制约怀化市县域基层农业科技研发的主要原因之一，满足农科研发的资金需求已是当前怀化市县域农业发展中的重中之重。第一，政策性金融机构应该创新金融产品，以满足农业科技研发不同方面的资金需求，同时还应增加贷款主体，降低贷款门槛，简化贷款程序和适时延长贷款期限。第二，国有银行、股份制银行等商业性金融机构在对涉农科技企业的信贷管理制度上应该着手进行完善，设立单独的考核标准与信贷流程，在防范风险的前提下，尽早开办专利权、商标权、应收账款质押等信贷品种。第三，金融机构可以实施涉农科技贷款特别利率制度，涉农科技投资一般时间较长、资金较大并且风险较高，金融机构要完善对该类贷款的管理。在坚持贷款风险可控、发展可持续原则的前提上，可以适当调整贷款利率，实行在不同时段浮动幅度不同的利率制度，还可以对效益和信誉都较为不错的涉农科技企业实行优惠利率。

（3）建立健全农业保险体系，降低农业风险

怀化市县域范围内还未建立起完善的现代化农业保险风险分担机制，农保依然面对着政策性农业保险范围较窄、政策性农业保险公司较少以及农民参保意愿不强等问题。面对这些问题，怀化市县政府首先要扩大参保品种，进一步提高政府农业保险补贴金额，扩大涉农参保范围，创新保险产品。其次是要出台相应的农业保险政策法规，并进一步增加农保经营的机构数量。在制度法规方面，可以将农业保险的经营范围、机构管理等一系列问题以法律法规的形式予以正式规定，同时也准许更多的保险公司参与涉农保险。

（4）借助金融手段建立旅游产业体系，打造旅游品牌

怀化市有着深厚的人文底蕴以及优美的自然环境，生态文化旅游产业已经成为怀化市县域经济新的增长点。在发展旅游产业时，既要重视政府政策引导等非金融因素，也要重视金融机构信贷支持等金融因素。

以辰溪县为例，辰溪丰富的旅游资源还未得到开发，主要原因在于缺少具有自身特色和吸引力的景区带动发展。因此，一方面，需要政府科学定位县域旅游主题，加强基础设施建设以及推行多规合一，另一方面，需要金融机构加强与旅行社的合作，推出具有自身特色的旅游金融产品，实现金融机构与旅行社的合作共赢。

**2. 加快改革步伐，提升金融服务效率**

（1）以问题为导向，紧抓金融风险防范工作

对地区不良率上升的问题，要进行全面深入地研究和调查，科学分析问题的成因，给出行之有效的解决办法。对非法集资的问题，一是要做好宣传工作，提高普通老百姓防范非法集资的意识。二是加大打击处罚力度，确保怀化市县域金融安全。另外，政府应出台相应的配套政策，围绕上述问题做好金融改革工作。要依托智慧怀化云平台，建立信用数据库，实现信用信息共建共享，严厉惩戒失信行为。政府在推动农村"四权"（土地经营承包权、土地预期收益权、农村集体资源使用权、不动产产权）交易所建立和农村权利市场发展时，也应该加强对交易所的监管，及时出台相应的政策措施来防范相关的金融风险。

（2）落实政策，增强对农村金融机构的扶持力度

各县政府要全面落实好政策，加大对农村金融机构的扶持力度。首先，政府要做好

银企对接工作，推动农村信用信息平台的建设，通过学习先进地区农村金融发展的成功经验，如芷江市的"合作社＋金融"模式，再与自身的环境条件相结合，来促进本市农村金融的发展。其次，积极培育发展多种形式的农村金融机构，如农村商业银行、村镇银行、助农取款点等，形成多元化的农村金融服务体系。

（3）政府要为金融机构做好服务工作

金融机构的发展要让市场发挥主要作用，而政府则需要提供相应的配套服务。首先，政府应积极推动担保体系的建立和完善，提前防范与金融业相关的风险；其次，政府要把货币政策、产业政策等政策整合起来，形成一条高效率的政策链条，实现"1＋1＞2"的政策效果。

**3. 振兴乡村经济，实现金融精准扶贫**

（1）找准贫困县县域经济发展对策，研究自身发展模式和道路

针对怀化市各县的情况，可以依据每个县不同的经济特点明确自身发展的主题和未来目标，从六个方面来推进经济发展。一是多渠道增加县域财政收入，优化县内投资环境，调整整体结构，通过合理有效的政策来支持县内经济发展；二是优化县域经济的整体产业结构，有效地加强培育和发展第三产业，如可利用现有的旅游方面资源来整合旅游产业，创新性布局，带动第三产业发展；三是优化产业布局，改善产品结构，可以优化农产品加工升级和有效加大对新技术为主的高科技产业的引入等；四是注重整体县域的可持续发展，整体发展政策和建议要从全局出发，具备科学性及持续性；五是从整体布局县内的城市规划设计，可以将发展特色小城镇作为一个重要的经济发展方向；六是发挥区域民族多样性优势，发展民族文化，挖掘"互联网＋文化""文化＋金融"等多渠道相结合的模式，来为当地文化产业发展注入新鲜血液。

（2）推动县域乡村振兴工程，结合互联网"金融＋文化"推广模式

习近平总书记在党的十九大报告中指出，实施乡村振兴战略。坚持党管农村工作，坚持农业农村优先发展，坚持农民主体地位，坚持乡村全面振兴，坚持城乡融合发展，坚持人与自然和谐共生，坚持因地制宜、循序渐进。怀化市具有文化历史底蕴，但面临大面积山区地形和贫困山区的现实情况，在推动乡村振兴相关工程和扶贫攻坚工作中，可以运用当前互联网这一有效工具，来达到文化宣传和经济收益皆得的目的。

## 十二、娄底市所辖县域金融竞争力评价分析

娄底市地处湖南省中部，是湖南地理的几何中心，也是环长株潭城市群一小时经济圈内的重要城市。娄底市区位优越，境内有八条贯通与在建的高速公路，既有沪昆铁路与沪昆高铁东西连贯，又有洛湛铁路与娄邵铁路南北通达；截至2019年，娄底市还会拥有娄底新化机场与娄底通用机场两座机场。娄底市境内森林资源丰富，共拥有三个省级森林公园。娄底市境内矿产资源同样丰富，探明储量的矿产多达25种，占湖南省探明储量矿种的30%，其中锑矿保有储量世界第一，煤炭、大理石、白云石和石灰石的储量均位居省内榜首。除此之外，娄底市还是湖湘文化的重要发源地之一，也是中华民族三大始祖之一——蚩尤的故乡，拥有梅山龙宫、曾国藩故居、湄江国家地址公园、紫鹊界梯田四个国家级4A旅游景区。

2017年娄底市总产值达到了1 544.98亿元，同比上年增长8.5%。其中第一产业增加值215.96亿元，同比增长4.1%；第二产业增加值724.72亿元，同比增长7.1%；第三产业增加值604.29亿元，同比增长12%。全市居民消费价格比上年上涨1.5%，其中食品烟酒类下降2.6%，衣着类上涨1.3%，居住类上涨4.0%，生活用品及服务类上涨2.0%，交通和通信类上涨2.0%，教育文化和娱乐类上涨0.6%，医疗保健类上涨14.0%，其他用品和服务类上涨1.9%。全市工业生产者出厂价格上涨5.8%，工业生产者购进价格上涨7.2%。

2017年末全市总人口453.61万人，常住人口391.76万人，其中城镇人口185.34万人，乡村人口206.42万人，城镇化率为47.31%，比上年提高2.02%。全市居民人均可支配收入16 813元，同比增长9.8%，其中城镇居民人均可支配收入25 634元，增长8.3%。全市居民人均消费支出13 345元，同比增长8.3%，其中城镇居民人均消费支出17 734元，增长6.4%，农民人均消费支出10 220元，增长9.5%。娄底市辖区面积8 117.6平方千米，所辖区县为娄星区、双峰县、新化县、涟源市、冷水江市。本研究仅针对娄星区以外的4个县域域。

### （一）2017年娄底市辖县金融竞争力整体状况分析

2017年娄底市辖县金融竞争力及各项一级指标排序如表2-23所示。从总体上来看娄底市所辖4个县域金融综合竞争力水平在省内居于中上游水平，金融发展水平虽互有差异但整体差距不大。排名居于上游的县域有新化县、冷水江市和涟源市，排名居中游的是双峰县。其中新化县居于上游第一层次，涟源市与冷水江市居于上游第二层次，双峰县居于中游第一层次。娄底市辖县域排名均较为靠前，可以说娄底市辖县域金融竞争力总体表现较强。

表 2 - 23 　　　　2017 年娄底市辖县金融竞争力及各项一级指标排序

| 项目 | 金融竞争力 | 金融服务竞争力 | 金融生态竞争力 | 金融发展竞争力 |
|---|---|---|---|---|
| 新化县 | 9 | 7 | 31 | 8 |
| 双峰县 | 32 | 28 | 35 | 36 |
| 涟源市 | 20 | 30 | 21 | 11 |
| 冷水江市 | 14 | 23 | 16 | 13 |

从一级指标来看，娄底市辖县域在金融发展竞争力指标上表现最好，3 个县域的排名均在前 15 名以内，4 县域平均排名第 17 位。这表示整个娄底市的金融发展潜力较大，前景光明。在金融服务竞争力指标上 4 县域的平均排名是第 22 位。表现最弱的是金融生态竞争力指标，平均排名是第 26 位。其中新化县金融生态竞争力指标与其他两项一级指标相比排名较为靠后且差距较大。

2017 年娄底市辖县域金融竞争力 3 项一级指标下的 8 项二级指标分布特征如表 2 - 24 和图 2 - 12 所示。

表 2 - 24 　　　　2017 年娄底市辖县金融竞争力各项二级指标排序

| 项目 | 金融服务竞争力 | | | 金融生态竞争力 | | | 金融发展竞争力 | |
|---|---|---|---|---|---|---|---|---|
| | 机构人员规模 | 资金规模 | 服务效率 | 政府部门 | 机构部门 | 居民部门 | 发展水平 | 发展潜力 |
| 新化县 | 12 | 7 | 11 | 16 | 41 | 35 | 7 | 16 |
| 双峰县 | 28 | 29 | 40 | 33 | 25 | 49 | 40 | 36 |
| 涟源市 | 29 | 28 | 44 | 18 | 17 | 33 | 10 | 23 |
| 冷水江市 | 36 | 45 | 14 | 30 | 14 | 9 | 14 | 12 |
| 均值 | 26.3 | 27.3 | 27.3 | 24.3 | 24.3 | 31.5 | 17.8 | 21.8 |
| 极差 | 24.0 | 38.0 | 33.0 | 17.0 | 27.0 | 40.0 | 33.0 | 24.0 |
| 方差 | 77.2 | 182.2 | 220.7 | 54.2 | 109.7 | 206.8 | 171.2 | 83.2 |
| 标准差 | 8.8 | 13.5 | 14.9 | 7.4 | 10.5 | 14.4 | 13.1 | 9.1 |

从平均排序来看，4 个县域整体竞争力最高的是金融发展竞争力下的发展水平指标，平均排名为第 17.8 位，居于上游区域。其次，在金融服务竞争力下的机构人员规模、资金规模、服务效率指标及金融生态竞争力下的政府部门、机构部门指标的平均排序达到了上游水平。相对较弱的是金融生态竞争力下的居民部门指标，4 个县域的平均排名为第 31.5 位，居于中游区域，是 8 项二级指标中唯一一个没有进入上游区域的指标，但也居于中游指标的第一层次靠前位置。可以说，在整体上娄底市辖县域的 8 项二级指标表现都较强。

从各项指标指标的差异性来看，娄底市辖 4 个县域的整体表现较为平均。但个别指标位序极差有一定差异。如在资金规模指标上极差达到 38，而在居民部门指标上极差达到了 40。这也表示了在某些单一指标上，各县域之间的表现存在一定的差异，可以说这

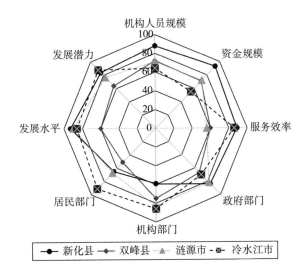

图 2 - 12　娄底市县域金融竞争力及各项二级指标比较

些指标反映了娄底市所辖 4 个县域的金融服务竞争力与金融生态竞争力上的不均衡情况。

### （二）2017 年娄底市辖县金融竞争力亮点优势分析

对娄底市辖县域的整体分析后，我们发现娄底市辖县域在各级指标上有如下亮点。

1. 整体发展较为均衡。整体表现较优秀，新化县、涟源市和冷水江市均在榜内上游区域，虽然仅双峰县居于中游区域，但其居于中游区域第一层级，靠近上游区域。

2. 金融发展竞争力指标上新化县、冷水江市表现较优秀，究其原因，我们认为应该是新化县与冷水江县分别在房地产法人单位数指标与城市化水平指标上排名较为靠前，从而对金融发展竞争力的排名起到了提拉的作用。

3. 具体从县域来看，新化县依靠其丰富的林业资源与文化旅游资源优势，其一级指标和二级指标相对于娄底其他县域表现较好，尤其是新化县的金融服务竞争力这项二级指标在全省排名靠前。而冷水江市拥有丰富的矿产资源、水资源与电力资源，这为地区金融行业的发展打下了良好的基础，进而使得其在全省范围内金融竞争力整体表现较好。

总的来说，娄底市各县域自然资源具有良好的竞争基础，合理利用能使娄底市辖各县的金融竞争力更上一层楼。

### （三）2017 年娄底市金融竞争力分县域指标分析

1. 新化县。新化县是湖南省文化旅游大县、全国文化先进县，也是中国梅山文化艺术之乡、中国山歌艺术之乡、中华诗词之乡。位于湖南省中部偏西、娄底市西部，与涟源市、冷水江市交界，截至 2017 年新化县常住人口 113.86 万人，2017 年 GDP 总值 245.36 亿元。在 2017 年湖南省 87 个县域金融竞争力排名中，新化县全省排名第 9 位，处于上游区域的第一层次，娄底市辖县域排名第 1 位。在一级指标中新化县的金融服务竞争力与金融发展竞争力分别排名第 7 位、第 8 位，居于上游区域第一层次，表现优秀。在金融服务竞争力的二级指标资金规模指标上，新化县排名第 7 位，在金融发展竞争力的二级指标发展水平上新化县的排名同样居于全省第 7 位，此两项均是新化县的优势指标项。相对来说新化县在金融生态竞争力指标上的排名表现稍显不足，排在第 31 位，居于中游区域的第一层次，在金融生态竞争力中的二级指标机构部门、居民部门指标上新化县分别排名第 41 位与第 35 位，是新化县的劣势指标，也是影响新化县金融生态竞争力排名表现的主要因素。

2. 冷水江市。冷水江市地处湖南中部，是湖南省的地理中心，是国家实施中部崛起战略比照西部大开发政策支持的城市之一，是国务院实施转型发展扶持政策的 44 个资源枯竭型城市之一。截至 2017 年，冷水江市常住人口 34.52 万人，2017 年 GDP 总值 301.6 亿元。在 2017 年湖南省 87 个县域金融竞争力排名中冷水江市金融竞争力排名在全省为第 14 位，处于上游区域的第二层次，在娄底市辖县域排名为第 2 位。在一级指标金融服务竞争力、金融生态竞争力与金融发展竞争力排名上冷水江市分别排名第 23 位、第 16 位和第 13 位，均居于上游区域第二层次，在此 3 项指标上表现都较为优秀，反映了冷水江市金融竞争力在各方面表现均衡。在金融生态竞争力的二级指标居民部门上冷水江市的排名为第 9 位，位于上游区域的第一层次，是冷水江市在所有二级指标中表现得最好的一项。在金融服务竞争力指标的二级指标服务效率上，冷水江市排名 14 位，居于上游区域第二层次，表现较优秀；在金融发展竞争力的两个二级指标发展水平与发展潜力上冷水江市排名分别为第 14 位与第 12 位，均处于上游区域二级层次，是冷水江市金融竞争力表现上的一个亮点。同时因为市常住人口规模较小，所以冷水江市在金融服务竞争力的二级指标机构人员规模与资金规模指标上排名分别为第 36 位与第 45 位；在金融生态竞争力的二级指标政府部门指标上冷水江市的排名为第 30 位。相对来说，此 3 项均是冷水江市的劣势指标项。

3. 涟源市。涟源市地处湖南省中部，是沟通经济走廊的咽喉之地，俗称"煤海""建材之乡""有色金属之乡"和"非金属之乡"，是世界最大的触煤生产基地。除此之外，涟源市还是"全国先进文化市""全国先进体育市""全国双拥模范城"。截至 2017 年，涟源市常住人口 101.78 万人，2017 年 GDP 总值 286.31 亿元。涟源市在 2017 年湖南省 87 个县域金融竞争力排名中排名第 20 位，处于上游区域第一层次，娄底市辖县域排名中为第 3 位。在金融发展竞争力这项一级指标中，涟源市的排名是第 11 位，居于上游区域第二层次第 1 位，在发展水平这项二级指标上的排名是第 10 位，位于上游区域的第一层级，是涟源市在 2017 年湖南省县域金融竞争力排名中的优势指标项，也是亮点所在。涟源市在金融服务竞争力的二级指标服务效率上排名第 44 位，处于中游区域第二层级，在金融生态竞争力的二级指标居民部门上排名第 33 位，处于中游区域的第一层级。相对于其他指标上的表现，涟源市在这两个指标上的表现相对较弱。特别是在服务效率这项指标上，涟源市表现不佳，可以说这是阻碍涟源市在金融服务竞争力指标上取得佳绩的主要原因。

4. 双峰县。双峰县地处湘中腹地，历史悠久，名人辈出，享有"国藩故里，湘军摇篮，女杰之乡"之誉。截至 2017 年，双峰县常住人口 87.89 万人，2017 年 GDP 总值 230.75 亿元。双峰县在 2017 年湖南省 87 个县域金融竞争力排名中排名第 32 位，处于中游区域第二层次，在娄底市辖县域排名中第 4 位。在一级指标金融服务竞争力上双峰县的表现最好，排名第 28 位，处于上游区域，金融生态竞争力与金融发展竞争力这两个一级指标的表现相对较弱，分别为第 35 位与第 36 位，处于中游区域的第一层级。在二级指标上的表现，服务效率指标居于第 40 位，居民部门指标居第 49 位，发展水平指标居第 40 位。相对来说这 3 项二级指标是双峰县在金融竞争力上的劣势指标，分别影响了双峰县在金融服务竞争力、金融生态竞争力与金融发展水平竞争力这 3 项一级指标上的表现。

### （四）娄底市金融竞争力发展对策建议

**1. 提高金融服务效率，积极发挥地方中小金融机构在县域金融发展中的主力作用**

金融服务竞争力指标及其下的二级指标金融服务效率指标需要补足。金融的特性是市场属性非常强，但县域环境带有一定的农村属性，这就导致了县域金融项目存在投入大、风险高、回收周期长的特性，从而导致大型商业银行对县域金融的投入积极性不高。娄底市辖县域的金融服务竞争力的提升离不开当地中小金融机构的投入。在县域金融的发展上中小金融机构是主力，娄底市政府应加大力度支持中小金融机构的发展，积极给予政策补贴与税收优惠。

（1）在娄底市辖县域中，农村互联网能力相对城区发展较弱。提供农村金融服务的中小金融机构应积极走进农户生活，让农户了解金融，开发农户金融需求，并据此为农户提供优质的服务。既需要中小金融机构坚守本位，积极服务实体经济，服务"三农"，深耕农村市场发挥自身的网点及人员优势推进普惠金融；更需要以村落文化、家庭文化这种县域特色文化氛围为切入口，让农户认同。在线下的服务中能做到有温度讲感情，让中小金融机构人熟、地熟、关系熟的特殊优势得到良好的发挥，让普惠金融能够走进娄底市人民的生活之中。同时应大力支持农房抵押贷款，积极推动围绕农村土地所有权、承包使用权、经营权、收益权，农村土地四权的交易平台的建立。让农民的四权交易有平台可交易、有部门来管理。努力做到资产证券化、证券现金化，提高娄底市辖县域的资金流动性。

（2）中小金融机构另一个作用是对当地工商业发展的支持。在对县域工商业的发展支持上提高贷款的发放力度能够有效支持工商业的发展，在贷款发放上不应只单纯地关注贷款发放总量，还应积极提高户均贷款水平。这些举措均能合理有效地提高金融服务竞争力项下二级指标服务效率的表现。

从 2017 年湖南省 87 个县域金融竞争力排名中我们可以发现，娄底市辖县域的双峰县与涟源市在金融服务竞争力项下的服务效率指标上的表现相对来说均显劣势，提高金融服务效率能够显著提高双峰县与涟源市在金融服务竞争力指标上的表现，让双峰县与涟源市在金融竞争力排名上大步向前取得优异成绩。同时中小金融机构应该学习互联网思维，提高自身效率，同时提升自身业务能力，做到对大客户能够提供量身定制的服务，坚持快而简单的业务服务特质。

**2. 优化金融生态环境，突出信用体系的建设**

信用是市场经济运行的前提和基础，是市场经济健康发展的基本保障，是保持经济持续稳定增长的需要，也是防范金融风险、深化金融改革的需要。先改善金融生态环境才能使金融发展。

社会信用体系的建设首先要推动农户信用信息的备案建库，要做到按户分类归集，组织以人民银行等金融机构、工商税务等相关部门进行数据共享，将诸如社保信息、法律信息等信息匹配到户。同时适应县域地区文化特色，将社会评价也纳入信用体系建设之中，让生活中的信用能够真实地体现出个人信用，让优质农户的信息能够被金融机构了解到。个人信用体系的建设也能通过增强借款人的偿还能力和提高偿还意愿，促进提高借款人的履约水平，降低金融机构的信用风险。

金融服务机构也应该积极宣传诚信社会的重要性与必要性，同时加强自身团队的信用建设，提高从业人员素质，保证银行风控能力，提高贷款质量，改善娄底市辖县域投资环境，吸引更多投资者进入。积极推动娄底市辖县域的信用体系的建设能够有效加强当地金融安全程度，防范信用制度的不规范、信用信息的不健全而带来的金融风险。

**3. 发挥区位优势，积极利用县域金融的外部动力**

娄底市位于湖南省的地理中心，区位优越，境内贯通与在建的高速公路多达八条，有沪昆铁路、沪昆高铁、洛湛铁路和娄邵铁路四条铁路，并且娄底即将会有娄底新化机场与娄底通用机场两座机场，交通十分便利，是环长株潭城市群一小时经济圈的重要节点城市。这些优势都让娄底市辖县域能够十分便捷地获得县域外部的金融助力。

（1）利用优秀文化旅游资源积极开发旅游金融产品

娄底市是湖湘文化的重要发源地之一，境内的梅山龙宫、曾国藩故居、湄江国家地址公园、紫鹊界梯田均是国家级 4A 旅游景区。且娄底境内森林资源丰富，拥有三个省级森林公园，拥有全国绿化模范城市、中国优秀旅游城市、国家园林城市、国家卫生城市等荣誉称号。这些文化旅游资源不仅能够吸引全国游客，对长株潭城市群的居民更是有着十分强大的吸引力。以新化县和涟源市为代表的娄底市辖县域坐拥优质且丰富的旅游文化资源，可以依托这些优质的文化旅游资源来重点加强各金融机构与线上线下旅行社合作机制，引导推出具有本地特色的旅游消费信贷产品、旅游消费联名卡和旅游保险产品等。具有一定能力的金融机构还可以通过与互联网旅游公司联名推出旅游理财产品，借助线上流量来增收引流，做到线上引流、线下分流的盈利模式。

（2）依据产业链源头特色积极开展供应链金融服务业务

党的十九大第五次全国金融工作会议指出，坚持服务实体经济是金融的本职和责任，服务实体经济的高质量发展是新时代金融业的核心使命。国务院办公厅于 2017 年10 月发布《关于积极推进供应链创新与应用的指导意见》，明确提出积极稳妥发展供应链金融的重要任务，着力提高实体经济中各类资源和要素的流转效率，促进整个供应链生态良性发展。娄底市境内矿产资源十分丰富，探明储量的矿产多达 25 种，占湖南省探明储量矿种的 30%。锑矿保有储量世界第一，煤炭、大理石、白云石和石灰石的储量均位居省内榜首。2017 年娄底市第二产业增加值 724.72 亿元，同比增长 7.1%。其各类矿产原矿及金属加工产品均属于供应链上游产品。应收账款融资是供应链金融中的重要一环。应收账款是企业信用重要组成部分。作为供应链上游企业，大量中小微供应商存在资金链薄弱、资金周转困难的现实问题。娄底市应积极引入大型金融机构、民间自有资本，以应收账款融资为切入口，服务娄底市辖县域各供应链上游中小微企业。供应链金融的推行能通过帮助企业加强自身信用体系的建设从而达到完善全社会信用体系的效果，并且有效提高实体经济产业链的整体效率。这都能够有效提高娄底市辖县域机构部门与服务效率等指标的表现，提升金融服务竞争力与金融生态竞争力。

**4. 积极发展以区块链技术为代表的金融科技创新技术**

作为现代经济的核心，金融不仅需要通过服务实体经济，提高资金配置效率，实现高质量发展，更需要通过自身的高质量发展，发挥其在供给侧结构性改革中的重要作用，推动经济高质量发展。建设现代金融，需要着力推动金融与科技融合发展。当前，以区块链为代表的一系列新技术在金融领域应用，降低了服务成本，提升了服务效率和服务体验，提高了金融服务覆盖度与安全性，正在对金融市场产生重大而深刻的影响。

娄底在湖南率先挂牌成立国家级区块链研究与应用试验区。应根据自身特色发挥现行优势，积极推动以区块链技术为代表的新兴金融科技创新落地，提高自身金融效率服务水平。依据娄底地区供应链上游企业多、交通发达、旅游文化资源丰富的特色让技术落地在供应链金融、物流、旅游金融等特色项目中。比如，在供应链金融项目上利用区块链技术的可溯性、不可篡改性、透明性三大特性可以解决交易过程中的所有权确认问题、交易过程的安全信任问题和交易双方的信任执行问题。而其本身基于分布式记账体系的点对点交易模式因其自身的去中心化特性可以有效降低交易成本。以区块链技术搭配电子存证的模式利用区块链技术不可篡改性使各合同参与方不可能独自修改数据记录，改变了电子存证存在信任问题与易被篡改的现状。让用户数据在不被外泄的前提下，即可实现法律法规要求的交易信息实时存证。让银行或者供应链金融服务平台可以对企业的资金用途、进货渠道、还款能力等实现全方位管控，连接上游供货商及下游企业，实现供应链金融与供应链物流、信息流的精准融合，为各个中小微企业提供单笔小额授信，实现资金快速、灵活、低成本运转，构造供应链金融新经济的模式。同时区块链技术的应用能够在建设娄底社会信用体系中发挥重要作用。

总体来说，推动金融与区块链为代表的新兴科技创新的融合发展可以提高娄底市辖县域金融服务竞争力、金融生态竞争力与金融发展竞争力，全面带动娄底市辖县域的金融竞争力水平。

## 十三、湘西土家族苗族自治州所辖县域金融竞争力评价分析

湘西自治州位于湖南省西北部，地处湖南、贵州、重庆、湖北四省市交界处，是湖南全省唯一的少数民族自治州。湘西州是习近平总书记精准扶贫战略思想的首倡地，居于武陵山集中连片特困地区的核心位置。湘西山清水秀，风景如画，除了耳熟能详的猛洞河漂流和矮寨大桥之外，还有沈从文笔下的边城茶峒、国家森林公园坐龙峡等150多个国家级风景名胜。同时，湘西有着悠久的历史和灿烂的文化，有世界文化遗产老司城、国家历史文化名城凤凰古城、乾州古城等1 517处历史文化古迹。湘西同时也是武陵文化的发源地之一。

2017年，湘西州实现地区生产总值582.64亿元，增长7.6%。其中：第一产业增加值83.79亿元，增长3.8%；第二产业增加值179.42亿元，增长5.8%；第三产业增加值319.43亿元，增长9.7%。按常住人口计算，人均生产总值22 094元，在全省处于下游水平，增长7.5%。

2017年末，全州常住人口263.82万人，其中城镇人口118.63万人，农村人口145.19万人，城镇化率44.97%。以土家族、苗族为主的少数民族人数占80%。湘西州辖区面积15 462平方公里，所辖除自治州州府所在县级市吉首市外，还有泸溪县、凤凰县、花垣县、保靖县、古丈县、永顺县、龙山县七个县以及一个经济开发区，即湘西经济开发区。本研究仅针对湘西经济开发区以外的8个县域。

### （一）2017年湘西州辖县金融竞争力整体状况分析

2017年湘西州辖县金融竞争力及各项一级指标排序如表2-25所示。从整体上看，湘西州所辖8个县域金融综合竞争力水平在省内居下游水平，且金融发展水平不均衡特征明显。从金融竞争力排名情况看，8个县域中有4个县未上榜，3个县位于中游区域，进入上游水平的仅有1个县域。州府所在的吉首市，居上游区域第一层次前列，排序为第4位。永顺县进入中游水平第二层次，位居87个县域的第47位。龙山县、凤凰县则处于中游区域的第三层次，分列第54位、第58位。其余4个县保靖县、古丈县、花垣县、泸溪县则未能进入前60名。湘西州所辖8个县域整体上排序在全省靠后，除吉首市外，金融综合竞争力总体较弱。

表2-25　　　　2017年湘西州辖县金融竞争力及各项一级指标排序

| 项目 | 金融竞争力 | 金融服务竞争力 | 金融生态竞争力 | 金融发展竞争力 |
|---|---|---|---|---|
| 保靖县 | 未上榜 | 未上榜 | 未上榜 | 44 |
| 凤凰县 | 58 | 未上榜 | 未上榜 | 21 |
| 古丈县 | 未上榜 | 未上榜 | 未上榜 | 未上榜 |
| 花垣县 | 未上榜 | 未上榜 | 未上榜 | 未上榜 |
| 吉首市 | 4 | 4 | 37 | 3 |
| 龙山县 | 54 | 40 | 未上榜 | 42 |
| 泸溪县 | 未上榜 | 未上榜 | 未上榜 | 55 |
| 永顺县 | 47 | 34 | 未上榜 | 23 |

从一级指标来看，表现最好的是金融发展竞争力指标，其中 3 个县位于上游区域，3 个县位于中游区域，只有 2 个县未上榜，表明湘西州的金融发展潜力较大。相对最弱的是金融生态竞争力指标，除吉首市排名第 37 位，无一县上榜，反映出湘西州经济发展较为落后的客观情况。金融服务竞争力指标亦不容乐观，有 5 个县未能上榜。全州县域金融竞争力总排名的不均衡特征在一级指标排名中同样得到明显的体现，除吉首市一枝独秀外，其余县域一级指标大多排名中下游。

2017 年湘西州辖县金融竞争力 3 项一级指标下的 8 项二级指标分布特征如表 2 - 26 和图 2 - 13 所示。从平均排序方面看，八县整体竞争力最低的是金融生态竞争力下的机构部门指标，平均排序只在第 76.5 位，居下游区域。除此之外，金融生态竞争力下的政府部门和居民部门指标以及金融服务竞争力下的机构人员规模和资金规模指标平均排序都居于全省下游。相对排名最靠前的一级指标金融发展竞争力下的两项二级指标发展水平和发展潜力平均排序都进入了中游区域，分别为第 42.1 位和第 32.5 位。值得注意的是，金融服务竞争力下的服务效率是唯一全州 8 县域全部上榜的二级指标，平均排序为第 23.4 位，在湘西经济金融整体水平偏低的情况下进入了上游区域，实属不易。

从各项指标差异性看，湘西州县域金融发展竞争力的 8 项二级指标在 8 个县域之间排序差异都比较大。最大的机构人员规模指标位序差高达 83 位，最小的政府部门指标位差也达到 36 位。可见湘西州县域间、各指标间金融发展水平十分不均衡。湘西亟待兼顾全州整体金融竞争力的提升，改变目前吉首市一枝独秀的局面。

表 2 - 26　　　　　2017 年湘西州辖县金融竞争力各项二级指标排序

| 项目 | 金融服务竞争力 | | | 金融生态竞争力 | | | 金融发展竞争力 | |
|---|---|---|---|---|---|---|---|---|
| | 机构人员规模 | 资金规模 | 服务效率 | 政府部门 | 机构部门 | 居民部门 | 发展水平 | 发展潜力 |
| 保靖县 | 未上榜 | 未上榜 | 32 | 未上榜 | 未上榜 | 未上榜 | 未上榜 | 21 |
| 凤凰县 | 未上榜 | 57 | 47 | 55 | 未上榜 | 未上榜 | 29 | 14 |
| 古丈县 | 未上榜 | 未上榜 | 5 | 未上榜 | 未上榜 | 未上榜 | 未上榜 | 57 |
| 花垣县 | 未上榜 | 未上榜 | 48 | 未上榜 | 未上榜 | 未上榜 | 51 | 未上榜 |
| 吉首市 | 4 | 18 | 1 | 50 | 43 | 25 | 3 | 4 |
| 龙山县 | 未上榜 | 48 | 13 | 57 | 未上榜 | 未上榜 | 35 | 47 |
| 泸溪县 | 未上榜 | 未上榜 | 38 | 未上榜 | 未上榜 | 未上榜 | 未上榜 | 32 |
| 永顺县 | 未上榜 | 50 | 3 | 未上榜 | 未上榜 | 未上榜 | 32 | 19 |
| 均值 | 65.3 | 60.8 | 23.4 | 67.0 | 76.5 | 70.1 | 45.1 | 32.5 |
| 极差 | 83 | 67 | 47 | 36 | 44 | 62 | 71 | 62 |
| 方差 | 595.7 | 435.4 | 351.7 | 150.0 | 190.5 | 329.1 | 536.9 | 425.3 |
| 标准差 | 24.4 | 20.9 | 18.8 | 12.2 | 13.8 | 18.1 | 23.2 | 20.6 |

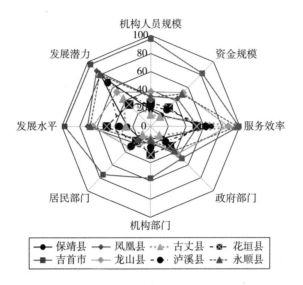

图 2 – 13　湘西州县域金融竞争力及各项二级指标比较

### （二）2017 年湘西州辖县金融竞争力亮点优势分析

在整体分析中我们注意到，湘西州在一级指标金融发展竞争力排名中相对其他两个一级指标排名较为靠前，仅两县未上榜，是湘西金融发展中的一大亮点。究其原因，透过三级指标得分我们发现，湘西各县的教育行业贷款投放量、科学技术服务行业的贷款投放量和县域小微企业贷款余额这 3 项指标排名整体较为靠前，对金融发展竞争力的排名起到了提拉的作用。可以看到，尽管湘西自治州目前经济发展水平较为落后，但其发展目光长远，对短期内很难见到回报但是对未来有利的教育、科技等行业非常重视，对县域小微企业同样给予了大力支持。

另外，湘西 8 个县域在金融服务竞争力下的二级指标服务效率排名中全部上榜，平均排名进入上游区域，是湘西金融发展中又一亮点。最主要的原因是服务效率下面 7 项三级指标中，湘西各县域在银行机构存贷比这一指标的排名中特别突出，给服务效率的整体排名提供了有力的支撑。除此之外，另外 6 项二级指标排名也全部进入中上游区域，从而全面提升了服务效率的排名。可能的原因是，尽管总的存款余额较低，但是旅游业、服务业等第三产业的发展，带动当地的信贷需求，进而提高了存贷比。

绿水青山就是金山银山。湘西州最大的优势就是丰富的自然资源和人文资源。150 多个国家级风景名胜以及 1 517 处历史文化古迹带来大量的流动人口，对当地经济金融的发展无疑具有非常强大的推动作用。另外，精准扶贫与乡村振兴战略的提出和执行，也是湘西州经济发展政策层面上的优势，是值得牢牢把握的历史机遇。

### （三）2017 年湘西州金融竞争力分县域指标分析

1. 吉首市别名乾州、所里，是湘西土家族苗族自治州首府，位于湖南省西部、武陵山脉东麓，是湘、鄂、渝、黔四省市边区中心，具有肩挑南北、承接东西的区位优势，也是湘西社会、经济、文化活动中心。吉首市下辖一乡五镇六街道。2017 年末吉首市户籍总人口 30.99 万人，比上年增长 2.04%，常住人口 34.77 万人，增长 11.22%。2017 年，吉首市生产总值 153.52 亿元，比上年增长 10.1%。

在此次 2017 年湖南省 87 个县域金融竞争力排名中，吉首市全省排名第 4 名，处在上游区域的第一层次，同时也位列湘西州第 1 名。其中吉首市的金融服务竞争力、金融发展竞争力在全省 87 个县域中名列前茅，分别位列第 4 位和第 3 位，进入上游区域第一层次，成为县域金融竞争力的优势指标。与这两个指标相比，吉首市的金融生态竞争力指标相对较低，居全省 87 个县域的第 37 位，处于中游区域第一层次，是吉首市金融发展的中势指标。在金融生态竞争力的二级指标中，由于吉首市 2017 年的 GDP、财政收入、支出较低，其政府部门指标在全省 87 个县域中位列第 50 位，处于中游区域第二层次。同时，机构部门指标排名较低（第 43 名），处于中游第二层次，两项指标共同作用从而影响到吉首市金融生态竞争力的排名。在吉首市的 3 项一级指标中，优势、中势和劣势指标分别有 2 项、1 项和 0 项，金融综合竞争力较强且较为均衡，金融生态竞争力有待提高，政府部门和机构部门指标已成为影响吉首市金融生态竞争力位次的一个主要因素。

2. 永顺县位于自治州北部，地处中西部结合地带的武陵山脉中段，境内地貌以山地、丘岗为主，辖区总面积 3 810.6325 平方公里，辖 30 个乡镇，327 个行政村。2017 年末，永顺县总人口 55.5 万人，常住人口 44.64 万人。总人口中少数民族 49.77 万人，少数民族中土家族 43.15 万人，苗族 6.62 万人。永顺县列入西部大开发范围，可以享有国家、省、州有关民族区域自治、西部开发等方面的优惠政策。2017 年全县实现生产总值 65.9 亿元，比上年增长 5.8%。

永顺县金融竞争力紧随吉首市之后，在湘西州位列第 2 位，在全省 87 个县域名列第 47 位，位于中游第二层次。具体来看，一级指标中，永顺县金融服务竞争力位列 87 个县域中第 34 位，处于中游第一层次，是永顺县县域金融竞争力的中势指标；永顺县金融发展竞争力排名第 23 位，处于上游第二层次，具有一般比较优势。一级指标中金融生态竞争力排名较低，未能上榜，是永顺县县域金融竞争力的劣势指标。其中，二级指标中的政府部门、机构部门、居民部门三项分指标排名均未上榜，这主要是由于当地的财政收入与支出、GDP、固定资产投资等数值较低。永顺县的 3 项一级指标中，优势、中势和劣势指标各有 1 项，指标间差距较大，发展不均衡特征明显，经济发展较为中庸，缺乏亮点，在很大限度上影响到永顺县金融竞争力的综合水平。

3. 龙山县位于湘西北边陲，地处武陵山脉腹地，连荆楚而挽巴蜀，历史上称为"湘鄂川之孔道"。地势北高南低，东陡西缓，境内群山耸立，峰峦起伏，酉水、澧水及其支流纵横其间。2017 年末全县总人口 60.53 万人，常住人口 49.28 万人，其中土家族、苗族等 16 个少数民族人口占总人口的 71%。2017 年全县地区生产总值 80.8 亿元，比上年增长 8.5%。

龙山县的金融竞争力在全省 87 个县域中排名第 54 位，处于中游区域第三层次，这与其地处偏远有关。在一级指标方面，龙山县的金融服务竞争力位列 87 个县域中第 40 名，居于中游区域第一层次，是龙山县县域金融竞争力的中势指标；龙山县金融发展竞争力也处于 87 个县域的第 42 位，位于中游区域第二层次，是龙山县县域金融竞争力的中势指标；龙山县的金融生态竞争力则较差，在 87 个县域中排名居下游区域，是龙山县县域金融竞争力的劣势指标。其中，金融生态竞争力下的政府部门指标排名第 57 名，处于中游区域第三层次，机构部门和居民部门两项二级指标均排名下游。财政收入与支出、GDP 与人均 GDP、工业总产值、年末常住人口总数等较低，导致龙山县整体的金融生态较差。龙山县的 3 项一级指标整体排序居中，其优势、中势和劣势指标分别有 0 项、2 项和 1 项，指标间差距不大但整体水平低，使得龙山县的金融竞争力指标较为落后，整体金融竞争力有待提高。

4. 凤凰县东与泸溪县交界，南与怀化市麻阳县相连，西同贵州省铜仁市碧江区、万山区、松桃苗族自治县接壤，北和吉首市、花垣县毗邻，史称"西托云贵，东控辰沅，北制川鄂，南扼桂边"。凤凰县是国家历史文化名城、首批中国旅游强县、国家 4A 级景区、湖南省湘西土家族苗族自治州所辖八县市之一。2017 年全县总人口 43.18 万人，常住人口 32.99 万人。在总人口中，少数民族人口 34.11 万人，占总人口的 78.99%。其中苗族 25.5 万人，占总人口的 59.1%。2017 年，全县实现生产总值 81.05 亿元，增长 6.3%，三次产业结构由上年的 11.5∶16.0∶72.5 调整为 11.5∶15.7∶72.8。经济增速虽保持持续增长，但经济总量仍偏小，文化旅游产业"一枝独秀"。

凤凰县在此次 2017 年湖南省 87 个县域金融竞争力排名中，位列第 58 名，处于中游区域第三层次。一级指标中，凤凰县金融服务竞争力排名下游，是凤凰县的劣势指标。其中，二级指标中资金规模与服务效率分别位列 87 个县域的第 57 名和第 47 名，分别处于中游区域的第三层次、第二层次，同时机构人员规模未上榜，这是由于金融机构数量及从业人员数量少所致。一级指标中金融生态竞争力指标同样未能上榜，政府部门指标则位列第 55 名，处于中游区域第三层次，机构部门、居民部门两个二级指标均排名下游。但值得注意的是，凤凰县的金融发展竞争力较强，全省排名第 21 位，处于上游区域第三层次，是凤凰县的一般优势指标。关注金融发展竞争力下的发展水平与发展潜力两项二级指标，分别排名全省第 29 位、第 14 位，位于上游区域，这与凤凰县丰富的旅游资源有关，金融发展潜力大。凤凰县的优势、中势与弱势指标分别有 1 项、0 项、2 项，优势与劣势共生，特色与弱势并存，是典型的发展不均衡县域。凤凰县的金融生态与金融服务未能跟上其金融发展潜力，未来应进一步加强金融服务与金融生态建设，发挥凤凰县的特色和优势。

5. 花垣县地处武陵山脉中段，湘黔渝交界处，人称其"一脚踏三省""湘楚西南门户"。花垣锰矿探明储量居湖南省之最、中国第二，铅锌矿探明储量居湖南省第二、中国第三，有"东方锰都""有色金属之乡"美誉，也是革命老区县、国家扶贫开发工作重点县。2017 年末全县总人口 31.27 万人，常住人口 30.76 万人，2017 年全年实现生产总值 68.07 亿元，同比增长 10.4%。

　　花垣县是湘西州 8 个县区中金融发展相对较弱的县域，其金融竞争力在全省 87 个县域中处于下游区域。一级指标中，花垣县的金融服务竞争力在 87 个县域中排名较靠后，是花垣县的劣势指标，虽然二级指标中服务效率名列第 48 位，处于中游区域第二层次，但由于机构人员规模和资金规模两项二级指标均处于全省下游区域，导致花垣县的金融服务竞争力排名较靠后。花垣县的金融生态竞争力排名位于 87 个县域的下游区域，其中政府部门、机构部门、居民部门 3 项二级指标均排名下游，是花垣县县域金融竞争力的劣势指标。花垣县金融发展竞争力在 87 个县域中处于下游区域，同样是花垣县的劣势指标，行业法人单位数少，县域小微企业贷款余额少，城市化水平低，导致花垣县金融发展水平与发展潜力指标落后，进而影响了一级指标花垣县金融发展竞争力的排名。花垣县的 3 项一级指标均为劣势指标，说明了花垣县劣势突出，经济金融基础薄弱，导致金融综合竞争力弱。

　　6. 泸溪位于湘西州东南部，总面积 1 565 平方公里，共辖 7 乡、8 镇、150 个村（居）委会。2017 年末总人口 31.7 万人，常住人口 29.32 万人，其中少数民族 16 万人。泸溪是全国生态建设示范县，2010 年被评为国家级卫生县城，国家平安畅通县。2017 年全县实现生产总值 56.48 亿元，同比增长 3.6%。

　　泸溪县是国家级贫困县之一，其经济发展水平在湖南省县域经济排名中处于较弱的位置。综合金融竞争力在全省 87 个县域中排名下游。一级指标中，泸溪县的金融服务竞争力在 87 个县域中处于下游区域，是泸溪县县域金融竞争力的劣势指标。虽然服务效率指标表现较好，在 87 个县域中名列第 38 位，处于中游区域的第一层次，但是该县的机构人员规模和资金规模这两项二级指标处于较为劣势的下游区域，从而影响了金融服务竞争力的排名。一级指标金融生态竞争力在 87 个县域中处于下游区域，同样是泸溪县的劣势指标，这是由于其政府部门、机构部门、居民部门 3 项二级指标排名落后。金融发展竞争力在 87 个县域中位列第 55 名，处于全省各县区中游区域第三层次，具有一般比较优势。其中发展潜力指标排名较靠前，在 87 个县域中名列第 32 位，发展水平则处于较为劣势的下游区域。在泸溪县金融竞争力的一级指标中，优势、中势与弱势指标分别有 0 项、1 项、2 项，反映出泸溪县金融竞争力综合水平较弱，具体表现为多数二级指标排名靠后，从县域层面的横向比较上来看表现较为弱势。从单项二级指标来看，金融机构服务效率指标表现较靠前，同时当地金融发展前景较为看好。

　　7. 保靖县位于云贵高原东侧，武陵山脉中段。2017 年末全县总人口 31.61 万人，常住人口 29.66 万人。土家族和苗族是保靖县境内的主体民族。2017 年全县生产总值为 52.25 亿元，比上年增长 8.0%。

　　保靖县的经济发展水平在湘西处于较为弱势的地位，该县的综合金融竞争力排名处于 87 个县域中的下游区域。其中金融服务竞争力排名处于下游位置，是保靖县县域金融竞争力的劣势指标。在金融服务竞争力下的二级指标中，机构人员规模和资金规模均处于下游区域，服务效率则在二级指标排名中处于中游区域的第一层次，位列第 32 名；

保靖县的金融生态竞争力排名位于下游区域，是保靖县的劣势指标，其对应的政府部门、机构部门和居民部门3项二级指标的排名均处于下游区域；该县的金融发展竞争力水平位于87个县域的第44名，处于中游区域的第二层次，具有一般比较优势。其对应的二级指标中的发展水平排名处于下游区域，同时另一项二级指标发展潜力的排名位于第21位，处于上游区域的第二层次。保靖县的优势、中势与弱势指标分别有0项、1项和2项，金融发展指标较差，该县的金融生态环境和当地金融机构的现实情况，在很大限度上限制了金融竞争力水平的发展，但同时可以看到，当地的金融发展在未来具有一定的潜力。

8. 古丈县位于湘西州中部，其西抵保靖，东接沅陵，南与吉首市、泸溪相接，北和永顺交界，总面积1 286平方公里，下辖7乡5镇。古丈县生态环境优良，林木绿化率高达80.46%，素有"林业之乡""名茶之乡""举重之乡""歌舞之乡"的美称。2017年末全县总人口14.49万人，全县常住人口13.40万人，在总人口中少数民族人口为12.6万人，其中，苗族6.7万人，土家族5.9万人。2017年全县实现生产总值25.27亿元，比上年增长4.0%。

古丈县在湘西地区是经济处于最弱势地位的县城。同时，该县的综合金融竞争力排名处于下游的位次。古丈县没有一级指标进入上游区域或中游区域，其3项一级指标金融服务竞争力、金融发展竞争力以及金融生态竞争力排名均处于87个县域的下游位置。其中，金融服务竞争力指标下对应的二级指标中，机构人员规模和资金规模处于下游区域，是影响金融服务竞争力指标排名的重要因素，但同时也应注意到，古丈县在金融服务效率这项二级指标下的排名较为亮眼，在全省87个县域位列第5名；金融生态竞争力指标下对应的政府部门、机构部门和居民部门这3项二级指标排名均处于下游区域；金融发展竞争力对应的二级指标中，发展水平排名处于下游区域，发展潜力指标排名第57位，居于中游区域第三层次。古丈县的优势、中势与弱势指标分别有0项、0项、3项，一级指标较差。当前该县的大多数二级指标处于劣势地位，各方面金融竞争力不强，是目前古丈县金融竞争力的现实情况。在二级指标中，优势、中势和劣势指标分别有1项、1项和6项，多项下游指标的劣势表现导致古丈县在整体金融竞争力水平上的表现较为落后。

### （四）湘西州金融竞争力发展对策建议

#### 1. 优化金融生态，防范金融风险

由于自然条件、人员结构和投资环境等相关因素的影响，在一级指标金融生态竞争力排名中，除吉首市排名中等外，湘西自治州其他各县皆表现不佳，这是湘西州金融竞争力最薄弱的地方。全州8个县域在金融生态竞争力下的3项二级指标平均排序中均处于下游区域，严重阻碍了其金融竞争力的提升与发展。提升金融竞争力的首要条件就是要优化湘西金融生态，底线就是防范金融风险的发生，在此基础上，湘西金融才能迎来大发展。

（1）改善经济环境是优化金融生态的根本

良好的经济环境是优化金融生态的先决条件，金融的发展又能反哺经济的发展，二者相辅相成，相互促进。因此改善经济环境是湘西提升金融竞争力的重中之重。首先，政府有关部门应充分认识到湘西的优势与劣势所在。积极谋划，打开思路，主动作为，有效地利用湘西的自然资源、人文资源，持续优化经济结构，促进实体经济发展，提高经济发展质量，不断改善社会民生，充分意识到贫困地区县域经济发展有利于统筹城乡一体化发展，更容易实现共同富裕。其次，要加大建设力度。一是加大交通建设投入，解决山区行路难、运输难问题。二是加大农业生产投入，培植经济发展后劲，有计划、有步骤地解决经济发展的硬件问题。三是加大改善生产生活条件投入，着重改善饮水、用电、公共卫生环境、医疗建设，搞好生态能源建设，提高人民群众的生活质量。最后，要培育生态特色。充分利用好湘西地区自然条件和人文条件等，实现产业开发的多元化，增加在农业科学技术、旅游特色和相关人才上的投入，为县域经济的可持续发展提供动力支持。

（2）良好的信用建设是优化金融生态的平台

信用是经济活动的产物，是打造投资环境、发展地方经济的重要平台。对于湘西来说，要使地区金融经济发展步入快车道，只有大力优化信用环境，才能为当地经济项目实施、投资资金引入和得到金融部门更多的支持创造条件，才能搭建金融生态发展的重要平台。

州政府相关部门与相应的金融机构应结合湘西地区农业人口众多、多民族聚集等特点，发挥州、县、镇、村联动机制，依托人民银行等金融机构、工商税务等相关政府部门的支持，建立一套具有本地化特色的信用信息库，充分宣传诚信社会建设必要性，营造良好的信用社会氛围。良好的信用建设体系帮助金融机构快速地了解优质客户信息，有针对性地发放支农、支微信贷，让更多潜在投资人愿意进入湘西、发展湘西，减少后顾之忧。

（3）防范金融风险是优化金融生态的底线

湘西地区金融发展水平相对落后，防范与化解金融风险能力相对于发达地区还存在不足，人民群众对于日益多变的金融风险防范意识认识较为淡薄，法律意识不强，非法金融活动可能会扰乱正常的金融秩序。所以，为了加强金融生态建设，防范金融风险，就需要相关政府部门与金融机构共同协作，防控风险发生。

首先要大力加强农村金融教育，特别是对深度贫困地区要优先下沉，做到教育的全覆盖；其次要规范金融机构业务行为，净化地区金融消费环境；最后要严格扶贫项目贷款审批管理，避免假借扶贫名义违法违规举债融资上其他项目，切实防范金融风险，促进湘西地区经济持续健康稳定发展。

**2. 细化相关政策，抓准金融扶贫**

湘西县域地区金融服务竞争力整体水平偏弱，其中3县上榜，5县未上榜。金融服务竞争力下3项二级指标中，机构人员规模与资金规模指标整体上居于全省下游区域，服务效率指标平均排序虽然进入了上游区域第三层次，但是仍然有较大的提升空间。个别县域金融服务竞争力在全省位居前列，然而不容忽视的是县与县之间还存在较大差距，大部分县金融服务竞争力不容乐观，这与湘西地区金融业在广袤农村地区发展相对较慢有一定关系。所以，政府与金融机构要发挥其主动性，为提升金融竞争力创造良好的政策环境，细化提升金融竞争力的政策，同时也要把握住乡村振兴、湘西脱贫攻坚大发展的时代脉搏，提升金融竞争力水平。

（1）回归金融服务实体经济是本源

金融要把服务实体经济作为其本源，全面提升服务效率和水平，更好地满足实体经济多样化的金融需求。目前，从整个金融大环境来看，存在金融空转、脱实向虚等问题，湘西政府及相关部门要积极引导金融服务实体经济，制定与推动相关政策加以引导、扶持，如积极设立政府性融资担保机构、企业融资税收优惠等。金融机构应制定适应湘西地区监管考核政策，在风险可控、可持续的基础上，加大信用贷款发放力度，适当提高欠发达县域不良贷款容忍度。

（2）搭建政银企合作平台是基础

金融服务的有效传递离不开政府与企业的支持，因此搭建政府、银行、企业三方合作交流平台有利于提升湘西的金融竞争力水平。搭建合作平台可以减少银行的营销业务成本，政府在其中无形地帮助银行机构筛选出了信用良好、符合政策导向的相关企业，企业也通过合作平台充分了解银行机构相关产品，更便捷地选择相应支持，更快速地实现间接融资，一定程度上可以解决企业融资难问题。

（3）推进乡村振兴战略是方向

党的十九大报告中首次提出乡村振兴战略，中央农村工作会议提出乡村振兴战略的科学合理的规划目标，2018年中央一号文件与2018年政府工作报告中都提出要大力实施乡村振兴战略，所以乡村振兴战略是历史发展方向，做好"五个振兴"、实现乡村振兴是一篇关乎国计民生的大文章。

基于此，湘西地区的各类金融机构要充分认识到金融服务乡村振兴的重大意义，它既是时代要求、发展机遇，同时是历史使命。要围绕"产业兴旺"这一主线，不断为农业现代化生产体系提供金融支持。加大对高标准农田建设的资金支持，提升土地收益，做好土地收益增值部分反哺乡村振兴；大力支持湘西特色农业和特色资源的发展，尤其是对从事特色地理农产品猕猴桃、椪柑、茶叶，无公害农产品、绿色农产品、有机农产品的生产经营的企业、农户支持，推动湘西地区农业向品牌化、特色化、绿色化发展，全力支持湘西特色旅游业的发展，完善旅游基础设施、服务与相关产业；加大对湘西农产品加工、流通、销售体系的资金支持，鼓励第一、二、三产业融合发展。要围绕"生态宜居"这一主线，加大对农村基础设施与环境生态的金融支持力度。积极支持湘西地区城镇化发展水平的提高、美丽乡村建设与农村生态环境的建设，不断提升"三农"绿色发展水平，基础设施建设与生态建设又能很好地提升湘西各县域的金融竞争力水平。围绕着"生活富裕"这一主线，做好乡村地区普惠金融与民生金融工作。在政府主导下，应当探索土地流转新模式，建立农村土地流转价格评估体系，建立农村"四权"交易市场，让农村承包土地的经营权成为农民重要资产，成为农民获取资金的新来源。政府以及金融监管机构对"四权"交易市场要进行及时有效的监管，推出配套政策。金融服务机构要有针对性地做好农户信贷工作，配合政府部门，支持农村产权制度改革，扩大"四权"抵押贷款范围，加大对农户小额信用贷款、个人经营贷款、消费贷款的支持力度，开展农业保险的探索与试点，提升农村地区的金融服务水平。

（4）抓准金融精准扶贫是机遇

为了落实党的十九大中扶贫攻坚的相关精神，人民银行、（原）银监会、（原）保监会和证监会联合出台了《关于金融支持深度贫困地区脱贫攻坚的意见》，为相对贫困地区谋求金融支持提供了充分的政策保障，其中给予贫困地区直接融资"快速通道"。

湘西正处于脱贫攻坚的决战期，要紧紧把握住这一历史机遇，创造条件与优惠政策环境，鼓励符合湘西发展大方向的企业在这里寻求首次新股发行，鼓励与湘西人民利益息息相关的企业在全国中小企业股份转让系统挂牌，鼓励湘西有条件可发展的企业发行债务融资工具来筹集资金，鼓励已上市公司对当地某些企业开展并购重组。政府及当地金融机构要充分地给予相关企业政策引导与服务支持，帮助一批企业，扶持一批企业，帮助湘西打赢脱贫攻坚战，提升全州金融竞争力。

**3. 打造区域中心，促进金融外溢**

湘西县域金融发展竞争力指标在3项一级指标中排名相对靠前，是其金融竞争力的核心所在，二级指标发展水平与发展潜力平均排序均进入全省中游区域，说明湘西金融发展有较大的潜力。在金融发展竞争力指标排名中，吉首市、凤凰位居全省相对靠前位置，花垣虽表现不佳，但作为精准扶贫样板"十八洞村扶贫"所在县，在扶贫大背景下还有较大的进步发展空间。湘西应抓好这三县的优势，率先发展，把握促进湘西金融竞争力发展的核心动能，再以先进带后进，将发展成果推广至州内其他各县。

吉首市在全省县域金融竞争力排名中位居前列，是全州的政治、经济、交通中心，这与湘西独特的政治制度有关，湘西应牢牢把握住吉首市这一主线、凤凰旅游这一特色、花垣扶贫这一样板，充分形成示范带动作用，着力提升金融竞争力，形成金融溢出效应，以提升全州金融发展水平，惠及实体经济与全州人民。

（1）加强以吉首市为区域金融中心的建设

吉首市的高速公路网业已初步形成，高铁网将延伸至此，片区综合交通运输枢纽将形成，具有绝佳的区位优势。吉首市的金融竞争力也居湘西之首，其在全省县域属佼佼者。因此应加大力度扶持吉首市建立区域金融中心，政府应协调金融机构增加对吉首市急需解决的交通、教育、文化旅游产业的支持力度，吸引更多种类的金融机构入驻吉首市，实现其多元化发展，以改善全州金融环境，提升全州金融效率，促进全州金融发展，尽早实现吉首市地区的金融溢出效应，帮助其他县域提升金融竞争力。

（2）助力以凤凰、花垣为两翼的新兴发展地域

凤凰以旅游资源丰富、风景独特秀丽著称，是湖南省著名的旅游名片之一，在国际上也享有盛誉。当地金融机构要以此为契机，抓住凤凰旅游这一黄金资源，推出旅游金融服务产品，重点加强金融机构与线上线下旅行社合作机制，推出具有本地特色的旅游

消费信贷产品、旅游消费联名卡和旅游保险产品等。具有一定能力的金融机构还可以通过与互联网旅游公司联名推出旅游理财产品，借助线上流量来增加收入，开展业务。凤凰旅游资源可以带动周边县域连带旅游资源的发展，促进周边地区金融可持续发展，形成以旅游为特色的金融溢出效应。

花垣是精准扶贫开始的地方，是精准扶贫的样板之一，国家与地方出台多项相关优惠政策来扶持帮助，花垣机场即将落成，花垣将引来历史性的发展机遇。金融机构应紧紧抓住这一机遇，联合地方创新相应金融产品，服务体系与制度安排，在风险可控的同时，扶持居民异地搬迁，促进"四权"贷款抵押范围的扩大，为精准扶贫农业项目提供资金与服务支持，以提升花垣县金融规模与发展水平，并以此作为试点，促进对湘西其他相对欠发达地区的金融溢出。

（3）加速金融机构在各县深度下沉

湘西各县要做好准备接受相对发达地区金融溢出效应的同时，也要着力做好自身金融发展规划，找准自身经济发展特点，紧紧围绕金融服务实体经济，满足人民群众需求这一基本要求，加速各类金融机构下沉。在广袤基层地区进一步健全农村便民金融服务网点，让实体金融服务走向基层，服务农村。保险业金融机构则要提高基层与贫困地区保险密度与深度，并适当降低保险费率，提高各金融行业规模与竞争力。政府与金融管理机构要给予充分的支持与帮助，提升决策运行效率，优先满足优势地区与贫困地区制度需求、资金需求与人员需求，以全方位提升湘西金融竞争力水平。

## 十四、张家界市所辖县域金融竞争力评价分析

张家界市（原名大庸市）地处湖南西北部，距省会长沙 398 公里。张家界因旅游而建，拥有得天独厚的旅游资源，是国内重点旅游城市之一。武陵源风景名胜区拥有世界罕见的石英砂岩峰林峡谷地貌，由中国第一个国家森林公园——张家界国家森林公园和天子山自然保护区、索溪峪自然保护区、杨家界四大景区组成，是中国首批入选的世界自然遗产、世界首批地质公园、国家首批 5A 级旅游景区。全市已建成国家等级旅游区点 12 处，其中 5A 级 1 处，4A 级 5 处，旅游交通和旅游接待服务设施日趋完善，旅游日接待能力可达 3.62 万人。

张家界市近年来经济运行稳中有好，经济发展平稳健康，城市氛围和谐稳定。2017年，张家界市地区生产总值达 542.41 亿元，同比增长 8.7%。其中，第一产业增加值58.6 亿元，增长 3.9%；第二产业增加值 112.3 亿元，增长 4.1%；第三产业增加值371.5 亿元，增长 11%。按常住人口计算，全市人均地区生产总值 35 442 元（现价），同比增长 8.4%。

2017 年末，张家界市常住人口 153.16 万人，其中，城镇人口 73.55 万人，农村人口 79.61 万人，城镇化率 48.02%。张家界市辖区面积达 9 516 平方公里，下辖永定、武陵源两个区和慈利、桑植两个县，共四个县级行政区，并于 1992 年建立张家界经济开发区。本研究仅针对除张家界市区外的两个县域进行分析。

### （一）2017 年张家界市辖县金融竞争力整体状况分析

2017 年张家界市所辖县域金融综合竞争力及各项一级指标排序如表 2 - 27 所示。从整体上来看，张家界市所辖 2 个县金融综合竞争力水平在省内居中游水平，慈利县金融竞争力排名位居全省第 34 位，处于中游区域第一层次，而桑植县则排在全省第 59 位，属于中游区域第三层次。可以看出，虽然都进入了中游水平，不过两县之间的金融竞争力水平有着一定的差距。

表 2 - 27　　　　2017 年张家界市辖县金融竞争力及各项一级指标排序

| 项目 | 金融竞争力 | 金融服务竞争力 | 金融生态竞争力 | 金融发展竞争力 |
|---|---|---|---|---|
| 慈利县 | 34 | 19 | 54 | 58 |
| 桑植县 | 59 | 43 | 未上榜 | 59 |

从一级指标来看，2 个县的金融服务竞争力表现最佳，其中慈利县排名第 19 名，居于上游区域第二层次，桑植县排名第 43 名，处在中游区域第二层次，说明张家界市在金融服务方面已达到全省中上游水平。金融生态竞争力则表现最弱，慈利县排名第 54名，处在中游区域第三层次，而桑植县更是未能上榜，说明张家界市的整体经济状况在全省当中处于中下游水平。而金融发展竞争力则同样表现欠佳，慈利县和桑植县分别排名第 58 名、第 59 名，居于中游区域第三层次。

2017 年张家界市辖县金融竞争力 3 项一级指标下的 8 项二级指标分布特征如表 2 - 28 和图 2 - 14 所示。从各项二级指标的平均排名来看，两县各二级指标之中表现最好的是金融服务竞争力中的服务效率指标，平均排名位于第 11 名，居于上游区域的第二层次。同样表现良好的还有金融发展竞争力中的发展潜力指标，平均排名 20.5 名，也进入了上游区域。而金融生态竞争力中的机构部门指标和居民部门指标则表现较差，平均排名第 68 名，位于下游区域，这也与前面 2 个县一级指标中金融生态竞争力表现最弱的情况相符合。除此之外，2 个县其他 4 项二级指标平均排名都处于中游区域。

表 2 - 28　　　　　　2017 年张家界市辖县金融竞争力各项二级指标排序

| 项目 | 金融服务竞争力 | | | 金融生态竞争力 | | | 金融发展竞争力 | |
|---|---|---|---|---|---|---|---|---|
| | 机构人员规模 | 资金规模 | 服务效率 | 政府部门 | 机构部门 | 居民部门 | 发展水平 | 发展潜力 |
| 慈利县 | 34 | 23 | 16 | 39 | 60 | 55 | 21 | 3 |
| 桑植县 | 未上榜 | 未上榜 | 6 | 未上榜 | 未上榜 | 未上榜 | 60 | 38 |
| 均值 | 50.0 | 42.5 | 11.0 | 52.0 | 68.0 | 68.0 | 41.0 | 20.5 |
| 极差 | 32 | 39 | 10 | 26 | 16 | 26 | 39 | 35 |
| 方差 | 512.0 | 760.5 | 50.0 | 338.0 | 128.0 | 338.0 | 761.0 | 612.5 |
| 标准差 | 22.6 | 27.6 | 7.1 | 18.4 | 11.3 | 18.4 | 27.6 | 24.8 |

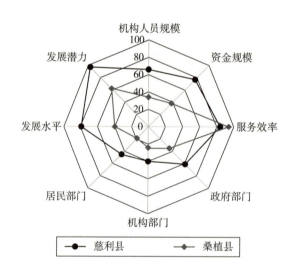

图 2 - 14　张家界市县域金融竞争力及各项二级指标比较

从各项二级指标差异性看，除了金融服务竞争力中的服务效率之外，2 个县在其他 7 项指标上的标准差和极差都比较大。其中，2 个县位次排序差异最大的是金融服务竞争力中的资金规模指标和金融发展竞争力中的发展水平指标，在这两个指标中排名最高的都是慈利县，它和桑植县在这两项指标上的排名极差和标准差相同，分别为 39、27.6，而 2 个县之间位次排序差异较小的服务效率指标，其标准差和极差也分别达到了

7.1 和 10。这表明张家界市的 2 个县之间在金融发展各项指标水平有着一定差距，2 个县之间的金融发展水平并不均衡。

### （二）2017 年张家界市辖县金融竞争力亮点优势分析

从一级指标上来看，张家界市辖 2 个县在金融服务竞争力指标上排名相对靠前，处于全省的中上游水平，具体到二级指标，从中可以看出，2 个县服务效率指标均处于全省中的上游水平，其中桑植县排名第 6 位，进入了上游区域的第一层次。说明张家界市辖 2 个县在金融服务上，尤其是在服务效率上具有较强的竞争力，优势明显。此外，慈利县金融发展竞争力中的发展潜力指标位列第 3 位，是慈利一大金融亮点，反映出慈利县在金融发展方面有着很强的潜力可挖掘。

可以看到，张家界县域的金融发展潜力是巨大的，这是建立在张家界辖区内两县较高的金融发展水平和金融服务效率以及一定的资金规模支撑的基础上的，而最重要的因素则是张家界自身的旅游发展。所以依托于旅游发展的张家界市金融竞争力最亮点的部分应着眼于金融服务是否能与当地旅游资源完美结合，形成良性循环。使得金融贴近县域、贴近基层、贴近旅游相关的服务便民化，促使金融服务重心下移下沉下放，金融服务效率质优价廉高效，资金来源和支撑有力有效充足。只有抓住机遇、放大亮点、突出相关优势，才能为张家界的金融发展竞争力进一步提升内在驱动力。

### （三）2017 年张家界市金融竞争力分县域指标分析

1. 慈利县地处张家界市东部，武陵山脉东部边缘，澧水中游。其现辖 15 个镇、10 个乡，总面积 3 480 平方公里，总人口 705 792 人。慈利县自古素有"银澧金慈"之称，是"中国最美休闲旅游度假名县"和"湖南省旅游强县"。在 2017 年湖南省 87 个县域金融竞争力排名中，慈利县全省排名第 34 名，处在中游区域的第一层次，同时排名在张家界市两县中居第 1 位。其中慈利县的金融服务竞争力在全省 87 个县域中较有相对优势，位列第 19 位，进入上游区域第二层次，成为县域金融竞争力中相对比较优势指标。与这一指标相比，慈利县的金融生态竞争力指标和金融发展竞争力排名较靠后，分别居全省 87 个县域的第 54 位和第 58 位，处于中游区域第三层次，是慈利县金融发展的弱势指标。在金融生态竞争力的二级指标中，由于慈利县 2017 年的 GDP、政府相关机构部门的布局合理性和效率性较差，其机构部门指标在全省 87 个县域中位列第 60 名，处于中游区域第三层次，居民部门指标排名较低（第 55 名），同处于中游区域第三层次，两个指标共同作用影响到慈利县金融生态竞争力的排名。在慈利县的 3 项一级指标中，优势、中势和劣势指标分别有 1 项、0 项和 2 项，金融综合竞争力较弱且分配及不均衡，金融生态竞争力和金融发展竞争力有待提高，机构部门指标和居民部门指标排名较靠后已成为影响慈利县金融生态竞争力位次的一个重要因素。

2. 桑植县地处张家界市西北部，武陵山脉北麓，鄂西山地南端。其现辖 12 个镇、

11 个乡，总面积 3 474 平方千米，总人口 47.95 万人。桑植县是贺龙元帅的故乡、红二方面军长征出发地，拥有国家级自然保护区八大公山原始森林，是土家族、白族为主的少数民族聚集县。桑植县的金融竞争力在全省 87 个县域中排名第 59 位，处于中游区域第三层次。在一级指标方面，桑植县的金融服务竞争力位列 87 个县域中第 43 名，居于中游区域第二层次，落后于张家界市所辖的慈利县；桑植县金融发展竞争力处于 87 个县域的第 59 位，位于中游区域第三层次，是桑植县县域金融竞争力的中势指标；在一级指标方面，桑植县的金融生态竞争力则较差，在 87 个县域中排名居下游区域，是桑植县县域金融竞争力的劣势指标。其中，金融服务竞争力下的服务效率指标排名第 6 名，处于上游区域第一层次，是桑植县金融竞争力指标中排名最靠前的一项，也是桑植县的亮点所在。与二级指标中的优势项服务效率指标相比，机构人员规模和资金规模则是弱势所在，两项二级指标均排名下游。二级指标下的金融生态竞争力对应的政府部门、机构部门和居民部门的排名均排名下游未上榜，金融发展竞争力相对金融生态竞争力较好，发展水平和发展潜力分别排名第 60 位和第 38 位，大有提升空间。桑植县的 3 项一级指标整体排序居后，其优势、中势和劣势指标分别有 0 项、2 项和 1 项，指标间差距不大但整体水平低，使得桑植县的金融竞争力指标较为落后，整体金融竞争力有待提高。

### （四）张家界市金融竞争力发展对策建议

#### 1. 落实金融发展新理念，促进经济稳中有进运行

受限于张家界本身自然条件和历史经济发展程度等相关因素的影响，张家界所辖区域内的两个县在一级指标金融生态竞争力中皆表现不佳。全市 2 个县金融生态竞争力下的 3 个二级指标在平均排序中均处于下游区域，证明张家界市的整体县域金融竞争力还有较大的提升空间与发展潜力。而提升竞争力的首要条件就是全面落实金融发展的新理念，目标是整体经济稳中有求进发展，深入实施"对标提质、旅游强市"战略，为张家界迎来更好未来。

（1）增强金融对经济社会的支撑作用，明确金融工作重点

一是要深刻认识金融发展面临的新形势，实现以发展促调整、稳中有进发展贷款水平；信贷需着力于张家界本身的发展路线和实际情况，着力扩大信贷规模、优化信贷结构、规范信贷行为。二是要以深化改革创新为手段，提升金融服务水平，如扩大直接融资，优化金融资源配置效率；三是要推进社会信用体系建设，着力改善金融生态环境，进一步加强监管，抓金融就是抓发展，各级各部门要牢固树立经济金融"互促共赢"理念，实现地方金融安全。

（2）坚持推进供给侧结构性改革，促进主要经济指标平稳且较快地提升

张家界市的农业供给侧改革可以从以下四个方面进行。一是要以"优"字为先，调出新型产业格局，按照"产业链调长、质量调优、效益调高"的目标，立足特色经济作物，建立产业园，打造有影响力的品牌，拓展农业的附加功能；二是要以"改"字为

先，扭转粗放生产方式，推进精细农业、绿色农业和机械农业的发展；三要以"强"字为先，补齐农业发展短板，通过科技创新联盟建设，走产学研用一体化之路，提高农业科技创新力和成果转化率；四是以"好"字为先，保护农业资源环境，留住一方好地，留住一汪好水，留住一个好环境，打造美丽乡村。

张家界已于2010年被批准为首批国家旅游综合改革试点城市，旅游供给侧改革可以从以下三个方面进行。一是应加强已有景点的相应管理，完善旅游资源一体化管理体制，将核心旅游资源的所有权、管理权、经营权从政府政务中予以分离；二是优化旅游"一诚通"管理系统，将旅游、工商、质监、食药、安监、交通、统计、金融等行政管理部门的基础功能纳入"一诚通"管理平台；三是建立科学旅游发展的多层保障机制，核心是促进旅游消费，重点关注旅游产业发展和城市旅游建设，促进旅游全方位发展，达到旅游扩内需、稳增长、增就业、减贫困、惠民生的作用。

（3）实现金融精准扶贫之路

湖南省已出台《金融精准扶贫规划（2016—2020）》，为扶贫攻坚提供全方位金融支撑。要求金融机构建设金融扶贫服务站，加大扶贫小额贷款力度，扶持特色产业等11个专项行动，且新增融资4 000亿元以上。对有劳动能力、有致富愿望、讲信誉的建档立卡贫困户给予5万元以内无抵押、无担保的扶贫小额贷款。目前国家用政策和资金支持贫困地区通过特色产业发展地方经济，农商行也制定了相关精准举措：突出产业带动，项目选择精准；对接企业需求，措施发力精准；结对帮扶到村，农户帮扶精准；发展普惠金融，基础覆盖精准。贫困地区的村户应抓住机遇，申请资金发展自身以实现脱贫致富。

张家界本身就是湖南省脱贫攻坚的主要地市之一，金融精准扶贫工作必须联合张家界政府相关部门来大力推动扶贫工作，如小额信贷的发放、产业扶贫的支持等。帮助贫困户方便获得小额信贷以下几种途径：作为金融服务在贫困村的延伸和拓展，其一，市、县建立的金融精准扶贫的工作平台帮助市、县域内的贫困户发展自身产业，走上脱贫致富之路；其二，引导银行机构重点支持一些能带动贫困户就业和发展的企业，采取"旅游＋休闲农庄＋电商"的模式带动村下多户贫困农户就业，促进农产品的收购，为当地贫困户创收；其三，挖掘新的户外精品旅游线路，通过金融手段帮扶"一线一片"旅游产业，由银行发放贫困再贷款打造新的旅游产品，通过旅游的开发和发展带动产业周边地区贫困村、贫困人口的生活改善。

**2. 挖掘旅游经济价值，探索旅游振兴经济之路**

从张家界的地域旅游开发演变各方面来看，张家界有着得天独厚的旅游资源和源远流长的文化历史，区域内少数民族众多，形成独特的人文资源。张家界的发展战略清晰明了，以"旅游立市、科教兴市、依法治市"为基本方略，全面实施旅游兴市，目前已取得重要的成果。慈利县拥有江垭温泉、万福温泉、张家界大峡谷等4A级景区，桑植县拥有八大公山国家自然保护区、九天洞、贺龙纪念馆等众多资源，旅游带来GDP大幅度提升，已经逐年通过旅游业实现管辖区域内一些地区脱贫。

（1）旅游产品开发与乡村经济振兴

张家界的旅游文化发展对于区域内的城镇化整体水平提升有着明显的作用，旅游的发展形成长期的人、物、资金流聚集，通过良性循环后发展壮大，促进城镇兴旺。城镇基础设施完善后又反哺旅游业，为旅游产品的开发提供物质、服务、文化等保障，加强城乡互动性，从实质上为乡镇旅游业开发提供保障。

旅游业作为新型经济业态，在发展过程中会衍生出相应的旅游产品，产品的开发可以结合张家界区域内的本土优势和特点，将区域内现有的生态环境优势转化为生态旅游发展优势，在促进乡村人民居住环境和乡村地区人与自然和谐发展方面，形成新的格局，实现节约资源与保护环境同步进行，充分调动农民群众参与旅游开发的积极性、创造性、主动性，激发整体县域的经济活力。

（2）结合全域旅游资源，优化经济提质提量

由张家界发展的实际数据分析得知，在旅游兴市的过程中一些当地乡村逐步发展为城镇，且随着旅游发展的规模范围的逐步扩大，农民的收入渠道因旅游业的兴旺拓宽，同时带动农家乐的发展及农业产品专业化，部分乡村实现了振兴。旅游业进一步带动当地交通的发展，完善了道路桥梁等基础公共设施，交通的进一步改善又推动旅游区域范围扩大。

接下来张家界可以提升全域旅游的整体质量，增强综合竞争力，提升旅游标准化、精细化、信息化和国际化程度，扩大景区知名度，规范旅游管理，推进服务标准化，加快"互联网＋智慧旅游"建设，建立旅游大数据平台，在旅游市场整治力度和旅游市场环境等方面可以作出相应的提高和改善。

（3）政府政策＋金融手段助力旅游经济发展

基于张家界本身条件和基本情况，政府部门可以加强相关政策助力创新投融资模式，继续出台招商引资和旅游投资优惠政策，创新旅游经营制度。以此前已成功开发且目前经营状况较好的天门山为例，天门山这一旅游景点正是通过国际飞行特技表演大赛引发全世界关注，初步累积旅游人气后又继续吸纳更多民间资本共同深入开发，因而形成今天闻名世界的 5A 级景点，并通过旅游带动当地经济大幅度发展。

从金融方面分析，合理规划旅游行业贷款金融至关重要。旅游贷款包括旅游基础设施和公共环境建设、旅游交通运输、旅游住宿和餐饮等。张家界作为自然资源丰富的城市，可开发的旅游资源和项目较多，未来旅游发展空间依然非常广阔，需要更多金融手段来支撑。通过银行机构的创新手段加强对旅游发展的金融支持力度，同时加大宣传报道力度；进一步创新金融支持旅游发展的工作措施，加快信贷产品创新；以张家界目前所有的知名旅游胜地为目标主动作为，积极贡献。

**3. 经济振兴与金融发展相辅相成**

（1）做大做强本地金融机构是振兴乡村经济的关键

由于入驻张家界的股份制商业银行较少，加上国有商业银行对中小微企业的支持有限，因此城市商业银行、农村商业银行、村镇银行等张家界市当地金融机构一方面是企

业的主要信贷来源，能为中小微企业解决资金短缺的问题，另外在缓解"三农"融资难的问题上也发挥着主要作用。因此，本地金融机构在支持张家界县域经济发展中有着举足轻重的地位。政府应加大对本地金融机构的扶持力度，落实好相关的财政税收政策。目前，张家界市本地金融机构面临着经营管理水平较低、风险管控能力不足等问题，政府应积极引导本地金融机构改革，优化治理结构。另外，可通过成立新的村镇银行以满足融资需求。

（2）增强经济发展是提升金融生态竞争力的基础

良好的经济实力是充分发挥金融体系功能、实现金融良性互动及可持续发展的基础。在一级指标上，张家界县域金融生态竞争力表现较弱，从三级指标上确知，造成这一现象的根本原因在于张家界县域整体经济实力较弱，想要提升金融生态竞争力，必须改善本地的经济发展状况。要改善经济发展状况首先要认识到地方优势产业和具有发展潜力的产业，张家界的优势产业是旅游产业，其中自然风景旅游产业和民族文化旅游产业有着得天独厚的条件和发展潜力。市政府应当注重旅游产业的发展，挖掘利用民族文化资源，深度挖掘旅游景点特色特点，打造多样化旅游产品，树立核心竞争力旅游品牌，助推本地经济的发展。

# 下篇　专题报告

# 专题一：湖南金融业培育成战略性支柱产业的思考

金融是经济运行的血液，是从事资金融通、信用创造和资产配置的产业，金融强则经济强、财政丰。长期以来，由于未能对金融给予应有的重视，关注点主要集中在资金保障和供给上，没有将地方金融作为战略性产业培育发展，导致金融成为湖南省经济社会发展的主要短板。发展和振兴金融产业，一方面可大幅提高金融产业的利税贡献度，另一方面能快速提高金融服务实体经济的能力，助推其他产业发展。为全面贯彻党的十九大和全国第五次金融工作会议精神，落实湖南省委十届十五次全体（扩大）会议关于"加快金融业振兴发展"的要求，特提出以下政策建议。

## 一、现实基础和发展环境

### （一）现实基础

"十二五"时期，湖南省地方金融业保持了较快发展，逐步建立了结构较为合理、功能相对完善的金融体系。据统计，截至2014年末，湖南省地方金融企业共519家，资产总额10 957.20亿元，负债总额9 566.14亿元，所有者权益1 391.06亿元，从业人员61 817人。概括起来，湖南省地方金融企业主要呈现出以下几个特点：

一是地方金融体系初步构建。经过多年的积累和发展，湖南省已初步构建银行、证券、保险等业态较为完备的地方金融体系，全省519家地方金融企业中，银行类209家（含1家商业银行、27家村镇银行、178家小额贷款公司、2家财务公司、1家汽车金融公司），信用社类131家（含87家农村信用合作社、4家农村合作银行、40家农村商业银行），证券类5家（含3家证券公司和2家期货公司），担保类173家，金融控股类1家（含信托）。

二是盈利水平逐步提高。截至2014年末，全省地方金融企业总资产10 957.20亿元，较上年增长23.50%，其中信用社资产总额占比57.01%，银行类占24.96%，证券类、金融控股类和担保类分别占12.01%、3.45%和2.57%；全年实现营业收入478.11亿元，较上年增长37.66%；利润总额195.08亿元，较上年增长37.66%，其中信用社占48.96%，银行类占27.46%，证券类、金融控股类和担保类分别占19.96%、2.74%

和 1.78%，利润总额最大的长沙银行为 31.17 亿元。

三是经济贡献度不断提升。2014 年末，湖南省地方金融企业从业人数 61 817 人，同比增长 5.04%；全年实际发放工资性支出总额 75.84 亿元，同比增长 27.35%；上交营业税金及附加 18.80 亿元，增长 24.69%；上缴所得税 49.27 亿元，增长 38.90%。

### （二）发展环境

#### 1. 宏观背景

从外部宏观经济和金融形势看，"十三五"时期，国际金融危机深层次影响在相当长时期依然存在，全球经济将在深度调整中艰难复苏，近期中美贸易摩擦、去全球化的贸易保护主义抬头更加剧了我国经济下行压力，新常态下我国地方经济转型、产业升级进入关键期。因此，推动地方经济转型升级、推进供给侧结构性改革、落实"三去一降一补"任务，都离不开金融的支持，必须依靠金融发力。

国内经济进入改革深水区，保持稳中有进的态势，金融环境总体发展平稳。但是，金融创新与金融安全的"跷跷板"效应仍然存在。一方面，湖南地方金融产业不断发展，2017 年，全省实现金融业增加值 1 554.97 亿元，比上年增长 10.6%；但同时金融风险隐患仍然不可忽视，表现为资产质量时点性改善，部分机构隐瞒不良延缓风险暴露，交叉性金融风险防控难度加大，2017 年 1 月，全省银行业不良余额、不良率较 2016 年初双升，部分银行受经济形势下行、上级行绩效考核、监管压力等多重因素影响采取借新还旧、展期、贷款重组、以同业投资承接表内外不良等多种方式隐瞒不良。另一方面，市场流通性充足与结构性"钱荒"矛盾，主要原因在于财政预算、政府负债硬约束增强，社会资金"脱实向虚"，金融体系的"资金空转""空转套利"趋势热度不减加重了中小微企业融资难、融资贵。未来，创新新型融资模式，进一步提升金融服务实体经济的能力以及加强金融监管、防范金融风险是对湖南省金融业的严峻考验。

#### 2. 政策背景

2013 年以来，面对复杂多变的国内外经济金融形势，党中央、国务院多次召开会议，研究部署金融支持实体经济发展的政策措施，相继出台了多个政策文件。如 2013 年的《政府工作报告》《国务院办公厅关于金融支持经济结构转型升级的指导意见》（国办发〔2013〕67 号），2014 年的《国务院关于进一步促进资本市场健康发展的若干意见》（国发〔2014〕17 号）、《国务院办公厅关于金融服务"三农"发展的若干意见》（国办发〔2014〕17 号），2015 年的《国务院关于促进融资性担保行业加快发展的意见》（国发〔2015〕43 号）、《国务院关于 2015 年深化经济体制改革重点工作的意见》（国发〔2015〕26 号）等。党的十九大明确提出"深化金融体制改革，增强金融服务实体经济能力，提高直接融资比重，促进多层次资本市场健康发展。健全货币政策和宏观审慎政策双支柱调控框架，深化利率和汇率市场化改革。健全金融监管体系，守住不发生系统性金融风险的底线。"

省级层面，为发挥金融对长株潭"两型社会"建设的支持作用，《长株潭城市群金融改革发展专项方案》（银发〔2013〕241号）获得了中国人民银行等六部委批准；为支持经济结构转型升级，2013年11月，省政府出台了《关于金融支持经济结构调整和转型升级的实施意见》（湘政发〔2013〕37号）。省财政厅等主管厅局也陆续出台了深化农业保险，推动县域金融机构和村镇银行发展，支持县域融资担保体系建设等一系列配套的政策。2017年，湖南省根据国家深化金融改革的有关精神，制定并出台了《湖南省"十三五"金融业发展规划》（以下简称《规划》），提出从2016年至2020年，要将长沙市打造成为区域性金融中心，把金融业培育成全省重要的支柱产业，为地方发展提供强有力的金融支撑。《规划》为湖南金融业未来几年的发展提出了新的发展目标和任务，对湖南省加快金融改革创新，补齐金融短板，进而把金融业打造成全省支柱产业，充分发挥金融对经济发展的支持和保障作用提供了强有力的支撑。

**3. 发展趋势**

随着我国金融市场化改革的进一步深化，利率市场化、人民币国际化、资产证券化将加快推进，金融机构之间渗透不断加深，金融业未来的发展趋势主要体现在金融机构业务经营综合化、金融资源配置的直接化、金融监管的功能和方法不断创新，金融业自身也将面临转型发展和结构性变革，在经济转型升级的大背景下，金融业也将迎来并购、整合、转型、升级的浪潮，地方金融业面临难得的发展机遇。

## 二、存在的问题

客观而言，近年来湖南省地方金融发展取得长足进步，但与地方经济发展程度相比，湖南省金融业的发展水平仍显落后，与经济发达甚至中西部一些省市相比，还存在较大差距：

1. 缺乏顶层设计和产业发展规划。长期以来，由于过分强调金融的融资功能，仅将金融作为融资平台，缺乏对金融这一战略性资源与产业开发的前期规划，直接导致了两个结果：一是金融发展无法适应湖南省"四化两型"建设对金融资源的需求，出现庞大的资金缺口；二是导致各金融子行业对现有金融资源的"乱砍滥伐"，金融行业在缺乏创新能力基础上展开无序、恶性竞争。

2. 金融业的功能发挥不够，整体实力较弱。

一是地方金融企业的资产规模小，省本级金融机构的占比过低。截至2014年末，全省地方金融企业总资产10 957.20亿元，仅为福建省兴业银行的25%；省本级金融机构的资产规模和营业收入为767.66亿元和41.01亿元，分别占全省地方金融企业的7%和8.6%。

二是地方金融资源分散。本土银行、保险、信托、汽车金融公司等数量少，比较分散；本土证券、期货、小额贷款公司、融资性担保机构规模较小，实力不强，再担保体系不完善；"一县两行"组建速度有待加快，目前，全省还有5家农村信用社改制尚未完成；还有45个县市没有设立村镇银行。

三是融资服务能力未能充分发挥。截至2016年末，湖南省县域存贷比仅为46.9%，近四成的县存贷比不足 40%，县域资金外流现象比较严重。到 2017 年 8 月末，全省银行业金融机构存贷比 66.4%，比全国平均水平低 6.6 个百分点。四是金融业贡献率偏低。2016 年，全省金融业增加值为 1 268.28 亿元，仅占 GDP 的 4.1%，不足全国平均水平的 7.3%，也明显落后于中西部的一些省市，如福建 6.03%、湖北 5.0%、安徽 5.0%、贵州 5.3%、浙江 6.9%、重庆 8.6%。

3. 金融业结构性失衡突出，创新能力较弱。湖南省区域和城乡金融资源分布极不均衡，湘西湘南地区金融业发展滞后，金融精准扶贫的难度仍然较大。金融业务过度依赖信贷，直接融资比重偏低，直接融资与间接融资比例仅为 17:83，股权融资与债券融资的比例仅为 39:61，境内外上市公司仅 98 家。金融机构服务经济社会发展的金融综合功能较弱，中小企业、民营经济、"三农"得到的金融支持较少；县域金融机构规模小，创新能力弱，金融产品单一，难以满足农村生产生活对金融服务的多元化需求；全省金融业尚处于补齐牌照阶段，信用体系等金融基础设施建设滞后，自主创新能力不足，新兴金融业态也较滞后。金融机构市场化程度低，仅有长沙银行一家金融上市企业。

4. 金融风险隐患增多，管控难度加大。尽管各级政府在防范和处置金融风险方面做了很多工作，但受多种因素影响，金融风险隐患增多，管控难度加大，不良贷款和不良贷款率双升。到 2017 年 8 月末，全省银行业金融机构不良贷款余额 648.5 亿元，比年初增加 119.1 亿元，不良贷款率 2.09%（含农信社系统），比年初上升 0.2 个百分点，比全国平均水平 2.02% 高出 0.54 个百分点。据部分银行反映：后阶段的业务重心将由以往追求信贷投放等效益目标为主，转为以风险防范和化解为主；新兴金融和民间融资日趋活跃，金融业态越来越多，金融模式越来越复杂，积累的风险隐患也将越来越大；工商企业普遍存在民间集资行为，非法集资等非法金融活动多发、频发，维护地方金融秩序稳定的难度很大。

## 三、政策建议

### （一）总体要求

以党的十九大精神为指导，围绕全省"四化两型"建设和"一带一部"的发展定位，坚持贯彻创新、协调、绿色、开放、共享发展新理念，以充分发挥金融业在推进湖南省经济结构调整与产业升级的引导功能为重点，以加快推进银行、证券、保险等金融业态提升发展为基础，以全力打造省本级金融、产业金融、私募金融、创新金融、民营金融、普惠金融、互联网金融等为重点，以加快建设金融要素市场等直接融资渠道为着力点，构建适应经济新常态的地方金融体系，把金融产业培育成湖南省战略性支柱产业。

### （二）发展目标

到 2020 年，基本建成市场化水平较高、开放创新能力较强、与实体经济发展相适应的现代金融服务体系；金融市场结构进一步优化，直接融资占社会融资总量比重、地方金融资产占全省金融业总资产比重均达 30% 以上，地方金融服务实体经济的综合实力明显增强，全省金融业实现增加值 2 300 亿元以上，"十三五"期间年均增速达到 15%，占 GDP 的比重 6% 左右，接近全国平均水平；金融业税收突破 500 亿元；到"十三五"后期，全省实现银行存款余额 7.2 万亿元，贷款余额 4.8 万亿元。

### （三）主要任务与战略举措

#### 1. 抓好顶层设计落实

《湖南省"十三五"金融业发展规划》的出台，既为湖南省金融业的快速发展提供政策指引，也为加快湖南省金融业的创新能力提供政策保障。《规划》所提出的湖南金融发展目标相当于在 2015 年的基础上翻番。2015 年全省金融业实现增加值 1 104.18 亿元，占 GDP 的比重为 3.8%，低于全国平均水平。围绕新的目标任务，《规划》明确了培育市场主体、完善市场体系、推进产融结合、发展普惠金融、深化改革创新、扩大双向开放、发展区域金融、防范金融风险八大主要任务。如增强地方金融机构综合实力，要支持将湖南财信金融控股集团打造成"全牌照、多元化"的全省战略性、创新性金融发展平台；推动长沙银行等省本级金融机构加快发展，建成具有全国影响力的城市商业银行；支持湖南信托、财富证券、方正证券、湘财证券、吉祥人寿、湖南股权交易所等发展壮大。

《规划》还提出打造四大特色化金融增长极，即打造以长沙为龙头的长株潭地区金融核心增长极，其中长沙市按照"一主（芙蓉路金融街）、一副（沿江金融聚集带）、一区（金融后台园区）、一园（科技与金融结合的创新园区）"的总体布局，科学制定金融产业发展的空间布局规划，重点建设湘江新区滨江金融中心。同时，要培育发展环洞庭湖地区产融结合增长极，创新发展湘南地区金融配套服务增长极，重点推进大湘西武陵山片区普惠金融增长极。目前的工作重点是如何在省市两级层面抓好《规划》的落实工作，以确保《规划》目标的顺利实现。

#### 2. 明确重点发展领域

一是发展政府性产业基金。结合湖南战略性新兴产业、现代服务业、先进制造业以及未来产业（生命健康、航空航天、智慧产业等）的布局规划，大力发展政府性产业投资基金，强化金融服务功能，逐步健全适应实体领域投融资发展需求的金融支持体系，加快构建产融结合、良性互动、共生发展的新格局。

二是发展私募金融。招引和鼓励私募金融机构集聚发展，打造私募金融集聚区域。推动形成私募金融产业链，发展并购基金、夹层基金、平行基金、天使基金等在内的多元化投资基金。鼓励私募理财、私募证券、私募对冲、私募期货、私募债券等多种私募金融业态发展，依托湖南股权交易所等平台，为私募基金、私募债（中小企业）及众筹等提供登记、结算、交易服务，促进私募金融产业集聚、规范发展。

三是发展创新金融。鼓励银行、证券、保险、信托等推动产品和服务方式创新，争取更多的创新试点政策；鼓励新设金融（融资）租赁公司、消费金融公司、互联网金融等新兴金融机构。围绕大众创新、万众创业，促进金融与现代信息技术、新兴产业的融合，拓展金融产业链，创新金融产品和服务模式，争取设立专业化的中小企业发展银行、科技银行，支持金融机构与投资基金等实现投贷联动，大力发展科技保险，完善高科技企业风险分担机制。

四是发展普惠金融。充分发挥金融在民生保障、公共服务和社会管理中的支撑服务功能。建立健全社区金融服务体系；鼓励发展中小型及新型农村金融机构，推动农村金融基本公共服务均等化；规范发展互联网金融；鼓励与居民消费密切相关的金融产品与服务创新，满足广大人民群众对便捷、高效、个性化金融服务的需求。

五是发展民营金融。不断拓宽民间资本进入金融领域的通道，推动完善市场化准入机制，鼓励支持民营资本通过多种方式发起或参与设立各类金融机构及新兴业态。

六是规范发展互联网金融。积极培育发展互联网支付、互联网借贷、股权众筹融资、互联网基金销售、互联网保险、互联网信托和互联网消费金融等互联网金融新业态。鼓励互联网金融平台、产品和服务创新，鼓励从业机构相互合作，实现优势互补。鼓励互联网金融企业依托较强的技术能力、业务能力和风控能力，以技术创新推动普惠金融发展。积极主动运用网络信用体系，创新传统金融服务，整合金融资源，助力大众创业、万众创新。

### 3. 打造地方金融领军企业

金融是资本密集型和人才密集型产业，加快金融业振兴发展，必须发挥省本级金融企业在资本、人才、技术等方面的引领带动作用，将做大做强湖南财信金融控股集团作为整体提升湖南省金融产业发展水平的重要抓手。着力采取以下措施：

一是扩充资本实力。集合地方金融股权，引进战略投资者，通过市场并购重组，整合省外优质金融资源，推动湖南财信金融控股集团重组上市，大幅提升综合实力和资产规模，快速成为省本级金融机构的领军企业，引领带动湖南地方金融产业的集聚发展，到2020年，总资产规模达到2万亿元左右，实现利税200亿元以上。

二是打造上市平台。推动证券、银行、保险、信托、担保等地方骨干金融企业上市，打造总部金融旗舰企业；助推不同行业、不同规模的各类企业在沪深交易所、"新三板"、湖南股交所及港交所等境内外市场上市挂牌；鼓励省内国有资本以上市资源为目标开展并购重组上市，创设一批并购重组基金、产业基金，结合湖南产业规划，搭建上市公司并购平台，开展区域产业并购整合，助推湖南省产业振兴。

三是打造政府母基金平台。借鉴深圳、浙江、重庆等先行经验，整合政府引导基金及有关专项资金，在不改变资金用途的前提下，将政府基金的出资以资本金形式注入省属企业，并以公司形式搭建政府母基金平台，提高企业资本实力和信用，企业又为母基金募集提供增信和加杠杆服务。

四是打造地方场外交易平台。推进多层次资本市场建设，依托湖南股权交易所、湖南金融资产交易中心等平台，不断健全区域性场外交易市场体系，满足企业挂牌、股份流转、债券融资、金融资产转让、资产证券化、财富管理等多方面需求，提高资源配置效率。

五是打造融资担保增信平台。以股权关系为纽带，将湖南担保有限公司整体划入金控平台管理，通过资产重组，整合省内国有担保公司（省担保、省农信担保、常德财鑫担保、衡阳担保），组建省担保集团，提高抗风险能力和博弈能力，并推动上市，建立资本金持续补充机制；促进市、县政策性担保机构发展，支持省级融资担保机构设立办事处，共同组建或参股县级国有担保公司；推进建立以省级融资性担保机构为主体，银行业金融机构为依托，中小微企业、"三农"和新兴产业为主要服务对象的融资担保体系。

**4. 大力推进资产证券化**

2015 年，国内的资产证券化发行呈现井喷之势。据统计，今年国内共发行资产证券化产品 231 个，总额超过了 4 851 亿元，余额超过 4 000 亿元。但与发达国家相比，资产证券化还有很大空间。目前我国资产支持证券规模占 GDP 比重只有 0.5%，远低于美国的 60%，也低于日本的 3.6% 和德国的 2.8%。随着市场制度的不断完善，监管方式由审批制改为备案制，未来几年资产证券化发展步伐加快。预计 5 年内资产证券化将达到 2 万亿元规模，年均增长 40% 以上。要积极研究政策，跟踪成功案例，大力推行资产证券化，将资产证券化与盘活存量、提高直接融资比例、降低企业融资利率、调整存量债务结构、化解地方政府债务等相结合。

**5. 健全金融风险防控机制**

加强与金融监管部门工作协调，构建部门联动、综合监控、分级管理的金融风险防范处置工作体系。鼓励发挥金融领域专业纠纷调解机构的作用，支持投资者通过调解、仲裁以及民事诉讼等方式维护合法权益。推动加快行业自律组织建设，强化行业自律监督和规范发展。深入开展金融法制宣传，加强投资者教育和消费者权益保护，推进完善投资者教育工作。完善金融执法体系，严厉打击非法集资、非法证券、内幕交易、非法外汇、非法支付结算等各类非法金融活动，严守不发生系统性、区域性金融风险底线。

## （四）相关政策

省政府成立金融改革领导小组，对湖南省金融业改革发展实行统一规划、指导和协调。完善金融发展的鼓励扶持政策和措施，加大财政资金扶持力度，形成政策组合拳。通过进一步完善三项专项资金（金融发展专项资金、创业投资引导专项资金、中小企业担保及风险补偿专项资金），加大三项奖励政策扶持力度（金融机构迁入及新设奖励、金融机构绩效奖励、金融创新重大贡献奖励），积极提供四项财政支持（注资引导地方金融机构整合重组、对本土金融机构增设增资进行奖励、注资联合建立再担保公司、出资引导新建地方金融机构），研究实施五项税收优惠（金融机构地方税收留成返还、创业投资企业税收优惠、农村金融税收减免、小微金融税收减免、保险行业税收减免）等新政，大力推进社会信用体系建设，为湖南省金融业的创新与发展能力提升营造宽松的环境。建设金融人才培训基地，推进金融知识的教育和普及，不断提升公务员队伍和金融从业人员素质；建立市场化激励约束机制，多渠道引进和使用高层次金融人才。

（作者：杨胜刚教授，湖南大学金融发展与信用管理研究中心主任兼首席专家）

# 专题二：湖南省县域经济产业结构升级与
# 金融发展关系研究

党的十九大报告指出，我国经济正处在转变发展方式、优化经济结构、转换增长动力的攻关期。为解决湖南省金融发展对产业结构升级支持的难题，促进县域第一、二、三产业融合发展，本文选取湖南省87个县域级行政单位2007—2016年的数据作为样本，对县域产业结构升级和县域金融发展的关系进行了实证分析。研究发现，从整体来看，湖南省县域经济中第二三产业快速转型升级与金融服务规模不匹配。县域金融不能为经济发展、升级提供足够的金融支持，湘（中）南地区和洞庭湖地区表现最为突出。此外本研究还发现，提高金融发展效率对于长株潭地区和大湘西地区产业结构升级的促进作用更加明显。基于以上研究，本文提出了增加县域金融供给、提高金融体系效率、创新金融服务机制、优化县域金融生态环境四点政策建议，力求改善县域经济与金融关系、提升金融服务湖南省县域经济结构转型能力。

## 一、理论和文献综述

传统县域经济以农业和农村经济为主体，以县城为中心、乡镇为纽带，辐射周边农村的区域性经济。近年来湖南省县域经济取得了长足发展，大量新兴第二三产业成为县域经济发展的重要力量，为湖南省经济发展作出了重要贡献。湖南省大部分地区的经济发展已经逐步向产业化、城镇化转型，经济产业结构逐步转型升级。但是湖南省县域经济发展仍然存在诸多较突出的问题，经济发展不均衡、产业结构层次低、生态环境受到破坏等矛盾依然突出。在此背景下，金融如何回归实体，更好地支持县域经济转型升级，充分发挥造血功能，促进县域经济又快又好发展，成为摆在各级政府、企业、学者面前亟待解决的难题。

金融发展与经济增长、产业结构升级的关系是学界广泛关注的重要话题。Becsi等使用跨国面板数据的研究表明，金融发展与产业发展之间具有显著的因果关系，金融发展水平高的国家，外部融资依赖度较高的产业具有比较优势。Fisman等从金融市场配置社会资源的有效性着手，发现金融市场发展水平越高的国家，各产业之间有着越高的互相关联的增长率，因而产业发展越快。Beck等使用面板数据对金融市场和金融机构与经济增长之间的关系进行了研究，结果表明产业发展与金融深化具有明显的正相关关系。

近年来，已有不少国内外学者对财政金融与产业结构优化的关系进行了理论或实证研究。刘世锦（1996）最早关注金融与产业发展的问题，他认为金融发展过程中的改革和创新能够有效促进产业的升级和发展。吕品（2002）等从地区层面分析了产业升级所面临的金融约束，指出金融体系的发展必然带动产业结构调整和升级。实证研究方面，范方志（2003）等把我国分为东部、中部和西部三个区域，分别研究产业结构升级与金融发展的关系，得出金融发展水平影响产业结构升级，并进一步影响经济发展的结论。尚晓贺和陶江（2015）发现，财政科技支出和银行信贷有助于促进第三产业和高技术产业发展，从而有利于产业结构转型升级。郭琪（2011）等发现，财政政策的产业结构优化效应要大于金融政策，而且在产业结构调整过程中存在金融职能的财政化趋势。Sun和Li（2014）等认为，在某些特定的领域或地区也存在金融创新政策比财政投资政策更有优势的情况。

还有部分学者实证研究了财政政策与金融政策相互作用的产业结构升级效应。Liu和Hu（2017）等认为，财政分权与金融效率的相互作用对区域产业结构升级具有显著促进作用，而且这种作用还存在明显的空间依赖性。张微微、何恩良和刘文（2017）认为，在中国财政分权体制下，地方政府迫于自身财政压力而对金融部门实施干预行为，从而影响金融政策对产业结构升级的促进效应。

虽然对产业结构升级与金融发展关系的研究在理论和实证上均已有丰富研究成果，但不难发现，已有文献多在国家和区域经济宏观层面进行实证研究，不能直接说明县域经济层面的情况，具体省或者具体地区县域的情况没有充分的分析。从分析方法来看，已有的研究更多的是使用县域汇总数据进行时间序列方面的分析，而较少进行横截面分析。从分析结果来看，基于单个省份的实证分析彼此之间并不完全一致，表明我国各地区产业结构升级与金融发展支持之间的关系存在一定差异性。为准确描述湖南省产业结构升级与金融发展支持之间的关系，本文使用湖南省县域发展数据，通过建立面板数据模型，对湖南省县域产业结构升级与金融发展进行更为精准和深入的分析。

## 二、样本选取与指标设定

### （一）样本选取

本文的研究对象按照行政区域划分，我们将每个行政县（包括县级市）作为一个研究单位，对湖南省县域经济产业结构升级与金融支持进行研究。截至2017年末，湖南省县级行政区域共有87个，依据各县市所处的地理位置和发展规划，可以划分为长株潭地区（含长株潭11个县域）、湘（中）南地区（含衡阳、娄底、永州和郴州共25个县域）、环洞庭湖地区（含常德、岳阳、益阳共17个县域）以及大湘西地区（含邵阳、怀化、张家界和湘西自治州共34个县域）四大板块。样本的时间跨度为2007—2016年，样本容量为87×10＝870。湖南省产业结构数据选取2007—2016年湖南省第一、二、三产业 GDP 及各产业从业人数作为分析数据。资料来源于中国统计信息网和万德数据库。

表 3 - 1县域划分及样本选取

| 地区 | 县、市 | 包含样本个数 |
|---|---|---|
| 长株潭地区 | 浏阳市、长沙县、宁乡县、株洲县、攸县、茶陵县、炎陵县、醴陵市、湘乡市、韶山市、湘潭县 | 11 |
| 湘（中）南地区 | 衡东县、衡南县、衡山县、衡阳县、祁东县、耒阳市、常宁市、桂东县、临武县、安仁县、资兴市、嘉禾县、桂阳县、汝城县、宜章县、永兴县、祁阳县、东安县、双牌县、道县、江永县、宁远县、蓝山县、新田县、江华县 | 25 |
| 洞庭湖地区 | 岳阳县、华容县、湘阴县、平江县、汨罗市、临湘市、安乡县、汉寿县、澧县、临澧县、桃源县、石门县、津市市、南县、安化县、桃江县、沅江市 | 17 |
| 大湘西地区 | 吉首市、泸溪县、凤凰县、花垣县、保靖县、古丈县、永顺县、龙山县、洪江市、辰溪县、会同县、沅陵县、芷江县、中方县、新晃县、靖州县、麻阳县、通道县、溆浦县、慈利县、桑植县、邵东县、新邵县、邵阳县、隆回县、洞口县、绥宁县、新宁县、城步县、武冈市、双峰县、新化县、冷水江市、涟源市 | 34 |

## （二）指标设定

产业结构升级指标（IS）的设定方面，本文采用通用的做法，即用第二产业产值和第三产业产值之和占地区生产总值的比重来测算。多数学者基于 Goldsmith 的定义选取金融资产总量与 GDP 之比作为金融发展规模指标。方五一、蔡淑琴（2006）结合我国县域经济的特征进行分析，提出我国县域金融的内涵一方面是指县域金融自身的发展情况，另一方面则是指县域金融对于县域经济的支持效率。因此本文选用 Goldsmith 的"金融相关率"作为县域金融发展规模（FDS）的测度指标。根据数据的可得性和一致性，本文采用了目前研究学者常用的"金融机构贷款与存款的比值"作为金融发展效率（FDE）的测度指标。

## 三、湖南省产业结构发展与调整现状

三大产业结构构成与占比直接反映产业结构升级的进程。湖南省三大产业间在过去十间发生了较大的变化，本文重点从产业间的就业结构来分析湖南省产业结构的变动。2007 年湖南省的第一产业的就业人口为 1 743 万人，占就业人员的比例为 44.9%，之后逐年减少，到 2016 年，湖南省的第一产业的就业人口为 1 587 万人，就业人口比例下降 40.5%；2007 年湖南省第二产业就业人口为 854 万人，占就业人员的比例约为 22.2%，到 2016 年，第二产业就业人口增加到了 912 万人，占就业人口的比例 23.3%，2007 年湖南省第三产业的就业人口为 1 285 万人，占就业人员的比例 33.1%，到 2016 年第三产业的就业人口增加到 1 420 万人，占就业人员的比例增加到 36.2%。

表 3 - 2 　　　　　　　　　湖南省 2007—2016 年各产业就业人数及占比

| 年度 | 第一产业就业人数 | 第二产业就业人数（%） | 第三产业就业人数 | 第一产业就业人数占比C% | 第二产业就业人数占比C% | 第三产业就业人数占比（%） |
|---|---|---|---|---|---|---|
| 2007 | 1 743.65 | 854.35 | 1 285.41 | 0.449 | 0.220 | 0.331 |
| 2008 | 1 720.44 | 875.84 | 1 313.78 | 0.440 | 0.224 | 0.336 |
| 2009 | 1 693.05 | 896.57 | 1 345.59 | 0.430 | 0.228 | 0.344 |
| 2010 | 1 690.03 | 915.43 | 1 377.27 | 0.424 | 0.230 | 0.346 |
| 2011 | 1 679.94 | 932.62 | 1 392.47 | 0.419 | 0.233 | 0.348 |
| 2012 | 1 668.99 | 948.78 | 1 401.54 | 0.415 | 0.236 | 0.349 |
| 2013 | 1 656.01 | 964.54 | 1 415.90 | 0.410 | 0.239 | 0.351 |
| 2014 | 1 651.37 | 957.77 | 1 434.99 | 0.408 | 0.237 | 0.355 |
| 2015 | 1 618.71 | 935.84 | 1 425.75 | 0.407 | 0.235 | 0.358 |
| 2016 | 1 587.32 | 912.16 | 1 420.93 | 0.405 | 0.233 | 0.362 |

基于表 3 - 2 对湖南省 2007—2016 年三次产业的就业结构特征以及就业人口的结构状况也可以看出，湖南省的产业结构发生了较大的变化，表现出以下几个特征：就业人口由第一产业向第二产业、第三产业转移，但总体而言，就业人口仍然占比最大的依然是第一产业，这与我国劳动力的分布层次的整体情况基本一致；第二产业的就业人口虽然在三大产业中的占比最少，但就业比例在逐年增加；第三产业的就业人口增长最快，就业人口比例与第一产业的就业比例呈逐年缩小趋势。总的来看，湖南省的产业结构在近十年的变化较大，产业结构得到明显优化。

人均生产效率是产业结构升级的另外一个重要的参考指标。本文对湖南省人均生产效率进行的分析，具体结果如表 3 - 3 所示。可以看出，从 2007 年到 2016 年，湖南省的人均地区生产总值、三大产业的人均产值均得到较快的增长。湖南省人均地区生产总值由 2007 年的 2.43 万元增长到 2016 年的 8.05 万元，净增长了 5.62 万元。第一产业的人均产值由 2007 年的 0.93 万元增长到 2016 年的 2.25 元，增长了 1.32 万元，第二产业的人均产值由 2007 年的 4.46 万元增长到 2016 年的 14.63 万元，增长了 10.17 万元，第三产业由 2007 年的 2.98 万元增长到 2016 年的 10.30 万元。

由上可以看出，湖南省的社会生产效率得到较大的提高，产业结构得到了一定的优化。历年的第二产业的劳动生产率均高于第一产业和第三产业的生产效率。2007 年第二产业的人均产值是第一产业人均产值的 4.8 倍，2016 年已经是第一产业人均产值的 6.5 倍。可见湖南省三大产业发展速度并不均衡，第一产业人均产值增长较慢，第二三产业得到较快、较好的发展。

表 3 - 3 　　　　　　　　湖南省 2007—2016 年各产业人均生产效率

| 年度 | 人均地区产值（万元） | 第一产业人均产值（万元） | 第二产业人均产值（万元） | 第三产业人均产值（万元） |
|---|---|---|---|---|
| 2007 | 2.43 | 0.93 | 4.66 | 2.98 |
| 2008 | 2.96 | 1.10 | 5.74 | 3.53 |
| 2009 | 3.32 | 1.16 | 6.34 | 4.02 |
| 2010 | 4.03 | 1.38 | 8.02 | 4.62 |
| 2011 | 4.91 | 1.65 | 10.04 | 5.41 |
| 2012 | 5.51 | 1.80 | 11.07 | 6.17 |
| 2013 | 6.10 | 1.81 | 11.98 | 7.12 |
| 2014 | 6.69 | 1.91 | 13.03 | 7.95 |
| 2015 | 7.26 | 2.06 | 13.69 | 8.95 |
| 2016 | 8.05 | 2.25 | 14.63 | 10.30 |

# 四、湖南省县域产业结构与金融发展关系实证

## （一）全省县域产业结构升级与金融发展的关系

为了全面分析湖南省产业结构升级与县域金融发展二者之间的关系，本文通过建立面板数据模型进行研究分析：

$$IS = C + a_1 FDS + a_2 FDE \qquad (1)$$

式（1）中：$C$ 为各个样本成员方程中的总体均值截距项；$a_1$ 和 $a_2$ 分别为金融发展规模和金融发展效率对产业结构升级的影响系数。

湖南省 2007—2016 年所有样本数据进行模型估计的结果（见表 3 - 4）为

$$IS = 0.551 - 0.250 FDS + 0.522 FDE \qquad (2)$$

从式（2）中不难看出，$FDS$ 指标的系数为负值，说明湖南省的县域金融发展规模对结构产业升级具有抑制作用。该结果意味着随着近些年湖南省产业转型、结构升级速度的加快，第二、第三产业对资金的需求急速增长，金融机构提供贷款速度已经不能满足产业升级的需求。$FDE$ 指标的系数为正值，说明湖南省县域金融可以为现有产业结构升级提供高效率的服务，对产业结构升级具有较强的促进作用。

表 3 - 4 　　　　　　　　　　湖南省总体模型估计结果

| Variable | Coefficient | Std. Error | t - Statistic |
|---|---|---|---|
| $C$ | 0.551477 | 0.006658 | 82.83230 |
| $FDS$ | - 0.250774 | 0.015714 | - 15.95913 |
| $FDE$ | 0.522196 | 0.017127 | 30.49014 |

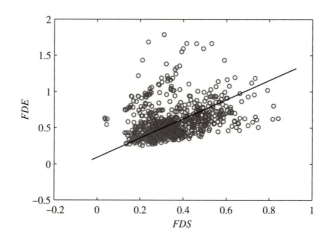

图 3-1　湖南省 *FDS* 与 *FDE* 总体情况

## （二）湖南省各县市产业结构升级与县域金融发展的关系

1. 长株潭地区产业结构升级与县域金融发展的关系如式（3）和表 3-5 所示。

$$IS = 0.645 + 0.399FDS + 0.004FDE \qquad (3)$$

表 3-5　　　　　　　　　　　长株潭地区模型估计结果

| Variable | Coefficient | Std. Error | t - Statistic |
|---|---|---|---|
| C | 0.644918 | 0.009561 | 67.45517 |
| FDS | 0.398691 | 0.041246 | 9.666219 |
| FDE | 0.004444 | 0.041000 | 0.108394 |

长株潭地区县域金融发展规模和金融发展效率对产业结构升级均具有促进作用，其中金融发展规模的促进作用较大，金融发展效率的促进作用较弱。经济发达的长株潭地区由于区位优势，全省的金融机构较为集中分布于该地区，一直以来都享受政策、资金的倾斜，因此金融规模较为充裕。如 2017 年长沙县、宁乡市、浏阳市的存款规模分别为 1 120 亿元、731 亿元和 736 亿元，远高于全省其他县域地区的存款规模，充足的金融支持对县域的产业结构升级转型能够起到很好的促进作用。与金融发展规模相比，金融发展效率相对较低，对产业结构升级的促进作用微弱，反映出长株潭地区的金融机构需要进一步提高金融效率，发展创新金融服务，促进资金高效流转，以更好地服务实体经济转型升级。

2. 湘（中）南地区和洞庭湖地区 2007—2016 年模型估计的结果如式（4）、式（5）及表 3-6、表 3-7 所示。

$$IS = 0.808 - 1.347FDS + 0.650FDE \qquad (4)$$

$$IS = 0.761 - 1.737FDS + 0.464FDE \qquad (5)$$

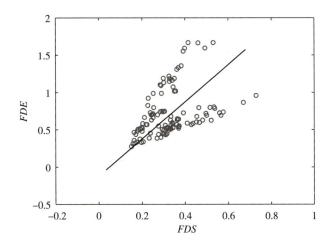

图 3 – 2　长株潭地区 *FDS* 与 *FDE* 情况

表 3 – 6　　　　　　　　　　湘（中）南地区模型估计结果

| Variable | Coefficient | Std. Error | t – Statistic |
|---|---|---|---|
| C | 0.808329 | 0.010579 | 76.40987 |
| FDS | – 1.346587 | 0.047134 | – 28.56935 |
| FDE | 0.650444 | 0.022292 | 29.17859 |

　　从以上实证中可以发现，湘（中）南地区及洞庭湖地区金融发展规模对产业结构升级具有抑制作用，金融发展效率对产业结构升级具有一定的推动作用。其中，金融发展规模对湘（中）南地区的产业结构升级抑制作用较弱，金融发展效率对湘（中）南地区的产业结构升级促进作用较为明显；洞庭湖地区产业结构升级受金融发展规模的抑制作用较强，受金融发展效率的推动作用相对较弱。由于第二三产业的快速发展、产业转型升级提速，现有金融服务规模发展速度相对滞后，已经不能满足快速扩张的资金需求。如衡东、衡南、衡山、衡阳、祁东、南岳五县的平均金融发展规模为 228.4 亿元，与长株潭地区的金融发展规模具有较大的差距。相对较小的金融发展规模因此成为了经济产业结构转型的制约因素。增加地区金融供给规模，鼓励发展绿色、环保、小微、旅游、特色农产品加工等，是加速湘（中）南地区及洞庭湖地区产业结构转型升级的必由之路。

表 3 – 7　　　　　　　　　　洞庭湖地区模型估计结果

| Variable | Coefficient | Std. Error | t – Statistic |
|---|---|---|---|
| C | 0.761149 | 0.059158 | 12.86646 |
| FDS | – 1.737574 | 0.313315 | – 5.545772 |
| FDE | 0.464066 | 0.156262 | 2.969789 |

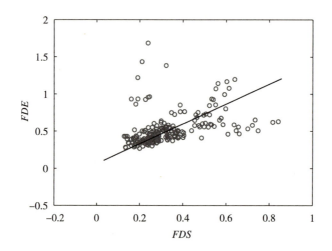

图 3 – 3　湘（中）南地区 *FDS* 与 *FDE* 情况

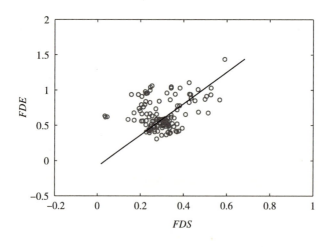

图 3 – 4　洞庭湖地区 *FDS* 与 *FDE* 情况

3. 大湘西地区产业结构升级与金融发展规模、金融发展效率的关系如表 3 – 8 所示。

表 3 – 8　　　　　　　　　　大湘西地区模型估计结果

| Variable | Coefficient | Std. Error | t – Statistic |
|---|---|---|---|
| C | 0.648661 | 0.006113 | 106.1080 |
| FDS | 0.348623 | 0.011635 | 29.96218 |
| FDE | − 0.290685 | 0.007582 | − 38.34032 |

从以上实证分析可以看出，大湘西地区金融发展规模对产业结构升级具有一定的促进作用，但金融发展规模的系数仅为 0.349，促进作用还不够明显。金融发展效率对大湘西地区产业结构升级具有一定的抑制作用，抑制系数为 − 0.291。经济相对较弱的大湘西地区，第二三产业对金融规模的需求还没有进入快速扩张阶段，现有金融服务规模能够满足产业结构转型的需求。但是也应预见到，随着大湘西地区经济发展速度的不断

提升，金融需求规模的不断扩大，进入产业大发展、快转型的新阶段后，同样会出现与湘（中）南地区和洞庭湖地区相似的金融供给不足的情况。

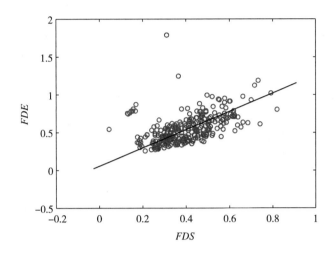

图 3-5　大湘西地区 *FDS* 与 *FDE* 情况

## 五、研究总结与政策建议

### （一）研究总结

从总体上分析，湖南省部分县域地区内，县域金融发展规模的不足对产业结构升级产生抑制作用，而湘中、湘南等部分地区较高的金融发展效率对产业结构升级起到较好的促进作用。湖南省产业升级过程中，部分地区的金融服务规模跟不上第二、三产业对金融规模需求的增长。具体来看，表现较为突出的是经济较发达的湘（中）南地区和洞庭湖地区。

此外，长株潭地区的金融发展效率对产业结构升级的促进作用不足，大湘西地区的金融发展效率也对产业结构升级的产生一定的抑制作用。提升长株潭地区和大湘西地区的金融发展效率对产业结构升级具有重要意义。

### （二）政策建议

经济发展速度、产业结构特点、金融发展水平共同决定了湖南省及各个地区的产业结构升级和金融发展的关系。因此要从总体上把握产业结构升级过程中的主要矛盾，分析各个县市的具体情况，因地制宜地为全省产业升级提供更精准、更高效的金融服务。

（1）增加县域金融有效供给

湖南省很多中等发展程度县和经济欠发达县金融服务体系还不够完善，金融服务主要依靠传统银行业的支持，特别是洞庭湖地区和湘（中）南地区，金融供给对产业机构升级的支撑不足现象较为突出。湖南省应加强引导，加强重点地区的金融供给，提供多元化的金融服务，以增强金融对产业升级的支持力度。提升县域金融服务水平，首先要健全县域金融组织体系，在明确国有大型商业银行支农责任同时，鼓励城商行、民营银行以及外资银行等设立县域金融机构，大力开展支农支小和县域社区金融服务。鼓励不同性质、不同规模农村金融机构在竞争中加强合作，共同提升县域金融服务水平。

同时，还应持续加大对特色产业和产业集群（如高新科技、特色农业、交通环保、特色旅游、生态小镇等）的金融支持力度。规范发展非正规金融和民间金融，满足经济体多层次的金融需求，提高金融发展总体水平，促进金融产业与实体产业协调发展，加快湖南省经济结构升级换代。

（2）提升县域金融运行效率

金融效率提高是促进全省经济结构升级的重要推动力。长株潭地区金融供给规模已经达到较高的水平，金融发展效率相对滞后，对产业结构升级的推动力不足。长株潭地区金融体系更应注重实现从量的扩张到质的提高的转变，通过提高金融产品和服务的差异化程度、提高金融从业人员的劳动效率、开辟新的金融服务领域、提高金融中介机构的效率，以促进当地经济增长。浏阳市、长沙县、株洲县可发挥自身的区位优势，借助湖南省金融中心的辐射力，扩大金融开放，完善金融产业体系；加快金融创新，构建多层次的金融市场体系。重点支持产业科技园区建设，给予汽车、轨道交通、装备制造、电子、物流等产业优惠的金融政策，继续加大对新兴产业、中小企业的支持，建立长期的战略伙伴关系，推动新兴产业的蓬勃发展。大湘西地区还没有进入对金融规模较高要求的发展阶段，可尝试提高该地区的金融供给效率，增加当地存款—贷款转换率，增强金融机构对当地的支持力度，促进该地区产业结构升级。湘西地区的产业结构升级转型一方面要做好环境保护工作，另一方面要提高经济发展速度。金融业支持县域经济发展，提高服务水平，要重点做好对特色农业的扶持力度，通过农业龙头企业带动、发展农业产业集群。提高农业生产效率，促进农业种养殖业向集约化、规模化、机械化、现代化方向发展，提高第一产业的生产效率，释放劳动力，加速从业人员向第二、三产业的转移。同时为开发特色旅游资源，发展县域旅游业，建设绿色休闲度假村、养生养老小镇等提专项供融资支持。为游客的旅游、消费、住宿提供便捷金融服务，吸引游客来县域内休闲、旅游、消费。提高旅游、服务业在三大产业结构中的比重，促进产业结构升级。

（3）创新金融服务机制

鼓励地方金融机构优化信贷服务流程，适度扩大县域经济地区分支机构的信贷审批权限，适时设立专营服务县域经济发展的信贷审批机构，减少逐级审批环节。要结合县域经济发展实际，把现有的金融产品进行优化组合，简化一些已开发多年、相当成熟产品的操作流程，使操作更高效简便，使服务更贴心，真正达到金融产品与金融服务需求适销对路。同时，根据县域经济发展层次分明的特点，加大各种新产品的开发力度，使产品覆盖不同层次的消费需求，用多元化的服务方式满足不同群体的金融需求。通过县域金融信贷投放机制改革创新，着力增强对"三农"、小微企业、新型城镇化、新兴产业、特色优势产业和新工艺、新技术、新产品的信贷扶持，推进传统产业优化升级和新兴产业快速发展。要结合县域经济发展实际．

积极推进信贷产品与服务方式创新。全面开展县域金融产品与服务方式创新，大力发展适合县域的金融产品和服务。鼓励金融服务创新和产品创新，扩宽金融产品领域，开发农村小额信用贷款和联保贷款，合理调整小额信贷的期限、利率、金额。扩大农村抵押担保物范围。针对县域中小企业需求特点，积极发展动产抵押，应收账款、股权、仓单、收费权或收益权等质押，供应链融资，票据贴现等金融产品。进一步完善小额担保贷款运行机制，积极创新贷款管理模式和服务方式，同时推进农村金融电子化建设。

改进授信评级机制。针对县域种养大户、农民专业合作社、个体工商户等经济主体拓宽信息采集渠道，侧重分析经营者或实际控制人个人信誉、能力，所在行业发展前景，纳税、用电、用水情况等"软信息"，综合考虑借款用途、融资背景、未来收益等要素，提高风险评级的合理性。

完善县域融资担保体系，解决企业担保难问题。建立政府主导和民间资本参与的多种形式的县域担保公司。支持农户、中小企业发展互助担保组织，支持龙头企业和行业协会创办担保公司。引导省、市级担保公司加强与县域担保公司的协调联动和业务合作，积极拓展县域担保、再担保业务。保险机构应建立和完善多层次的县域保险市场体系，建立健全"三农"保险服务网络。

（4）优化县域金融生态环境

金融是经济的核心，而金融生态对银行业发展起着十分重要的作用。优化县域金融生态环境，建立专业化、规范化县域信用体系对促进金融发展意义重大。

一是建立县级政府机构信息共享机制。

县域政府各部门都具有本部门的数据库，例如，税务部门、工商部门、公安部门、海关及金融机构等都有自己的数据库，其中有相当部分可作为企业或个人信用数据。建议由各级地方政府主导，加快建立信用信息共享制度，将政府部门自建数据库的部分内容与市场化的信用中介机构或信用评级机构共享，逐步建设和完善以实名制的综合各部门信用信息的共享平台体系。加快县域统一的企业和个人信用信息基础数据库的建设，形成覆盖全面的基础信用信息服务的网络，最终激活县域金融企业发展动力。

二是积极构建良好的信用环境。

人无信不立，业无信不兴，社会无信则乱。良好的社会信用环境是金融生态环境有序运行的基本前提。县级政府机构要积极开展诚信宣传教育活动，对不守信用企业加以限制，引导企业树立良好金融信用；企业在改制、重组、破产过程中，不逃废、悬空金融债务。

三是积极构建完善的法制环境。

法制环境是影响金融生态环境最直接、最重要的因素。一是加大金融诉讼案件的执法力度。充分发挥司法审判职能作用，提高审判、执行工作的质量和效率，维护正常的社会信用秩序。在受理金融诉讼案件时，积极推广简易诉讼程序，提高诉讼效率，对审结的案件，加大执法力度，切实提高金融债权的执行回收率。二是依法打击各类非法金融活动。加强对金融知识的宣传普及工作，教育广大群众有效识别非法集资和变相非法集资行为。

（作者：朱玉国，长沙银行党委书记、董事长；闫新国，长沙银行博士后工作站博士后）

# 专题三：湘西州吉首市金融竞争力的调查与思考

近年来，吉首市抢抓建州60周年大庆发展机遇，以精准扶贫和项目建设为重点，切实优化金融资源配置，积极支持实体经济转型发展，不断提升金融管理与服务水平，金融运行态势良好，地区金融竞争力稳步上升。同时，吉首市作为贫困山区城市，金融竞争力的提升还存在一些掣肘因素。吉首市作为湘西州府，要提升城市首位度，更好地发挥州域经济核心增长极龙头引擎作用，加快建成"武陵山片区生态文化旅游中心城"，加快金融业发展，加快提升金融要素活力任重道远。

## 一、吉首市金融业发展现状

截至目前，吉首市共有银行业金融服务机构10家，银行业金融服务机构支行及主要网点86家，保险金融机构19家，证券公司营业部8家，期货交易所1家，小额贷款公司3家，融资性担保公司2家。2017年，吉首市实现生产总值1 535 186万元，比上年同期增长10.1%；金融业增加值实现134 380万元，同比增长10.9%，金融业增加值占GDP比重达8.7%，对GDP增长贡献率为8.63%。金融业支撑地方经济发展作用进一步凸显。

### （一）金融支持力度不断加大

一是各项存款较快增长，新增居全州第一。吉首市2017年末金融机构本外币存款余额3 890 832万元，比年初增长11.9%，增速比上年同期下降9.8个百分点。其中，城乡居民本外币储蓄存款余额1 796 512万元，增长13.5%，增速比上年同期增长2.4个百分点。2017年以来，吉首市总体存款增速呈回落态势，但居民存款相对有所提升，吉首市人均储蓄存款达到49 561元，远超过小康考核标准。二是各项贷款稳步增长，增速居全州前列。2017年末，金融系统本外币贷款余额2 106 292万元，增长24.2%，存贷比为54.13%，比上年同期增加5.35个百分点，支持吉首市经济发展力度进一步加大。各金融机构依托州庆项目拉动，以学校、医院、旅游、基础设施为重点，有效加大基础设施建设金融投入。全年新增中长期贷款22.99亿元，占全部新增贷款的55.94%；吉首市涉农贷款余额达到70.29亿元，新增8.49亿元。三是金融扶弱力度不断加大。重点聚焦金融精准扶贫政策的创新落实，以金融扶贫服务站、贫困户产业开发、易地扶贫搬迁等工作为重点，全力推动脱贫攻坚基础设施项目建设、扶贫小额信贷、贫困户信用评级授信、扶贫产业对接、金融服务"村村通"等金融精准扶贫工作。2017 年，吉首市金融精准扶贫贷款余额达到 51.35 亿元，其中，建档立卡贫困人口贷款余额达到 2.07 亿元，产业开发扶贫贷款余额达到 8.57 亿元，按照"八有"标准完成建设金融扶贫服务站 74 个，扶贫再贷款示范点 4 个，金融精准扶贫工作成效明显。

### （二）金融生态环境持续向好

一是信贷资产质量明显改善。2016 年吉首市不良贷款率 4.33%，2017 年，不良贷款率 4.62%，较上年略有增长。吉首市扎实抓好风险防控，紧密结合实际加强风险监管，狠抓"双线"风险防控责任落实，守住了不发生区域性系统性风险的底线。同时，建立"防火墙"，严禁银行业机构为非法集资提供任何形式的金融服务，严禁银行员工参与民间融资、非法集资，加大对农合机构"九种人"的排查力度，确保金融风险总体可控。二是各类金融机构稳步发展。2017 年，吉首市地区保险机构实现保费总收入 121 240 万元，比上年增长 7.6%。其中，寿险保费收入 82 204 万元；健康险保费收入 12 570 万元；意外伤害险保费收入 3 839 万元；财产险保费收入 39 036 万元。全年赔付额 35 238 万元，增长 17.9%。保险服务地方经济的能力稳步提升。证券机构抢滩湘西。2017 年新增证券机构营业部 4 家，吉首市地区证券交易机构达到 8 家［注：2018 年新增中信建投、安信证券、国泰君安、华林证券 4 家证券机构，虽然方正证券总部已吸收合并民族证券，但在吉首市两家营业机构分开执业，机构数分开计算］。新增开户数 9 783 户，累计开户 113 014 户，托管股票总市值 37.52 亿元，同比减少 0.90%；证券交易额 577.33 亿元，同比减少 16.42 亿元，同比减少 2.77%。小贷公司业务保持平稳。全市 3 家小额贷款公司注册资本合计 1.6 亿元，行业整体发展稳健、风险可控。截至 2017 年 12 月末，累计发放贷款 221 笔，金额 0.41 亿元，贷款余额 1.77 亿元，同比增长 3.52%。三是金融安全区创建加快。吉首市于 2016 年成功创建州级金融安全区，并于 2017 年印发《吉首市创建省金融安全区工作实施方案》，推进吉首市省金融安全区创建工作，进一步优化金融运行环境，促进全市经济持续、快速、健康发展，将创建省金融安全区相关工作进行任务分解，逐步完善省金融安全区创建考核指标。

### （三）金融服务水平不断提升

一是积极实施差别化信贷政策。各银行业金融机构积极向上级争取差别化信贷政策，在贷款审核条件、贷款审批流程、信贷资金规模等方面给予吉首市倾斜支持；对重点小微企业放宽条件，加大新型农业经营主体授信额度，降低贫困农户贷款门槛，着力支持地区经济发展。二是拓宽抵/质押品种。各银行业金融机构积极探索开发农村承包土地经营权抵押贷款、林权抵押贷款、农民住房财产权抵押贷款、机械设备抵押贷款等，推进存单等有价证券质押贷款、应收账款抵押贷款、农产品质押贷款等，有效拓宽抵/质押品种。三是创新信贷产品。农商行创新推出"湘西黄牛银团贷款"，邮储银行推出"黄金茶专项贷款",为支持特色农业发展向上级行争取"烟农贷""茶农贷""产业贷"等品种,为推动金融扶贫向上级行争取"扶贫财银保"贷款,其他金融机构先后推出"助保贷""惠农贷""农地贷""农房贷"等产品。

## 二、吉首市金融业发展的短板与问题

近年来,吉首市金融业稳步发展,但与加快发展的需求相比,吉首市金融业仍然存在不少短板和问题,综合分析来看,主要有以下几个方面。

### (一)发展基础较为薄弱

一是实体经济竞争力不强。吉首市地区企业规模相对较小,竞争力弱,很多企业管理模式粗放,财务报表不规范,企业发展持续性差。贷款一般要求企业以县城以上的城镇土地、房产等固定资产作抵押物,吉首市地区中小企业原始积累都比较低,缺乏合格的贷款抵押物,难以获得银行贷款支持,给金融机构信贷准入带来了极大困难。一项对全市工业企业开展的问卷调查结果反映:企业存在融资困难的占72.5%,有50%的企业反映融资成本高,48%的企业银行贷款靠土地、房产、设备等固定资产抵押,信用贷款只占25%。二是项目融资后劲不足。作为山区小城市,吉首市招商引资落地难,特别是投资大、带动力强的产业项目缺乏。基础设施项目融资方面,受财政部2017年50号、87号文件影响,采取政府购买服务、PPP模式等方式融资的公益性基础设施项目融资渠道受阻,加上吉首市政府融资平台"散、多、小",项目建设融资困难,融资成本不断提高。此外,随着州庆项目的逐步结项,吉首市建设投资高峰小幅回调,培育新的信贷增长点对进一步加强银政对接提出了新要求。三是稳定脱贫任务重。吉首市2017年实现了脱贫摘帽任务目标,但是,要确保偏远农村长效稳定脱贫,金融扶贫扶弱方面的任务还很重。吉首市属于传统的山区农业地区,农业产业规模化、集约化经营落后,农村"两权"确权、颁证进程相对滞后,抵押担保缺失,对金融部门落实精准扶贫要求、践行社会责任、创新"三农"金融服务提出了更高要求和新的考验。

### (二)金融生态环境有待进一步优化

一是金融门槛设置过高。审贷流程复杂,地方金融机构自主性弱。吉首市地区部分国有商业银行的贷款发放最终审批权、贷款期限和展期权集中在省级以上部门,监管政策不利,产品创新能力弱,信贷问责力度趋紧,金融机构推行"零风险"的信贷管控机制,信贷门槛高,成本高。二是金融市场体系发育不足。金融机构种类较少。吉首市地区金融机构以国有商业银行、农村信用社为主,股份制商业银行、地方金融机构缺乏,非银行类金融机构发展缓慢,证券公司、保险公司、小额贷款公司规模小,实力弱,担保公司发展滞后,支持企业融资作用有限。中介体系发育不足,信用评级公司、会计师事务所、房地产评估公司、土地评估机构、机动车鉴定评估公司等中介机构数量少,级别低，资本少，增加了企业融资和银行处置抵债资产的成本。融资结构单一，融资以贷款为主，直接融资发展滞后，短期融资券、集合票据、中期票据等融资渠道很少涉足。保险作用发挥不够。矿山责任险、公众火灾责任险、特色农产品政策性农业保险还有很大发展空间。三是金融案件执行难。普遍存在案件受理率高、结案率高与执结率低的"两高一低"现象，执结难度大。案件被执行人偿债能力普遍欠缺，造成金融案件的执行困难；金融机构对被执行人放贷前，没有进行严格的风险担保审查，放贷管理存在疏忽，造成资金追回困难；金融机构的监管手段比较落后，缺乏对借款人的经营状况及贷出款的使用情况的有效监管；现行法律缺陷造成执行难，针对无能力履行义务的自然人缺乏相关的法律对其进行制约。

### （三）金融引导扶持政策效力弱

一是金融机构方面，国有商业银行实行信贷管理全国一盘棋，在落后地区没有实行相对宽松的行业准入、授权授信管理等政策，制约了吉首市地区金融机构支持当地经济发展的能力；银行监管部门对全国银行业实行统一的监管政策，没有针对贫困地区等特定地区、"三农"等特殊领域制定灵活、宽松的监管政策。二是政府政策方面，针对贫困地区、"三农"等方面的金融优惠政策太抽象、空泛，没有对应的具体督导措施，无法对商业银行形成硬性约束，造成政策停在纸面上。同时，各级财政在支持区域经济商业金融方面相应的奖励、补贴、税收优惠等政策少，激励和引导作用不足。

## 三、提升吉首市金融竞争力的改革方向

要提升吉首市金融竞争力，必须加大金融开放和制度创新、政策引导的力度，营造金融机构聚集的市场环境，促进金融工具和金融服务的创新，逐步形成多种金融机构集聚的金融组织体系和货币市场、信贷市场、证券市场、保险市场相互促进的金融市场体系，发挥金融在城市功能中的核心作用。

### （一）完善政策机制，深化政银企合作

一是要拓展贫困地区信贷准入优惠政策。在信贷行业准入、贷款审批权限、信贷规模分配、激励考核机制、信贷产品创新、贷款拨备计提、不良资产处置、坏账核销等方面出台差别化政策，在不良贷款、贷款集中度、存贷比、涉农贷款占比等方面提高容忍度，拓宽抵押担保范围，建立适合落后民族地区中小企业的信用评级、授信用信制度。金融机构要努力创新机制，提高信贷审批效率，加快推出一系列满足市场需要的金融产品。二是要完善落实地方激励金融服务的奖励和补贴政策。出台金融扶贫配套政策，在贷款贴息、风险补偿、农业保险、信贷奖励等方面，加大财政金融奖补政策力度，有效引导金融加大对地方发展的支持力度。譬如：设立中小企业专项发展基金；结合农村金融服务中心建设，设立风险基金，专户管理用于农业贷款的风险损失补偿；积极引导中

介机构降低收费；等等。同时，吉首市还要积极借鉴外地先进经验，出台富有吸引力的优惠政策，引凤筑巢，支持鼓励信贷等各种融资。三是建立政银企长效沟通机制。坚持"政府主导、部门联动、社会参与、协作推进"的原则，密切政银企关系，加强政银企合作，实现政银企共赢。搭建平台，积极开展政银企合作交流活动。采取"请进来""走出去"的链条服务方式，将政银企合作对接的地点由会议室延伸到企业中。完善储备，努力创造政银企互利共赢条件。建立健全振兴企业贷款需求数据库，细化分类，定期更新，跟踪服务，实现长效动态管理，努力破解企业融资难问题。积极服务，简化政银企交流合作的中间环节，通力配合，解决问题，为提高贷款审批效率和成功率创造条件。

## （二）培育多元化金融市场，创新提质金融服务

积极培育多元化多层次的金融业组织体系。一是加快扩充机构数量。鼓励和支持国有商业银行、股份制商业银行在吉首市地区新设分支机构和网点，丰富金融工具和产品，增强金融服务功能，扩大服务覆盖面。鼓励民间资本进入金融业，设立或增设金融租赁公司、消费金融公司、基金公司、小额贷款公司等金融机构。积极做大担保投资公司，进一步充实资本金，增强担保能力。支持吉首市地区资本市场发展和优势企业上市融资，重点扶持一批有发展潜力的企业上市融资。培育一批实力雄厚、管理规范、综合竞争力强的证券公司、基金管理公司、金融控股公司和其他证券中介服务机构。二是加快重点改革举措落地。结合实际，探索地市级利率定价自律机制。探索建立利率定价自律机制，加强对非理性定价行为的管理，推动合格审慎评估工作，指导法人机构加强利率定价系统建设，积极参与同业存单、大额存单等创新业务，提升定价能力。多措并举，提升信贷审批服务效率，努力压缩信贷审批时间，利用信息共享平台和技术交流机制，通过线上线下审核相结合，提高项目审核效率。三是加强金融产品创新。积极探索"两权"抵押贷款发展。鼓励和支持符合条件的企业发行企业债券、短期融资券、中期票据；鼓励和支持符合条件的企业通过资本市场融资。鼓励企业采取产业链企业互保、股权、商标专用权、订单、原材料、库存商品、应收账款、知识产权、专利等灵活有效的抵押担保方式。

## （三）优化金融生态，促进实体经济发展

一是提升企业管理水平。加强技术创新和理念更新；建立有效的人才激励机制，尊重人才，激励人才；加强对企业金融风险的控制，建立严密的财务管理制度。二是提升项目包装水平。抓好项目包装和管理，邀请专家学者、企业主要负责人帮助研究谋划，指导和提升项目包装档次和水准，创新思路，突出特色，扬长避短，策划包装一批经济效益好、关联度高、辐射力大、带动力强的大项目、好项目，着力构建"建成一批、刷新一批、充实一批"的项目库良性循环机制，全力加快招商引资进度。三是积极拓展融资渠道。利用信贷筹资。通过质押、抵押等向银行贷款，缓解地方财政压力。利用项目

筹资。以政府信用担保或信托形式向投资者进行项目筹资。利用土地资源筹资。加强土地储备，充分挖掘土地升值潜力，实现土地增值。利用票据债券融资。鼓励银行业金融机构（含小额贷款公司）推广票据保贴、保单质押、仓单质押、股权质押、应收账款质押等融资业务。积极推进发行企业债券，鼓励引导有债券融资意向的民营企业通过发行债券，进一步提高直接融资水平。四是抓好金融安全区创建。强化金融风险管控。加强金融风险监测、评估，督促辖内金融机构严格执行重大事项报告制度，加强金融风险的研判和预警。进一步加强社会信用体系建设。打击恶意逃废债行为，增强公众风险意识，构建良好金融生态环境。进一步加大金融安全区建设，创造良好的融资外部环境，对于一些苗头性、倾向性问题要早发现、早告知、早处置。

### （四）聚焦乡村振兴，推动普惠金融发展

一是推动金融扶贫政策落小落细落实。充分发挥金融支持作用，继续发挥金融扶贫服务站效能，继续做好"三站"融合共建、产业扶贫金融服务、异地扶贫搬迁等重点工作，提高工作的精准度和有效性。二是把乡村振兴作为普惠金融工作重点；结合乡村振兴战略，推动金融资源进一步向"三农"倾斜，指导已设立的普惠金融地区完善运行机制，形成各具特色的普惠金融服务模式，提高服务"三农"的反应能力和审批效率。积极开展农村"两权"抵押贷款，切实提高金融服务乡村振兴的能力和水平。三是努力扩大创新创业信贷支持。加大对自主创新创业的金融支持，拓宽创新创业项目融资渠道，帮助创业项目发展，带动扩大就业；进一步加大对投资小、见效快的大学生创业园、返乡农民工创业园的信贷支持，通过创业实现就业。

（作者：刘珍瑜，中共湘西州委常委、吉首市委书记）

# 专题四：浏阳市县域金融支持实体经济的经验与做法

浏阳地处湘东，毗邻江西，现辖 32 个乡镇（街道），面积 5 007 平方公里，人口 147 万人，享有"烟花之乡""千年古县"等美誉，是全国发展改革试点城市和中国全面小康十大示范县市。2017 年，全市实现地区生产总值 1 365.1 亿元，同比增长 10.8%；完成财政总收入 140.2 亿元，增长 10.8%；金融机构存贷款余额分别为 736.2 亿元、609.5 亿元，分别增长 15%、29%。县域发展水平跨入全国第一方阵，在长沙绩效考核中，浏阳再次荣获县域组第 1 名，成功实现"六连冠"。

## 一、致力弘扬诚信、筑牢基础，优化金融生态环境

良好的金融生态是金融改革创新的前提，自 1999 年开始，浏阳开展了以信用建设为重点的金融安全区创建活动，被授予全省首家"金融安全区创建工作达标单位"称号。一是突出信用建设的基础作用。广泛推进信用村镇评选，出台《浏阳市信用乡镇（街道）、村（社区）评定办法》，并将信用村镇建设纳入全市绩效考核工作，切实强化乡镇的金融创安责任。目前全市共评选出信用乡镇（街道）5 个、信用村（社区）182 个。大力推进农户评级授信，信用评级直接影响农户贷款利率、信贷额度以及申贷手续办理的难易程度，从而充分调动民众参与信用建设的积极性。目前，已由浏阳农商行牵头对 30.65 万农户的家庭信息进行了分类采集，覆盖面达到 96.8%。实施金融服务"五个一"工程，即每个村（社区）设立一个宣传栏、讲解一堂金融课、明确一名金融专干、培养一批宣传员、建立一套农户信用档案，以此为载体助推诚信宣传向基层延伸。加大失信行为惩戒力度，2017 年以来，市法院发布失信被执行人 5 085 人，限制高消费 1 343 人，执行与结案各种金融案件 1 773 件，执行到位标的 2.31 亿元，进一步保持了对失信行为的高压态势。二是突出宣传教育的防范作用。组建市级金融宣讲团，深入园区、机关、企业、社区、校园开展防非处非等金融知识宣讲，提升市民金融意识。开展针对老年人、拆迁安置居民和在校学生的宣传教育，举办金融知识进校园活动，全市 18 万师生同上金融课。通过传统媒体、新兴媒体、活动载体，构建立体式宣传体系，进一步推动防非处非宣传常态化、精准化、多元化，实现全领域、全方位、全覆盖。三是突出依法打击的震慑作用。严把关口，由市场和质量监督部门明确投资担保企业的经营范围，要求域内 438 家投融资类中介机构签订承诺书，

引导 26 家停业未经营的投资担保类企业办理变更或注销登记手续。严肃整顿，针对重点产业、重点行业、重点领域实施清理整顿。近两年来开展清理整治行动 12 次，规范 470 余家相关企业经营。严厉处置，针对非法集资案件，由公安部门牵头，抽调精干力量组成专案组，第一时间启动办案程序并深入调查，确保情况在一线掌握，问题在一线解决，案件在一线侦破。2016 年以来，我市稳妥处置了"湘嘴巴""茴香小镇""英华锋"等涉嫌非法集资事件，共查处非法集资案件 8 起，涉案金额约 5 亿元，挽回人民群众经济损失约 2 亿元。2017 年防非处非工作获长沙市综治考核第 1 名。

## 二、致力开放合作、激活要素，深化县域金融改革

以开放的姿态、精诚的合作、大胆的尝试激活县域金融改革的各个要素，浏阳在推进县域金融改革发展的进程中打造出样板。一是因需施策盘活农村资源。为破解"三农"融资难题、深化农村金融改革、助推农业农村发展和农民增收致富，浏阳从 1998 年开始率先推进"三权"抵押贷款改革。为"三权"颁发"身份证"，让农民手中有抵押凭证。率先在全省探索成立乡镇房地产管理办、市林权管理服务中心等职能机构，负责农房、林权的登记颁证、买卖租赁、抵押评估等工作。截至目前，全市累计发放农房所有权证近 5 万本，发放林权证 11.5 万余张。积极推进农村土地承包经营权确权颁证，已累计颁证 17.4 万本。为农资建立"交易所"，让农村资源有市场活力。成立农村资源流转交易中心，解决"三权"抵押物不易评估、不好交易、不便处置的难题，彻底打消银行在"三权"抵押贷款方面的后顾之忧，为不断深化农村"三权"抵押贷款改革奠定了基础。2015 年末，浏阳市成为全国农民住房财产权抵押贷款试点县域。目前，全市已有 7 家银行开发了"三权"抵押相关金融产品，累计发放"三权"抵押贷款 300 余亿元，有效盘活了农村资源，释放了农村创富活力。二是因地制宜加强跨区互动。浏阳地处湘赣两省交界，借助地域优势，倡导发起湘赣边区域开放合作，与周边 11 县域签订《湘赣边区域金融发展战略合作意见》，探索建立区域诚信示范区，积极谋划成立区域金融业联合会、区域农信联盟等金融机构和组织，致力打破区域间的金融壁垒。大力推动金融机构跨区互动交流，鼓励本土法人金融机构到域外开设分支。目前，浏阳农商行已在江西新余等地设立村镇银行 8 家，长沙银行、江淮村镇银行相继成立湘赣边支行，服务触角延伸至湘赣边县市。三是因势利导推动金融创新。结合省委省政府《关于加快金融业改革发展的若干意见》等文件精神，浏阳以促进融资为主线，以服务实体经济为重点，出台《浏阳市银行业金融机构支持地方经济社会发展考核办法》，着力推动金融创新走向深入。结合园区科技创新活跃、成果丰富的优势，引导企业通过知识产权质押的方式获取融资。2016 年，在浏阳经开区知识产权质押融资专场对接活动上，园区 6 家企业获金融机构授信 1.23 亿元。

## 三、致力提升服务、树立品牌，助力经济社会发展

浏阳在县域金融改革的勇于探索和大胆尝试中，充分发挥金融服务大局、服务发

展、服务民生的重要作用，助力经济发展和民生改善。一是开辟金融服务的"新脉络"。常态化开展"走百家企业，解发展难题"金融一线行活动，变企业"走上来"为金融机构"走下去"，为企业量身定制融资方案，搭建金企对接的平台。2017 年以来，浏阳市深入开展金融一线行系列活动，累计举办金企对接活动 11 场，帮助企业获得授信 77.6 亿元，金融服务实体经济的作用进一步凸显。二是打造上市挂牌的"加油站"。出台《浏阳市上市企业扶持奖励办法》《关于鼓励企业在场外市场挂牌有关事项的通知》《浏阳市促进社会投资十条》等文件，2017 年成立全省首家"金融超市"，为企业提供"一站式"金融服务，目前已有 30 家金融机构入驻，累计帮助 150 家企业获得授信 18.3 亿元；全市兑现企业奖补扶持资金 3.13 亿元，创历年最高；举办专题培训 14 次，562 家企业受益；促推 3 家企业上市、3 家企业新三板挂牌。目前，全市上市企业 8 家，新三板挂牌企业 6 家，上市挂牌企业数量、质量在全省均排名前列。三是搭建金融扶贫的"民生桥"。以搭建载体助力脱贫、鼓励自主创业脱贫、引导企业带动脱贫的方式，构筑起脱贫攻坚的金融桥梁。截至目前，全市累计发放扶贫小额信贷 1.73 亿元，覆盖贫困户 6361 户，贫困户获贷率达 46.7%。2017 年，市财政支付"扶贫特惠保"贫困户家庭综合保障保险 277.49 万元，贫困户参保率 100%，进一步增强了贫困户自主脱贫积极性和抗风险能力，充分发挥了金融在脱贫攻坚主战场的重要作用。

## 四、提升金融支持实体经济能力的政策建议

一是进一步破解中小企业融资瓶颈。目前中小企业和"三农"融资条件相对较差，符合抵押或担保条件的资产较少，融资难度大。为有效破解中小微企业"融资难"的困局，建议省级层面安排专项资金支持县级设立中小微企业贷款风险补偿基金。建立由银政共同参与的风险补偿机制，增强金融机构对中小微企业的信贷支持信心。建议省级层面安排专项资金支持县级加大对政府性融资担保公司的注资力度和奖励额度，充分发挥融资性担保公司杠杆作用，鼓励融资性担保公司按照保本微利原则，为中小微企业提供高效、优质且低费率的融资担保服务。

二是上级财政部门应加大专项补贴力度。浏阳市农房抵押贷款被确定为全国试点县，目前正在探索开展"两权"贷款试点工作，使中小微企业、农户享受到更加充分的金融服务，提升了金融普惠性。在试点过程中，银行也相应出现了风险损失，建议上级财政部门对风险损失给予适当补贴，并对涉农贷款增量补贴、金融机构定向费用加大补助幅度，增强金融机构扶持实体经济的信心。

（作者：仲凡，浏阳市人民政府副市长）

# 专题五：提升县域金融竞争力的理性思考

金融活，经济活；金融稳，经济稳。金融体系稳健运行离不开健康的经济金融环境，加强区域金融生态建设、是优化金融运行环境的治本之策。客观公正评价区域金融竞争力，能够帮助地方全面审视自身不足，有针对性地补齐短板，对于推动地区金融生态建设、促进地区经济金融发展起着重要作用。

## 一、县域金融发展中存在的主要问题

### （一）金融运行与经济发展存在制约

一是金融运行基础面临考验。目前经济低位企稳但尚未根本好转，实体经济的有效需求不足，一定程度上导致经济与金融配置出现空转脱媒。县域中小企业整体规模较小，自有资产及抵押物匮乏，信贷吸纳能力不强，信贷资金缺乏有效载体。二是金融对经济的支持不够。有关数据显示，很多县域贷款余额与 GDP 之比、存贷比、中小微企业贷款比、金融机构经营管理和风险防范水平等指标不高，金融配置资源的核心作用没有得到有效发挥。如很多县市存贷比低于 40%，有的仅有 26.7%。三是信贷结构调整压力较大。信贷集中投向政府信用类项目，挤压新兴产业投资。2016 年交通、水利等基础设施和金融业、租赁服务业等类平台新增贷款占比较高，对新兴行业投资产生挤出效应。2016 年末，全省战略新兴贷款余额同比下降 7.89%。信贷资产集中度偏高，向大客户、政府背景项目以及中长期领域集中的现象严重。

### （二）金融服务能力有待提高

一是部分地区金融基础设施仍显薄弱。县域金融组织体系不够完备。国有商业银行收缩县域机构设置，部分改制后的农商行亦裁撤网点，县域金融机构数量持续下降。证券、保险、信托等机构县域布点较少，村镇银行、小额贷款公司布局仍不完善。农村地区的普惠金融服务有待拓展，金融教育有待普及。农村银行卡、融资、结算、支付等普惠金融服务仍欠缺且滞后；贫困地区金融知识待普及，偏远贫困地区群体金融教育程度、金融消费权益保护意识较低。二是县域金融机构服务功能弱化。虽然县域层面已搭建多层次的金融服务框架，但金融机构功能过于简单，服务手段相对落后，创新能力不足。商业银行贷款审批权限上收,沦为事实上的"存款组织行"和"贷款调查行",服务农村金融难以施展拳脚。尤其是现有农村金融供给滞后,无法满足新型农业生产经营组织对农村金融的服务需求。农村"两权"抵押贷款目前处于试点阶段,存在设立抵押限制多、风险处置难、专业中介评估机构缺乏、确权颁证费用高等诸多障碍。三是部分机构防范风险能力较弱。部分金融机构内部控制存在风险,自我发展源动力明显不足。个别法人机构的单一客户贷款和前十大客户授信集中度过高。一些村镇银行过多依赖政府财政资金,存款结构不合理,稳定性较差,期限错配形成流动性风险隐患。部分农村信用联社管理水平低下,不良贷款率高企,资本充足率过低,拨备覆盖率偏低。个别法人机构不良贷款率高于监管标准数倍。四是金融服务中介市场运行机制不健全。县域金融服务中介市场处于起步阶段,担保、资产评估、会计所、律所等机构数量少,实力较弱,费用高,滞后于经济金融的发展。部分金融中介机构诚信机制不健全,专业性不够,服务作用不明显,甚至存在为企业提供虚假账务等违法违规现象。

### (三)金融生态环境有待优化

一是信用体系建设滞后。一些地方社会诚信意识依然淡薄,公众和企业的信用意识仍然不强。如个别农户存在恶意违约、逃债、赖账甚至诈骗等失信现象,致使一些涉农金融机构不良贷款率居高不下。信息共享机制建设缓慢,未能形成覆盖全社会的征信数据系统。企业、个人信用报告使用范围不广,守信联合激励和失信联合惩戒的有效机制尚不健全,制约社会信用体系建设的全面推进。二是金融法制政策环境不够优化。部分金融领域改革试点受制于现行法律约束,难以开展。金融胜诉案件执行难问题仍较普遍,严重损害金融债权人的合法权益。三是行政环境还须进一步改善。行政事业单位拖欠银行贷款清收率、国家公职人员拖欠银行贷款清收率整体仍然偏低。地方政府干预银行信贷的行为仍时有发生。如在企业转制或破产中,地方保护主义观念盛行,存在放纵一些企业不规范改制,而逃废金融机构信贷资金的行为。一些县市在获批省级、市级金融安全区达标单位之后,工作措施虚化,金融创安效果不进反退,与创建愿景存在较大差距。

### (四)金融风险隐患升高,防控压力增大

一是不良贷款风险隐患升高。受"去产能、去库存、去杠杆"等宏观政策影响,金融风险向"两高一剩"行业集聚;在成本高、投放难度大的涉农领域,贷款违约率升高,不良贷款率不断攀升。2016年,全省银行业隐性不良贷款上升,关注类贷款增加,信贷资产质量下迁压力较大。部分银行受经济下行、上级行绩效考核、监管压力等多重因素影响,采取借新还旧、贷款展期、贷款重组、以同业投资承接表内外不良等多种方式隐瞒不良,延缓风险暴露。二是交叉性金融风险防控难度加大。经济转型期间,新旧动能转换仍较艰难,短期内难以有效对冲下行影响,银行业信用风险集聚加快,证券业资管、投行、IPO等业务潜藏较大风险,寿险退保率仍较高,保险资金运用风险较大,

金融业间跨行业、跨市场交叉性金融风险日益显现。表内外创新业务导致资金在银行、证券、信托等多个行业间流转，在分业监管格局下，信息共享机制不健全，风险防控难度加大，存在风险隐患。三是民间融资风险向金融体系内传导。互联网金融、民间融资等由于内部管理不善、外部监管不足等，存在较大风险隐患，跨界风险交叉传染越加频繁。有的民营投资公司涉嫌非法吸存、非法放贷等违法经营行为，严重干扰正常经济金融秩序，一些地区风险逐步暴露并向银行体系传导。以互联网金融为旗号的非法集资活动增多，有些甚至打着"金融创新"的幌子，进行非法集资、金融诈骗等违法犯罪活动，欺骗性和隐蔽性较强，加大了风险防控难度。

## 二、提升县域金融竞争力的对策建议

### （一）深化金融改革，提升金融服务水平

一是完善县域金融组织体系。各级政府要加大对中小法人金融机构的政策扶持力度，积极引导银行、证券、保险、信托等机构来县域设点，不断丰富金融业态。大力实施村镇银行发展计划，稳步发展小额贷款公司和融资担保公司，全面落实各项风险处置措施，引导民间资本规范有序参与金融市场。二是优化信贷资源配置。引导金融机构按照"有扶有控"的信贷政策要求，调整优化信贷结构，加强对符合国家产业与环保政策的重点项目、行业、产业等信贷投入，重点探索中小企业、"三农"、新型工业化等方面的信贷管理模式创新，严格控制"两高一剩"行业贷款和国家重点项目以外新上项目贷款。对于中小企业、"三农"等领域信贷投放较多的地方法人金融机构，适度提高信贷投放宽容度，适当下放贷款审批权限，简化手续，提高授信效率。三是推动金融产品和服务形式创新。金融机构要坚持服务实体经济的本质要求，下沉服务重心，创新县域金融产品，提高核心竞争力。各银行机构要在支付结算、银团贷款、中小企业贷款、新型农业经营主体贷款、扶贫小额贴息贷款、创业小额担保贷款、消费信贷等方面加大创新力度，积极开发各具特色的金融产品。着力加大对补齐短板领域的金融支持，改进创业创新、小微企业、健康养老、就业等民生领域的金融服务。拓宽扶贫融资渠道，创新扶贫地区金融供给方式。稳妥推进农村"两权"抵押贷款试点，创新担保方式，扩大抵押物范围，补充和完善抵押贷款条件，实现农村过分依赖抵押物向挖掘抵押担保替代机制转变。保险机构要积极创新保险品种，推动农业保险发展，引入保险增信手段，发展保单质押贷款保险、小额贷款保证保险和借款人意外伤害保险业务，发挥保险资金融通作用，拓展服务"三农"领域。

### （二）加快信用体系建设，营造良好信用环境

一是建立健全信用信息体系。加快推进信用信息归集与整合、应用与共享。建立以征集、查询、评估、披露为主要内容的企业和个人信用档案，实现征信信息在银行、非

银行机构之间的信息数据覆盖和资源共享。二是深入推进信用创建工作。以开展信用乡镇、信用村、信用社区、信用园区、信用农户、信用企业等创建为抓手，提升全民诚信意识和风险防范意识。逐步建立信用等级评价标准和办法，有序开展信用评级，注重对评估结果的考核运用，增强守信自觉和责任意识。三是完善守信激励和失信惩戒机制。建立健全跨部门协同监管和联合惩戒机制，加大对守信和失信行为的奖励或惩罚。合理扩大信用记录运用范围，将信用报告作为政务活动、经济活动的重要参考。完善失信被执行人名单制度，形成联合惩戒失信、激励守信的信用建设大气候。四是积极培育各类信用市场主体，构建多层次、多样化的社会信用服务体系。严格规范律师事务所、会计师事务所、评估机构金融服务中介的行业准入，加强行业引导和监管，提升金融服务专业化水准。鼓励国家级信用评级机构在湖南设立分支机构，带动本地信用评级机构发展。

## （三）强化金融法治建设，拓展金融生态法律空间

一是健全金融法制体系。清理有关阻碍金融生态建设的地方性法规和政策文件，形成统一的金融生态法制体系。逐步完善《物权法》和《担保法》等关于农村"两权"抵押的有关内容，拓展抵押物范围，规范抵押物风险处置等；加快完善信用法治建设以及互联网金融监管等有关法律规定。二是加强对金融债权的法律保护。建立金融债权保护联动机制，推动金融办、人民银行、银监会、法院、检察院、公安、工商、国土、税务等执法部门协调合作，研究制定支持金融部门处置不良贷款的相关配套政策，积极采取措施打击金融犯罪和逃废金融债权行为，净化金融生态环境。完善信贷债权的司法保护程序，支持法院破除地方保护主义，独立公正地审理金融侵权案件，严防虚假诉讼逃废金融债务，及时为金融机构保全财产，降低诉讼费用，提高诉讼效率，改进执行程序，提高金融债权的执结率。三是注重金融风险法制教育与指导。加强对金融机构的风险防范法律指导。梳理总结金融安全方面的典型案例，定期审查金融机构合同签订、信用卡发放、票据管理等方面存在的法律漏洞，提示法律风险。督促金融机构加强对内部从业人员的监督管理，降低风险。持续加大对社会公众，特别是老年人防范非法集资等风险教育。

## （四）积极防范和化解金融风险，确保金融安全

一是加强金融风险防控。完善金融机构内控管理机制，强化金融机构公司治理、审慎合规经营，推动金融机构切实承担起风险管理责任，发挥第一防线作用。加强金融风险监测、研判与预警，健全区域金融稳定基础数据库和日常风险监测指标体系，改进风险评估方法，密切关注金融运行，加强流动性风险监测分析，深入开展金融风险排查，高度关注房地产、政府融资平台、互联网金融、民间融资等行业或领域风险，做好风险预警和应对预案，守住不发生系统性金融风险的底线。二是探索金融风险市场化、法治化处置机制。建立政府牵头的风险处置工作机制，运用市场化、法治化手段化解金融风

险，维护金融稳定。完善存款保险制度功能，健全金融机构退出机制，探索金融机构风险市场化处置机制，降低处置成本，提高处置效率。开展互联网金融、民间融资等金融风险专项整治，加大"防非处非"工作力度，依法依规处置金融案件。探索创新对P2P网贷、股权众筹、互联网保险等互联网金融、类金融企业等新型金融业态或监管薄弱领域的风险监管和防范方法，推动互联网金融监管法制化、规范化。

### （五）以政府为主导，构建金融发展长效机制

一是夯实创建工作制度基础。发挥政府主导作用，完善金融生态基础性制度建设，进一步健全金融生态协作机制、信息共享机制、联席会议机制、突发事件应急管理机制等基础性制度。二是强化金融安全区动态管理。对省级金融安全区达标单位实施动态管理，开展年度"回头看"，做到有进有出。三是建立金融生态激励约束机制。强化评估成果运用，将金融生态环境建设纳入各级政府的目标考核范围，确保建设任务落实。建议出台具体的激励举措，推动金融资源倾斜，使创建成果突出地区能享受创建工作红利，充分调动各主体的积极性。四是加强县域金融监管机构建设。推动完善县域金融监管机构组织，强化队伍建设，落实财物保障，切实建立权责对称的地方金融监管体系，不断提升地方金融监管支持经济社会发展的能力和水平。

（作者：吴苏林，中国人民银行宁乡市支行行长）

# 参考文献

[1] 程启月. 评测指标权重确定的结构熵权法 [J]. 系统工程理论与实践, 2010, 7.

[2] 陈伟, 夏建华. 综合主、客观权重信息的最优组合赋权方法 [J]. 数学的实践与认识, 2007, 1.

[3] 冯林, 刘华军, 王家传. 政府干预、政府竞争与县域金融发展——基于山东省90个县的经验证据 [J]. 中国农村经济, 2016, 1.

[4] 高晓燕, 杜金向, 马丽. 我国县域经济与县域金融互动关系的实证研究——基于我国东、中、西部47个县域的数据分析 [J]. 中央财经大学学报, 2013, 12.

[5] 胡成选, 狄国林, 卞进楠. 金融支持县域产业发展情况调查——以景泰县为例 [J]. 时代金融, 2017, 10.

[6] 化祥雨, 杨志, 叶娅芬. 金融空间联系与经济增长关系——基于江苏省县域的实证研究 [J]. 经济地理, 2016, 3.

[7] 陆岷峰, 张惠. 我国县域金融竞争力指标的设计与提升路径的研究——以连云港四县为样本的分析 [J]. 天津市财贸学院学报, 2011, 2.

[8] 梁小珍, 等. 基于城市金融竞争力评价的我国多层次金融中心体系 [J]. 系统工程理论与实践, 2011, 10.

[9] 李因果, 李新春. 综合评价模型权重确定方法研究 [J]. 辽东学院学报（社会科学版）, 2007, 2.

[10] 孙利娟, 邢小军, 周德群. 熵值赋权法的改进 [J]. 统计与决策, 2010, 21.

[11] 孙灵文, 等. 我国县域金融生态竞争力评价指标体系的构建 [J]. 安徽农业科学 2013, 21.

[12] 石盛林. 县域金融对经济增长的影响机理——基于 DEA 方法的前沿分析 [J]. 财贸经济, 2011, 4.

[13] 王化中, 强凤娇, 陈晓暾. 模糊综合评价中权重与评价原则的重新确定 [J]. 统计与决策, 2015, 8.

[14] 王伟, 杨娇辉, 汪玲. 金融竞争力、信贷扩张与经济增长 [J]. 管理科学学报, 2018, 1.

[15] 王雅卉, 谢元态. 试论我国县域金融抑制与深化 [J]. 农村经济, 2013, 6.

［16］许涤龙．金融竞争力中的核心问题［J］．中国国情国力，2007，10.

［17］徐璋勇，陈颖．区域金融竞争力指标体系构建［J］．长安大学学报：社会科学版，2007，1.

［18］杨华．金融竞争力的研究综述［J］．特区经济，2013，12.

［19］张军强．对金融支持县域产业发展状况的调查［J］．时代金融，2017，11.

［20］詹继生．金融竞争力探讨［J］．江西社会科学，2006，4.

［21］曾康霖，蒙宇，刘楹．论县域金融制度变迁与创新——对一组经济欠发达地区县域金融制度安排的剖析［J］．金融研究，2003，1.

［22］周天芸，王莹．金融机构空间集聚与经济增长——来自广东省县域的实证检验［J］．地理研究，2014，6.

［23］周小川．法律制度、改进金融生态［J］．金融时报：理论版，2004.

［24］赵娜，魏翠萍，毕艳昭．基于相关系数和标准差的专家权重确定及其灵敏度分析［J］．曲阜师范大学学报：自然科学版，2013，2.

［25］张玉，魏华波．基于 CRITIC 的多属性决策组合赋权方法［J］．统计与决策，2012，16.

［26］刘世锦．为产业升级和发展创造有利的金融环境［J］．上海金融，1996，4.

［27］吕品，郑亚莉．浙江中小企业产业升级的金融约束［J］．浙江金融，2002，4.

［28］范方志，张立军．中国地区金融结构转变与产业结构升级研究［J］．金融研究，2003，11.

［29］尚晓贺，陶江．财政科技支出、银行信贷与产业结构转型［J］．现代财经，2015，12.

［30］郭琪．产业结构调整中的政策效应：财政诱导与金融跟进［J］．金融经济学研究，2011，6.

［31］张微微．财政压力、金融抑制与经济增长方式转型［J］．财经问题研究，2017，4.

［32］何恩良，刘文．金融资本、地方政府干预与产业结构——基于中部地区的实证分析［J］．经济问题，2017，5.

［33］Jin Zhang. et. al, Financial development and economic growth：Recent evidence from China［J］, Journal of Comparative Economics, 2006.

［34］Law S H, Singh N. Does too much finance harm economic growth？［J］. Journal of Banking & Finance, 2014.

［35］Murat Kasımo ğ lua. et. al, Competitiveness Analysis of Istanbul Financial Center ［J］. Social and Behavioral Sciences, 2016.

［36］Reed H C. The Preeminence of International Finance Centers ［M］. New York：Praeger Publishers, 1981.

［37］ Becsi Z. Financial development and growth ［J］. Economic Review, 1997.

［38］ Fisman R, Love I. Trade Credit, Financial Intermediary Development, and Industry Growth ［J］. Journal of Finance, 2003.

［39］ Beck T, Levine R. Stock markets, banks, and growth: Panel evidence ［J］. Journal of Banking & Finance, 2004.

［40］ Sun Z, Li X, Xie Y. A comparison of innovative financing and general fiscal investment strategies for second – class highways: Perspectives for building a sustainable financing strategy ［J］. Transport Policy, 2014.

［41］ Liu J, Hu X, Wu J. Fiscal decentralization, financial efficiency and upgrading the industrial structure: an empirical analysis of a spatial heterogeneity model ［J］. Journal of Applied Statistics, 2017.